HANS JOACHIM HIRSCH / THOMAS WEIGEND (Hrsg.)

Strafrecht und Kriminalpolitik in Japan und Deutschland

Kölner Kriminalwissenschaftliche Schriften

Herausgegeben von

Hans Joachim Hirsch, Günter Kohlmann
Michael Walter, Thomas Weigend

Professoren an der Universität zu Köln

Band 1

Strafrecht und Kriminalpolitik in Japan und Deutschland

Herausgegeben von

Hans Joachim Hirsch

und

Thomas Weigend

Duncker & Humblot · Berlin

CIP-Titelaufnahme der Deutschen Bibliothek

Strafrecht und Kriminalpolitik in Japan und Deutschland /
hrsg. von Hans Joachim Hirsch u. Thomas Weigend. — Berlin:
Duncker u. Humblot, 1989
(Kölner Kriminalwissenschaftliche Schriften; Bd. 1)
ISBN 3-428-06812-2
NE: Hirsch, Hans Joachim [Hrsg.]; GT

Druck: Berliner Buchdruckerei Union GmbH, Berlin 61
Printed in Germany

ISSN 0936-2711
ISBN 3-428-06812-2

Vorwort

Der vorliegende Band enthält die Beiträge des Deutsch-Japanischen Strafrechtskolloquiums, das vom 14. bis 17. September 1988 an der Universität zu Köln auf Einladung des Kriminalwissenschaftlichen Instituts stattgefunden hat. Die von der Deutschen Forschungsgemeinschaft geförderte und in Zusammenarbeit mit dem Japanischen Kulturinstitut Köln vorbereitete Veranstaltung war die erste bilaterale Tagung deutscher und japanischer Strafrechtler.

Seit der im Jahre 1907 in Japan erfolgten Rezeption des deutschen Strafrechts — deren historischen Hintergrund und Ablauf Prof. *Nishihara,* Präsident der Waseda Universität Tokio, in seinem nachfolgend abgedruckten Eröffnungsvortrag im einzelnen darstellt — haben sich enge Beziehungen zwischen der deutschen und der japanischen Strafrechtswissenschaft entwickelt. Sie haben beide Weltkriege überdauert und sich trotz der Umorientierung des japanischen Prozeßrechts auf das amerikanische Recht nach dem Zweiten Weltkrieg sogar noch verstärkt. Viele japanische Strafrechtler sind zeitweilig als Stipendiaten zu Studienaufenthalten in Deutschland gewesen. Auch heute ist der japanische Anteil an den ausländischen Gästen bundesdeutscher Strafrechtsinstitute erheblich. In den letzten zweieinhalb Jahrzehnten waren zudem mehrfach deutsche Strafrechtler zu Vortragsreisen nach Japan eingeladen. Dank der intensiven Kontakte ist man in Japan zumeist recht gut und in Deutschland — wegen der durch die Sprachprobleme verwehrten Lektüre der japanischen Literatur — zwar nicht so umfassend, aber doch wenigstens in den Grundzügen über die Strafrechtswissenschaft des anderen Landes unterrichtet. Was jedoch bisher fehlte, war ein unmittelbarer, breiter Meinungsaustausch zwischen Fachvertretern beider Seiten. Es erschien daher an der Zeit, die Entwicklung der Strafrechtswissenschaft beider Länder unter Beteiligung repräsentativer Vertreter verschiedener Richtungen zu vergleichen und die Gründe voneinander abweichender Standpunkte und Lösungen näher kennenzulernen und zu diskutieren. Dies eröffnete nicht nur die Aussicht auf eine Verbreiterung des gegenseitigen Informationsstandes, sondern auch auf Anregungen zum Überdenken eigener fachlicher Auffassungen.

Demgemäß standen fünf Themenkreise auf dem Programm, nämlich: „Kriminalpolitik in Japan und in der Bundesrepublik Deutschland im Vergleich", „Entwicklung der Strafrechtsdogmatik in Japan und in der Bundesrepublik Deutschland in grundsätzlicher Sicht", „Entwicklung der Versuchslehre in Japan und in der Bundesrepublik Deutschland", „Entwicklung der Schuldlehre in Japan und in der Bundesrepublik Deutschland" und „Die Grenzen des Gesetzlichkeitsprinzips im japanischen Strafrecht". Das letztgenannte Thema ist von einem japanischen Referenten, alle anderen Themen sind jeweils von einem oder mehreren japanischen und einem deutschen Referenten behandelt worden.

Das Kolloquium erwies sich als sehr ertragreich. Die Kenntnis von der wissenschaftlichen Entwicklung der gegenüberstehenden Seite wurde erheblich verbreitert und vertieft. Darüber hinaus sind in beide Richtungen zahlreiche Denkanstöße gegeben worden. Bei manchen Diskussionen grundsätzlicher Fragen verliefen die Fronten auch quer durch die nationalen Gruppierungen. Alle Debatten hatten ein außergewöhnlich hohes fachliches Niveau, wie es so nur selten auf internationalen Tagungen erreicht wird.

Der Gedanke, ein deutsch-japanisches Strafrechtskolloquium zu veranstalten und damit Strafrechtler beider Staaten zu einem breiten Erfahrungs- und Meinungsaustausch zusammenzuführen, geht auf Prof. Zong Uk *Tjong* zurück, den leider früh verstorbenen Ostasienreferenten des Freiburger Max-Planck-Instituts für ausländisches und internationales Strafrecht. Bei Aufenthalten von Prof. *Fukuda* (Hitotsubashi Universität Tokio) und Prof. *Miyazawa* (Keio Universität Tokio) in Köln wurde verabredet, diesen Gedanken aufzugreifen. Das 600-jährige Gründungsjubiläum der Universität zu Köln gab den Anlaß zu einer solch außergewöhnlichen Veranstaltung. Die Kölner Universität unterhält in zahlreichen Fächern rege Verbindungen mit Japan und ist zusätzlich der Keio Universität Tokio durch eine lebendige Partnerschaft seit längerer Zeit verbunden. Sie arbeitet außerdem mit dem Japanischen Kulturinstitut Köln eng zusammen. Es bestand daher der Wunsch, diese Kontakte und darüber hinaus die Beziehungen zwischen der deutschen und der japanischen Wissenschaft auf einem Gebiet zu bekräftigen, in dem traditionell besonders starke fachliche Bindungen bestehen.

An dem Kolloquium nahmen 32 Strafrechtler teil, darunter 11 Professoren aus Japan. Bei den japanischen Strafrechtlern handelte es sich um Kollegen, die mit der deutschen Strafrechtswissenschaft besonders intensiv Kontakt pflegen und in der japanischen Fachdiskussion eine führende Rolle spielen. Auch auf deutscher Seite waren in erster Linie Professoren vertreten, die mit Japan in ständigem fachlichen Meinungsaustausch stehen, und zwar von verschiedenen Universitäten der Bundesrepublik.

Die Veranstaltung erfreute sich starken Interesses öffentlicher Stellen beider Seiten. Dies fand insbesondere Ausdruck in den Begrüßungsworten, die auf der Eröffnungssitzung von Magnifizenz Prof. *Hanau,* Rektor der Universität zu Köln, Herrn Parlam. Staatssekretär Dr. *Jahn,* Bundesministerium der Justiz, und Herrn Gesandten Prof. *Omachi,* Direktor des Japanischen Kulturinstituts, gesprochen wurden. Es zeigte sich auch an großzügigen Empfängen, die der Bundesminister der Justiz, der Justizminister des Landes Nordrhein-Westfalen, der japanische Botschafter, der Rektor der Kölner Universität und das Asia Pacific Center Köln zu Ehren der Teilnehmer gaben.

Im vorliegenden Band werden die Referate, der Eröffnungsvortrag und die abschließend vorgetragenen Synthesen veröffentlicht. Auf einen besonderen Diskussionsbericht konnte verzichtet werden, weil der Verlauf und die Ergebnisse der Aussprache in den Synthesen von Prof. *Miyazawa* (Tokio) und Prof. *Roxin* (München) umfassend und eindrucksvoll zum Ausdruck gelangen. Die japanischen Referate wurden bei dem Kolloquium entgegenkommenderweise unmittelbar in deutscher Sprache vorgetragen, so daß hier die Originaltexte abgedruckt werden. Aufgenommen in den Band ist auch der Vortrag, den Prof. *Ishikawa,* Zivilprozessualist an der Keio Universität Tokio, bei dem vom Rektor gegebenen Empfang gehalten hat, da die Ausführungen zu dem Thema „Bewußtsein des Volkes und System der Erledigung von Rechtsstreitigkeiten — Daseinsberechtigung des Schlichtungsverfahrens in Japan" einen fachübergreifenden Eindruck vom japanischen Rechtsdenken vermitteln. Ferner findet sich im Anhang eine Liste der Tagungsteilnehmer.

Der Deutschen Forschungsgemeinschaft, dem Wissenschaftsministerium des Landes Nordrhein-Westfalen, der Japan Foundation, der Alexander von Humboldt-Stiftung, dem Rektor der Universität zu Köln und den anderen Förderern sei auch hier noch einmal für die finanzielle Unterstützung gedankt, ohne die der erfolgreiche Ablauf des Kolloquiums nicht möglich gewesen wäre.

Besonderer Dank gilt auch Prof. *Jescheck* (Freiburg) und Prof. *Hirano* (Tokio Universität), die uns bei der Vorbereitung des Treffens mit Rat und Tat zur Seite gestanden haben.

Die Referendare Frau Susanne *Schreiber* und Herr Kristian F. *Stoffers* haben mit Umsicht bei den redaktionellen Arbeiten mitgewirkt, wofür ihnen herzlich zu danken ist. Herr Dozent Makoto *Ida* (Keio Universität Tokio) stand uns bei Übersetzungsfragen hilfreich zur Seite. Darüber hinaus danken wir allen Mitarbeitern des Kriminalwissenschaftlichen Instituts, insbesondere Frau Assessorin Andrea *Strien,* für die große Hilfe bei der Vorbereitung und Durchführung des Kolloquiums.

Dem Verein zur Förderung der kulturellen Beziehungen zwischen Japan und der Bundesrepublik Deutschland e. V. in Köln gebührt aufrichtiger Dank für die Gewährung eines großzügigen Druckkostenzuschusses.

Köln, im Juni 1989

Hans Joachim Hirsch *Thomas Weigend*

Inhaltsverzeichnis

Schuldlehre

Gesetzlichkeitsprinzip

Festvortrag

Zusammenfassung der Ergebnisse des Kolloquiums

Eröffnungsvortrag

Die Rezeption des deutschen Strafrechts durch Japan in historischer Sicht

Haruo Nishihara

I.

Die Meiji-Restauration des Jahres 1867 hat einen entscheidenden Schritt zur Modernisierung Japans dargestellt. Sie bedeutete in der Sache den Zusammenbruch der dreihundert Jahre alten feudalistischen Herrschaft der *Tokugawa*-Familie und die Rückgabe der Herrschaft an die Kaiserfamilie.

Umstritten ist allerdings, wie die Meiji-Restauration wissenschaftlich charakterisiert werden soll: ob sie ihrem Wesen nach eine absolutistische Revolution war, ähnlich denjenigen, die in der europäischen Geschichte am Anfang der Neuzeit zur Abschaffung des mittelalterlichen feudalistischen Systems und zur Entwicklung der absoluten Kaiserherrschaft führten, oder eine bürgerliche Revolution wie diejenigen, die in verschiedenen europäischen Staaten den Absolutismus beseitigten und die Demokratie hervorbrachten. Es ist zwar anerkannt, daß die Meiji-Restauration weder den absolutistischen noch den bürgerlichen Typus der Revolution im reinen Sinne verkörperte, sondern daß sie Elemente beider Typen enthielt. Bei der Auseinandersetzung über die Gründe der Restauration und über die Beurteilung der Regierung nach der Restauration wäre es notwendig, das Wesen dieser Restauration als Revolution zu untersuchen und dabei das Gewicht auf eine der beiden Auffassungen zu legen. Um die Geschichte der Gesetzgebung einschließlich der Strafgesetzgebung nach der Restauration vollkommen zu verstehen, muß zu diesem Streit Stellung genommen werden.

II.

Von den folgenden geschichtlichen Tatsachen haben wir auszugehen:

1. Schon gegen Ende der *Tokugawa*-Zeit (oder Edo-Zeit) hatte sich in Japan eine mehr oder weniger lebhafte kapitalistische Wirtschaft entwickelt. Nicht nur dieser Umstand bereitete jedoch den Zusammenbruch der feudalistischen *Tokugawa*-Herrschaft vor, sondern ausschlaggebend war auch die dringende Notwendigkeit, die Staatsmacht gegen die kolonialen Absichten ausländischer Staaten zu vereinheitlichen, nachdem diese Staaten bereits den Abschluß der „ungleichen Verträge“ erzwungen hatten.

2. Die Herrschaft der Kaiserfamilie, die vor Beginn des Mittelalters eine bedeutende Macht dargestellt hatte, wurde im Mittelalter durch starke Feudalherren, zuletzt durch die *Tokugawa*-Familie zurückgedrängt. Dennoch dauerte die Herrschaft der kaiserlichen Familie fort; daher führte der Zusammenbruch des Feudalismus formal zu einer Restauration, d. h. zur Wiederherstellung der kaiserlichen Macht.

3. Die wichtigsten Aufgaben der neuen Regierung nach der Restauration waren daher die Aufrechterhaltung des Kaisertums, die Konzentration der Staatsgewalt, die früher auf die einzelnen feudalistischen Gewaltträger verteilt war, bei einer Zentralmacht sowie schließlich die Beseitigung der „ungleichen Verträge" mit ausländischen Staaten, vor allem die Beendigung der ausländischen Konsulargerichtsbarkeit.

III.

Die Entwicklung der Gesetzgebung nach der Restauration läßt sich inhaltlich in drei Perioden unterteilen:

1. In der ersten Periode zielte die Gesetzgebung im wesentlichen auf die Rückkehr zum klassischen Rechtssystem. Man beabsichtigte die Wiederherstellung des Rechts- und Staatssystems jener Zeit (etwa 8. bis 11. Jahrhundert), in der der Kaiser nach dem Vorbild Chinas eine starke Herrschaft ausübte. Deshalb wurden die Strafgesetzbücher in den ersten sieben Jahren nach der Restauration auf der Grundlage des klassischen Rechtssystems verfaßt (Karikeiritsu von 1868, Shinritsukoryo von 1871 und Kaiteiritsurei von 1874). Da aber ein wichtiges Anliegen der Restauration die Abschaffung der „ungleichen Verträge" mit den ausländischen Mächten war, mußte die neue Regierung möglichst rasch eine moderne Rechtsordnung herstellen, die die Voraussetzung für die Beseitigung der Konsulargerichtsbarkeit schaffen sollte.

2. In der zweiten Periode unternahm man die Rezeption des französischen Rechts. Auf dem Gebiet des Strafrechts wurde im Jahre 1876 Gustave *Boissonade*, Professor an der Universität Paris, mit der Abfassung des Entwurfs zu einem neuen japanischen Strafgesetzbuch beauftragt. Nach mehrmaligen Abänderungen dieses Entwurfs wurde im Jahre 1880 ein neues Strafgesetzbuch erlassen, das im Jahre 1882 in Kraft trat. Hierbei handelte es sich um das erste moderne Strafgesetzbuch in Japan. Es spiegelte den Grundcharakter des französischen Code Pénal sowie der damaligen französischen neo-klassischen Strafrechtslehre wider. Die Modernisierung des japanischen Rechtssystems war vermutlich deshalb zunächst an dem Modell des französischen Rechts ausgerichtet, weil man annahm, das kontinentale Rechtssystem wesentlich schneller als das anglo-amerikanische rezipieren zu können. Unter den kontinentalen Rechten sah man das französische als das führende an.

3. Das Strafgesetzbuch von 1880 stieß bei den Juristen von Anfang an auf wenig Zustimmung. Die Kritik, die an verschiedenen Vorschriften geübt wurde, konzentrierte sich auf den Vorwurf, daß die einzelnen Deliktstypen und die Strafdrohungen zu eng beschränkt seien; außerdem wurde das System der Freiheitsstrafe als zu kompliziert bezeichnet. Daher wurde schon im Jahre 1882 mit einer neuerlichen Reform begonnen. Die japanische Regierung legte verschiedene Entwürfe eines Strafgesetzbuchs vor. Der Entwurf von 1901 ließ deutlich den Einfluß des deutschen Reichsstrafgesetzbuchs von 1871 erkennen; er lag dem 1907 erlassenen und 1908 in Kraft getretenen, heute noch geltenden japanischen Strafgesetzbuch zugrunde.

IV.

Schon seit etwa 1880 wurde in Japan die Ansicht vertreten, daß die preußische Verfassung von 1850 und die deutsche Reichsverfassung von 1871 für die künftige japanische Verfassung als Vorbild dienen sollten. Hierfür waren verschiedene Gründe ausschlaggebend: Erstens kam die deutsche Verfassung dem Wunsch Japans entgegen, das Kaisertum beizubehalten, während die französische Verfassung für dieses Bestreben als Modell nicht geeignet war; zweitens entsprach die deutsche Verfassung auch der Absicht, eine starke Zentralmacht zu bilden und dem Kaiser die alleinige politische und militärische Verantwortung zu übertragen; dies alles hätte, drittens, zwar auch die englische Verfassung leisten können, doch wurde das englische Recht insgesamt wegen seines Charakters als Fallrecht nicht als geeignetes Vorbild für das japanische Rechtssystem angesehen. Aus diesen Gründen entschied man sich für das deutsche Recht, und der im politischen Streit unterlegene Hirobumi *Ito* reiste zur Vorbereitung der Formulierung der japanischen Verfassung nach Deutschland.

Ob dieser Verlauf als geschichtlich notwendig zu betrachten ist, hängt davon ab, ob man die Meiji-Restauration als absolutistische oder als bürgerliche Revolution ansieht. Meiner Meinung nach stellt sie substantiell eine absolutistische Revolution dar, erschien aber im äußeren Gewand der Demokratie. Das japanische Bürgertum war damals noch nicht so reif wie das europäische Bürgertum zur Zeit der bürgerlichen Revolution. Die Notwendigkeit, das imperialistische Eindringen ausländischer Staaten (wie in den übrigen asiatischen Staaten) zu vermeiden, veranlaßte Japan jedoch dazu, eine moderne demokratische Staatsform zu bilden. Charakteristisch war dabei der Umstand, daß der Kaiser nach der Verfassung als heilig und unverletzlich galt und alle Herrschaft in sich vereinte; außerdem wurden neben dem sehr modernen Strafgesetzbuch von 1880, das als Ergebnis einer bürgerlichen Revolution erschien, verschiedene Nebengesetze geschaffen, die die grundlegenden Menschenrechte ernsthaft gefährdeten.

V.

Zweifellos war diese Situation auch ein Grund dafür, daß für die Strafgesetzgebung vorwiegend das deutsche Reichsstrafgesetzbuch von 1871 berücksichtigt wurde. Heute wird vielfach gesagt, das Strafgesetzbuch von 1880 sei dem französischen, dasjenige von 1907 dem deutschen Modell gefolgt. Diese Aussage ist zwar nicht falsch, aber auch nicht ganz präzise.

1. Mit der Verabschiedung des Strafgesetzbuchs von 1880 war nicht die Absicht verbunden, ein bereits bestehendes Gesetzbuch zu verbessern, sondern man wollte von Anfang an ein neues Strafrecht nach dem Modell des Code Pénal schaffen. Demgegenüber kann das geltende Strafgesetzbuch als Ergebnis einer Verbesserung des früheren Strafgesetzbuchs unter vorwiegender Berücksichtigung des deutschen Strafrechts charakterisiert werden.

2. Auch bei inhaltlicher Betrachtung fanden sich in dem früheren Strafgesetzbuch so vielfältige und deutliche Spuren des französischen Rechts, daß man dessen Herkunft ohne weiteres feststellen konnte. Die Einflüsse des deutschen Strafrechts auf die heute geltende Gesetzgebung waren demgegenüber weniger stark. Sie fanden ihren Ausdruck im Allgemeinen Teil in den Vorschriften über Notwehr, Notstand, Rücktritt vom Versuch und Idealkonkurrenz, im Besonderen Teil zum Beispiel bei den Tatbeständen der Nötigung und der Untreue. Daneben gibt es aber viele Vorschriften, die als Überreste des früheren Strafgesetzbuchs bezeichnet werden können.

3. Auch zur Modernisierung des Strafrechts hat das deutsche Strafgesetzbuch nicht viel beigetragen. So war etwa der Grundsatz „nulla poena sine lege" ebenso wie das Schuldprinzip bereits im Strafgesetzbuch von 1880 enthalten; dieses Gesetzbuch hatte auch schon die unterschiedliche Behandlung der Täter je nach ihrem gesellschaftlichen Stand, die für das feudalistische Strafrecht so charakteristisch gewesen war, beseitigt. Im neuen Strafgesetzbuch wurde der Satz „nulla poena sine lege" sogar gestrichen, da er inzwischen in die Verfassung aufgenommen worden war.

4. Das Ziel der Verminderung und Vereinfachung der Strafvorschriften sowie des Strafensystems, das man schon unter der Geltung des Strafgesetzbuchs von 1880 vehement gefordert hatte, konnte auch unter dem Einfluß des deutschen Rechts nicht verwirklicht werden.

VI.

Sehr bedeutend war dagegen der Einfluß der deutschen Strafrechtswissenschaft, insbesondere der Modernen Schule um Franz *von Liszt*, mit der sich japanische Juristen schon seit den achtziger Jahren des vorigen Jahrhunderts vertraut machten. Dieser Einfluß zeigt sich etwa bei der Zurückdrängung der kurzfristigen Freiheitsstrafe, der Erweiterung der Möglichkeit vorläufiger

Entlassung, der Einführung der bedingten Strafaussetzung sowie bei der Verschärfung der Strafe beim Zusammentreffen mehrerer Delikte und beim Rückfall. Auch die Erweiterung des richterlichen Ermessensspielraums kann man als Verwirklichung von Gedanken der Modernen Schule ansehen.

Auch seither hat die deutsche Strafrechtswissenschaft zur Entwicklung des japanischen Strafrechts einen großen Beitrag geleistet. Hierüber wird noch von *Fukuda* berichtet werden. Meinen Eröffnungsvortrag möchte ich damit schließen.

Kriminalpolitik

Kriminalpolitik in Japan

Koichi Miyazawa

I. Die tatsächliche Situation der Erwachsenen- und Jugendkriminalität

Zunächst möchte ich einige empirische Daten nennen, die der offiziellen Statistik entnommen sind[1].

Im Jahre 1987 hatte Japan etwa 122 Millionen Einwohner. Davon waren 95 Millionen strafmündig, also älter als 14 Jahre. Von diesen entfielen etwa 10 Millionen auf 14- bis 20jährige Jugendliche. Straßenverkehrsdelikte mit Todes- oder Körperverletzungserfolg ausgenommen, wurden in Japan im Jahre 1987 ca. 1578000 Straftaten verübt, genauer gesagt: polizeilich bekannt[2]. Die Häufigkeitszahl, d.h. die Zahl der bekanntgewordenen Fälle pro 100000 Einwohner, betrug 1300.

Zur Verdeutlichung der japanischen Kriminalitätssituation seien zum Vergleich einige einschlägige Daten aus der bundesdeutschen Kriminalstatistik angeführt. In der Bundesrepublik, die ca. 61 Millionen Einwohner hat, wurden im Jahre 1987 ohne Straßenverkehrsdelikte 4444000 Straftaten begangen[3]. Die Häufigkeitszahl betrug 7269 pro 100000 Einwohner. Die kriminelle Belastung beläuft sich nach den offiziellen polizeilichen Kriminalstatistiken also in Japan nur etwa auf ein Fünftel derjenigen in der Bundesrepublik.

Bei diesem Datenvergleich kann man es jedoch nicht einfach belassen. Die Kriminalität ist in Japan nämlich innerhalb der letzten 10 Jahre absolut und auch relativ beträchtlich angestiegen. Betrachtet man die Zahl der polizeilich festgenommenen Erwachsenen und Jugendlichen genauer, fällt sofort eine Tendenz ins Auge: Die Anzahl der erwachsenen Täter hat um ca. 12% (d.h. von

---

1 Die Kriminalitätsentwicklung in Japan habe ich zuletzt in einem gemeinsam mit *Kühne* verfaßten Bericht im Vergleich mit der koreanischen Situation dargestellt; vgl. *Kühne/Miyazawa*, MSchrKrim. 1988, 266; zu den Hintergrundinformationen vgl. *dies.*, Kriminalität und Kriminalitätsbekämpfung in Japan, Sonderband der BKA-Forschungsreihe 1979.

2 Vgl. Forschungs- und Ausbildungsinstitut vom Ministerium der Justiz (Hrsg.), Weißbuch Kriminalität (= Hanzai hakusho) 1988 (jap.), S. 3ff.; Government of Japan, Research and Training Institute, Summary of the White Paper on Crime 1988 (englische Ausgabe), 1989, p. 3. Nach den Angaben der Kurzausgabe der Polizeilichen Kriminalstatistik 1988 (jap.), 1989, S. 4, wurden 1 641 000 Straftaten verübt.

3 Bundeskriminalamt, Polizeiliche Kriminalstatistik 1987, 1988, S. 11.

660000 im Jahre 1978 auf 736000 im Jahre 1987 unter Einbeziehung der Straßenverkehrsdelikte) zugenommen, während sich die der minderjährigen Täter (einschließlich Kindern) erheblich stärker erhöht hat: von 224000 im Jahre 1978 auf 289000 im Jahre 1987, also um 29%[4].

Zur Deliktsstruktur in Japan ist zu bemerken[5]:

In den letzten 10 Jahren nahmen die polizeilich bekanntgewordenen Fälle um etwa 18% zu. Es wurden jetzt ca. 241000 Fälle jährlich mehr polizeilich registriert. Betrachtet man die Häufigkeit von Diebstahl, Betrug und Fundunterschlagung in den letzten fünf Jahren, fällt auf, daß gerade bei ihnen ein Anstieg auf etwa 262000 zu verzeichnen ist. Dagegen hat die Häufigkeit von Kapitalverbrechen (vorsätzliche Tötung, Raub und Vergewaltigung) sowie Roheitsdelikten (vorsätzliche Körperverletzung, Nötigung und Erpressung) stark abgenommen. Bei diesen beiden Deliktsgruppen sind ca. 27000 Fälle weniger als bisher registriert worden.

Hinsichtlich des Erscheinungsbilds der Diebstähle läßt sich folgende interessante Feststellung treffen: Während die Einbruchsdiebstähle (d.h. Einbrüche in Privatwohnungen, Büros, Lager usw.) um ca. 12% stark abgenommen haben (von 315000 im Jahre 1978 auf 279000 im Jahre 1987), hat die Anzahl der übrigen Diebstähle (z.B. Diebstähle von und aus Fahrzeugen, Laden- und Taschendiebstähle usw.) um 32% zugenommen, nämlich von 821510 im Jahre 1978 auf 1086000 im Jahre 1987.

Wenn man diese Deliktssituation berücksichtigt, kann man wohl verstehen, daß sich die breite Bevölkerung in Japan keineswegs vor dem Verbrechen fürchtet. Diese günstigen gesellschaftlichen Umstände spiegeln sich, im Grunde genommen, in der praktischen Handhabung der japanischen Kriminalrechtspflege wider, die sich durch eine formelle Kontrolle auszeichnet.

II. Die kriminalpolitische Wirklichkeit der Strafverfolgung

1. Die japanische *Polizei* kann aufgrund einer bestehenden allgemeinen Anordnung der Staatsanwaltschaft Fälle der Kleinkriminalität, z.B. leichte Körperverletzung, Kleindiebstahl, Zechprellerei, Fundunterschlagung, Glücksspiel und Hehlerei, selbst durch Einstellung des Verfahrens erledigen. Dies geschieht in ca. 25% der Bagatellsachverhalte[6]. Die Polizei teilt die Einstellungen der zuständigen Staatsanwaltschaft mit. Falls diese die Sache nicht aufgreift, ist sie endgültig erledigt.

---

[4] Weißbuch Kriminalität 1988 (Anm. 2), S. 194; englische Ausgabe (Anm. 2), p. 131.

[5] Hierzu: Kurzausgabe der Polizeilichen Kriminalstatistik 1987 (jap.), S. 4/5.

[6] National Police Agency, Criminal Statistics in 1987, 1988, p. 124/125.

2. Die *Staatsanwaltschaft* übt in Japan, wie von *Kühne*[7] richtig charakterisiert wird, bei der Selektion der von der Polizei an sie weitergeleiteten Fälle eine quasirichterliche Tätigkeit aus. Der zuständige Staatsanwalt hat sehr große Befugnisse bei der Selektion der Tatverdächtigen. Etwa 30-35% der Fälle werden durch ihn aufgrund des Opportunitätsprinzips erledigt, und zwar ohne daß es einer Zustimmung der Gerichte bedarf.

Diese praktische staatsanwaltschaftliche Erledigung der Kriminalfälle hat eine lange Geschichte. Trotz des Sieges im japanisch-russischen Krieg 1904/05 war Japan in eine Wirtschaftskrise geraten. Die Regierung mußte sparen und viele Richter und Staatsanwälte in den Ruhestand versetzen. Unter dem Druck der ungünstigen finanziellen Lage schlug die Regierung die Übernahme des Strafbefehlsverfahrens nach deutschem Modell als Notmaßnahme vor; im Jahre 1913 wurde dieser Vorschlag vom Parlament angenommen. Die alten Strafprozeßordnungen von 1880 und 1890 hielten noch am Legalitätsprinzip fest; das Opportunitätsprinzip fand seinen Niederschlag erst in der StPO von 1921. Dennoch wurde es de facto bereits um die Jahrhundertwende — jedenfalls in Fällen der Kleinkriminalität — praktiziert, um die Gerichte von der Massendelinquenz zu entlasten. Bei der gesetzlichen Verankerung hat man 1921 bewußt auf die beiden Einschränkungen verzichtet, die in die drei Jahre später in Kraft getretene deutsche Regelung nach § 153 StPO aufgenommen wurden: daß es um ein „Vergehen" geht und daß die Zustimmung des Gerichts vorliegt. Infolgedessen konnte die japanische Staatsanwaltschaft seither theoretisch wie praktisch alle Delikte, selbst Kapitalverbrechen (vorsätzliche Tötung, Raub und Vergewaltigung), ohne Zustimmung des Gerichts selbst erledigen. Sie gilt daher bei uns als Trägerin der Kriminalpolitik[8].

Die Staatsanwaltschaft macht heute von der ihr gegebenen Erledigungsbefugnis großzügig Gebrauch. Sie stellte in den letzten fünf Jahren durchschnittlich etwa 30-35% der Tatbestände des StGB betreffenden Verfahren ein: im Jahre 1987 bei Diebstahl 45%, bei Raub 6%, bei Vergewaltigung 17% und sogar bei der vorsätzlichen Tötung 5%[9]. Die gesetzliche Grundlage dieser Selektion bildet § 248 jap. StPO[10]. Bei der Handhabung dieser Vorschrift werden insbesondere folgende persönliche Umstände des Täters berücksichtigt: Alter, Charakter, Lebensgeschichte und Umwelt des Täters, der Beweggrund, die Folgen und der Einfluß der Straftat auf die Öffentlichkeit sowie die Haltung des Täters nach der Straftat. Die erfolgten „Verfahrenseinstellungen", d.h. Selektionen durch die Staatsanwaltschaft, erscheinen seit 1909 als eigene Kategorie in der Verfolgungsstatistik.

---

7 *Kühne*, ZStW 85 (1973), S. 1079.

8 Vgl. zum vorhergehenden auch *Miyazawa*, ZStW 95 (1983), S. 1027, 1029ff.

9 Weißbuch Kriminalität 1988 (Anm. 2), S. 110.

10 Japanische Strafprozeßordnung vom 10. Juli 1948. Übersetzung von *Nakamura*, in: Sammlung außerdeutscher Strafgesetzbücher in deutscher Übersetzung Nr. 91, 1970.

3. In den ans *Gericht* gelangten Fällen spielt im heutigen japanischen Justizwesen das Strafbefehlsverfahren eine große Rolle. Es hatte an den gesamten rechtskräftigen Verurteilungen im Jahre 1986 einen Anteil von 97%[11]!

Im ordentlichen Strafverfahren wurden 1985 ca. 80000 Angeklagte verurteilt, davon 9 zum Tode, 39 zu lebenslänglicher und 79000 zu zeitiger Freiheitsstrafe. Bei 56% der zu zeitiger Freiheitsstrafe Verurteilten wurde die Strafe zur Bewährung ausgesetzt. Der japanische Strafrichter handelt genauso großzügig wie der Staatsanwalt. Er setzt durchschnittlich 55-60% der verhängten Freiheitsstrafen, den erwähnten Kriterien von § 248 jap. StPO entsprechend, zur Bewährung aus, und zwar im Jahre 1986 bei Diebstahl 26%, Raub 14%, Vergewaltigung 34%, vorsätzlicher Körperverletzung 50% und vorsätzlicher Tötung sogar 21%[12].

4. Allgemein ist zum in Japan bestehenden *Bewährungssystem* zu bemerken:

Die Voraussetzungen der Strafaussetzung zur Bewährung erweitern sich allmählich. Mittlerweile kann man dieses Rechtsinstitut bei Freiheitsstrafen bis zu drei Jahren anwenden; noch beim zweimaligen Wiederholungstäter kommt es — unter der Bedingung der Unterstellung des Probanden unter einen Bewährungshelfer — in Betracht[13].

Bei der praktischen Handhabung sowohl der staatsanwaltschaftlichen als auch der richterlichen Einstellung des Verfahrens hat „das Verhalten des Täters nach der Straftat" große Bedeutung. Hier berücksichtigt man den Ausgleich zwischen Täter und Opfer, der oft durch private Initiative und die Mithilfe der Familienangehörigen des Täters zustande kommt[14].

In der Verhandlung um den Ausgleich mit dem Opfer spielt die Besprechung der Wiedergutmachung, also der Entschädigung und des Schmerzensgeldes, eine wichtige Rolle. Der Staatsanwalt sowie der Richter sind am Zustandekommen des Ausgleichs zwischen Täter und Opfer oder dessen Hinterbliebenen aufgrund privater Initiative dann interessiert, wenn sie von der Möglichkeit der Verfahrenseinstellung Gebrauch machen wollen. Es ist oft der Fall, daß die Organe formeller Kontrolle dem Beschuldigten oder bereits Angeklagten und seinem Verteidiger den Rat geben, sich bald mit dem Opfer in Verbindung zu setzen, um den Ausgleich zu verwirklichen.

In Japan wurde die Bewährungshilfe im Jahre 1911 zunächst im Jugendgesetz, das dem deutschen JGG entspricht, eingeführt. Für Erwachsene gab es sie

---

[11] Weißbuch Kriminalität 1988 (Anm. 2), S. 114/115.

[12] Weißbuch Kriminalität 1988 (Anm. 2), S. 114.

[13] Zur bedingten Strafaussetzung im jap. StGB ausführlich *Tjong*, in: *Jescheck* (Hrsg.), Die Freiheitsstrafe und ihre Surrogate im deutschen und ausländischen Recht, Bd. 2, 1983, S. 1369, 1427ff.

[14] *Miyazawa*, in: Schriftenreihe der Deutschen Vereinigung für Jugendgerichte und Jugendgerichtshilfen, Neue Folge Heft 17, 1987, S. 318ff.

aufgrund des Sondergesetzes gegen Ideologietäter während des zweiten Weltkrieges. Erst durch die Teilreform des StGB im Jahre 1948 erfolgte die Einführung als ambulante Maßnahme für allgemeine Straftäter[15].

5. Für den *Strafvollzug* in Japan ist charakteristisch, daß sich die Instanzen der formellen Sozialkontrolle bemühen, die stationäre Behandlung der Straffälligen möglichst zu vermeiden. Die Anzahl der Neuaufnahmen in Strafanstalten ist gering. Die abnehmende Tendenz begann bereits im Jahre 1965[16]. In den letzten 10 Jahren verringerten sich die Neuzugänge auf ca. 30000 pro Jahr. Die durchschnittliche Inhaftiertenzahl (einschl. Untersuchungshäftlingen) liegt pro Tag bei ca. 55000. Die Gefangenenrate beträgt weniger als 50 auf 100000 Einwohner, was fast der Situation in Schweden entspricht[17]. In diesem Zusammenhang ist ein wichtiger Punkt zu erwähnen: Zwar gibt es in ganz Japan neun Jugendstrafanstalten, jedoch sind die meisten Insassen älter als 20 Jahre. Die Anzahl der neu aufgenommenen Jugendlichen betrug im Jahr 1987 nur 138. Ende 1987 saßen insgesamt 68 jugendliche Strafgefangene in Jugendstrafanstalten ein[18].

6. Ein Wort zur *Todesstrafe*: In der Stellungnahme zu ihr besteht ein großer Unterschied zwischen Japan und der Bundesrepublik Deutschland. Leider hält man bei uns noch an der Todesstrafe fest und glaubt an ihre Abschreckungswirkung. Die Zahl der Verurteilungen zu dieser Strafe ist jedoch sehr gering. In den letzten fünf Jahren liegt die Anzahl der in der ersten Instanz zur Todesstrafe Verurteilten zwischen fünf und sechs. In Japan sitzen insgesamt ca. 25 rechtskräftig zur Todesstrafe Verurteilte ein. Seit fünf Jahren wird sie pro Jahr durchschnittlich in zwei Fällen vollstreckt[19]. Warum die Todesstrafe trotz der

---

[15] *Miyazawa*, in: *Dünkel/Spieß* (Hrsg.), Alternativen zur Freiheitsstrafe, 1983, S. 319ff., 320.

[16] Aus der vorliegenden Tabelle ersieht man die Ab- und Zunahme der Anzahl von Insassen der Straf- und U-Haft in Japan:

Jahrgang	Gesamte Zahl der Insassen	davon Insassen in Strafanstalten
1945	53 656	48 977
1950	103 170	85 254
1965	63 515	52 813
1970	49 209	40 917
1975	45 690	37 850
1980	50 596	42 142
1985	55 263	45 805
1986	55 348	46 107
1987	55 210	46 076

[17] Zum Vergleich siehe die Daten in bezug auf Europaratsländer: *Schöch*, Festschrift für Lackner, 1987, S. 991ff., 1004; *Kaiser*, Kriminologie, 2.Aufl. 1987, S. 969.

[18] Weißbuch Kriminalität 1988 (Anm. 2), S. 251.

[19] *Ohya*, Studienbuch des Strafrechts, Allg. Teil, 2.Aufl. 1989, S. 478.

nicht ungünstigen Sozialumstände noch beibehalten wird, ist fragwürdig. Vermutlich spiegelt sich darin die konservative Haltung der japanischen Bevölkerung wider. Übrigens bekennen sich die meisten Strafrechtslehrer zum Vergeltungsgedanken oder zum Schuldausgleich im Sinne der Vergeltung.

Soviel zur Erwachsenenkriminalität und ihrer Bekämpfung in Japan.

III. Jugendkriminalität und ihre Bekämpfung

Im Zentrum der formellen Sozialkontrolle gegenüber den kriminellen und den verwahrlosten Jugendlichen einschließlich Kindern steht das Familiengericht, das aus der Abteilung für Familienangelegenheiten und aus der für Jugendkriminalität besteht. Es entspricht dem Landgericht für Strafsachen und dem deutschen Jugendgericht[20].

Vor der Beschreibung der durch das Jugendgericht ausgeübten Kontrolle der Jugendkriminalität seien einige kriminologisch bemerkenswerte Daten angeführt: In Japan wurden im Jahre 1987 ca. 300000 minderjährige StGB-Täter polizeilich festgenommen. Verkehrstäter ausgenommen, zeigt sich die altersmäßige Entwicklung der 230000 Jugendlichen und Kinder, d.h. unter 20jährigen, innerhalb des letzten Jahrzehnts wie folgt: Bei den kriminellen Kindern nimmt die Quote um 0%, bei den 14-15jährigen um 54% und bei den 16-17jährigen um 30% zu, während die Zunahme für die 18-19jährigen nur noch 9% beträgt[21].

Wenn man die 227 978 Jugendlichen und Kinder, die 1987 polizeilich festgenommen wurden, nach Alterskategorien aufschlüsselt, lassen sich einige noch interessantere Daten feststellen: Der Anteil von Kindern, also Personen unter 14 Jahren, beträgt 18%, der der 14-15jährigen 41%, der 16-17jährigen 29% und der 18-19jährigen nur 12%[22], was im internationalen Vergleich sehr eigenartig zu sein scheint. Dieses einmalige Phänomen bestätigen auch die Forschungsberichte aus dem Japanischen Justizministerium. Nach den Ergebnissen der Laufbahnanalyse der Delinquenten geben die meisten jugendlichen Straftäter ihre delinquenten Aktivitäten zwischen 17 und 19 Jahren auf[23]. Die Straftaten, die Kinder und 14-15jährige Jugendliche begehen, sind Laden- und Fahrraddiebstähle, Diebstähle aus Pkws usw. Sie gelten als Kurzschlußhandlungen aufgrund von Neugier bzw. Sachbegierde (sie nehmen Video-, Audio-Kassetten, Software, CD, Schmuck usw. weg).

---

[20] Zum jap. Jugendgesetz: *Kühne/Miyazawa*, Das japanische Jugendgesetz vom 15. Juli 1948, Sammlung außerdeutscher Strafgesetzbücher in deutscher Übersetzung Nr. 94, 1975, S. 2ff.

[21] Weißbuch Kriminalität 1988 (Anm. 2), S. 195; englische Ausgabe (Anm. 2), p. 132. Hier sei zu erwähnen, daß die Zunahme bei den kriminellen Kindern bis zum Jahrgang 1983 ca. 40% betrug.

[22] Weißbuch Kriminalität 1988 (Anm. 2), S. 195; englische Ausgabe (Anm. 2), p. 132.

[23] Weißbuch Kriminalität 1988 (Anm. 2), S. 196; englische Ausgabe (Anm. 2), p. 133.

Nach wie vor stammt der überwiegende Teil (seit 1975 beständig mehr als 80%) der minderjährigen Delinquenten aus mittelständischen Familien und wächst bei den leiblichen Eltern auf (etwa 73%). Mehr als 77% von ihnen sind Schüler oder Studenten, ca. 11% sind berufstätig, 12% weder Studenten noch Berufstätige[24].

Die sanften Maßnahmen, von denen das japanische Familiengericht gewöhnlich Gebrauch macht, sind nur ein Spiegelbild dieser und ähnlicher Lebensumstände der jungen Probanden.

Im folgenden möchte ich einige statistische Angaben über die familienrichterlichen Selektionsergebnisse im Jahre 1986 machen[25].

Von den 2 536 verwahrlosten bzw. kriminell gefährdeten Probanden sind 14,5% in die Trainings-Schule überwiesen, 32,7% unter die Leitung eines Bewährungshelfers gestellt und 8% in die Ertüchtigungsanstalt oder die Anstalt für Unterstützungsbedürftige (beides nach dem Jugendwohlfahrtsgesetz angeordnet) eingewiesen worden. Die übrigen wurden ohne jegliche Maßnahme freigelassen.

Von den insgesamt 321 943 Delinquenten — die meisten handelten den Straßenverkehrsgesetzen zuwider — sind 16% der zuständigen Staatsanwaltschaft überstellt und vom Kriminalgericht abgeurteilt und bestraft worden, jedoch meistens in Form der Geldstrafe. 314 Jugendliche hat man in die Trainings-Schule überwiesen. Bei ca. 13% erfolgte die Anordnung von Bewährungshilfe.

Von den 54 188 Jugendlichen, die eine fahrlässige Körperverletzung oder Tötung im Straßenverkehr begangen haben, wurden 5 779, also 11%, an die Staatsanwaltschaft abgegeben. 140 Jugendliche (ca. 0,3%) sind in die Trainings-Schule eingewiesen, und unter die Leitung eines Bewährungshelfers sind 15 509 (ca. 29%) gestellt worden.

Hinsichtlich der 191 625 Probanden, die Delikte begangen hatten, wurden 1 205 (0,6%) von den Jugendrichtern an die zuständige Staatsanwaltschaft überstellt, 4995 (2,6%) in eine Trainings-Schule eingewiesen und bei 14 991 (7,8%) Bewährungshilfe angeordnet. Die übrigen sind entweder mit Verwarnung oder ohne besondere Maßnahmen freigelassen worden.

Seit 1977 wurden kurzfristige Behandlungskurse sowohl von Trainings-Schulen als auch durch die Unterstellung unter die Leitung eines Bewährungshelfers eingeführt: Für Verkehrsdelinquenten ist der viermonatige und für

---

[24] Zum Vergleich seien diesbezügliche Daten aus dem Koreanischen Weißbuch über Kriminalität (koreanisch), Ausgabe 1988, anzugeben: 1986 stammt der überwiegende Teil (89%) aus niederständischen Familien, davon sind 31,3% Schüler und Studenten, 32,2% arbeitstätig und 33,5% weder Studenten noch arbeitstätig.

[25] Ausführlich dazu Weißbuch Kriminalität 1988 (Anm. 2), S. 219-222; englische Ausgabe (Anm. 2), p. 144.

normale jugendliche Kriminelle der sechsmonatige Kurs vorgesehen. Die Anzahl der Fälle, in denen für Jugendliche ein kurzfristiger Kurs angeordnet wird, nimmt erheblich zu, da man diese Maßnahmen als „sharp, short and shock" wirkende Mittel für die Jugendlichen, die unter jetzigen Umständen delinquent werden, als geeignet ansieht.

In Japan gibt es z. Zt. 54 Trainings-Schulen mit durchschnittlich 80 Insassen. Im Jahre 1987 waren insgesamt 5200 Jugendliche beiderlei Geschlechts in diese Erziehungsanstalten eingewiesen. Davon wurden 1581 in den sechsmonatigen und 252 in den viermonatigen Kurs geschickt[26].

Auf die Frage, wieso der japanischen Kriminalpolitik die sanften Maßnahmen für die Behandlung der Straffälligen genügen, versucht mein Beitrag zur Jescheck-Festschrift[27] Antwort zu geben. Diese lautet, daß es in Japan bis in die Gegenwart eine intensive informelle Sozialkontrolle gibt, d. h. die meisten Streitigkeiten unter den Bürgern werden auf privater Ebene, nämlich in Familie, Nachbarschaft oder Schule sowie am Arbeitsplatz erledigt. Falls der Straffällige, sei es ein Erwachsener oder ein Jugendlicher, feste menschliche Bindungen zu Familienangehörigen, Nachbarn oder Arbeitskollegen hat, dann wirken sich diese engen Beziehungen zugunsten der Reintegration in das soziale Leben aus. Verliert man aber eine solche gesellschaftliche Bindung, vor allem zu den Familienmitgliedern, so funktioniert die japanische informelle Sozialkontrolle nicht, da sie auf zwischenmenschlichen Beziehungen basiert. Ihr Fehlen wirkt sich dann auf unsere informelle Sozialkontrolle negativ aus. Solche dysfunktionellen Versuche zur sozialen Reintegration können wir bei verurteilten organisierten Verbrechern deutlich beobachten[28]. Sie wurden von ihren Familien fallengelassen und haben keine andere Hoffnung mehr, als wieder zu ihren verbrecherischen Vereinigungen zurückzukehren. Bei ihrer Entlassung warten Bandenmitglieder bereits vor dem Ausgang der Strafanstalten oder der für Jugendliche bestimmten Trainings-Schulen auf sie. Der Anteil der Bandenmitglieder unter den Strafgefangenen nimmt im Laufe der Zeit zu und betrug 1987 ca. 31%, unter den Insassen von Strafanstalten für Schwererziehbare sogar mehr als 43%[29]. Da die „Karriere" im Gefängnisleben eines Organisierten dazu führt, daß sich sein Status unter seinesgleichen erhöht, wirkt sich der Vollzug der Freiheitsstrafe bei ihnen zudem kriminalitätsfördernd aus.

---

[26] Weißbuch Kriminalität 1988 (Anm. 2), S. 240.

[27] *Miyazawa*, Festschrift für Jescheck, Bd. 2, 1985, S. 1159. Zur informellen Kontrolle abweichenden Verhaltens in Japan vgl. ferner *Kühne*, ZStW 85 (1973), 1079, 1100f.; *Miyazawa*, MschrKrim. 1977, 1, 12ff.; *Miyazawa / Kühne*, in: *Eubel* u. a., Das japanische Rechtssystem, S. 323, 329ff.

[28] Über das japanische organisierte Verbrechen (Yakuza) siehe *Kühne / Miyazawa*, Kriminalität und Kriminalitätsbekämpfung in Japan (Anm. 1), S. 63ff.; zu seiner heutigen Situation vgl. Weißbuch Kriminalität 1988 (Anm. 2), S. 41ff.; englische Ausgaben (Anm. 2), p. 68 - 73. Neuerdings siehe *Kühne / Miyazawa*, MschrKrim. 1988, 266, 271.

[29] Weißbuch Kriminalität 1988 (Anm. 2), S. 154; englische Ausgabe (Anm. 2), p. 73.

Seit 5 Jahren nehmen die weiblichen Strafgefangenen, die gegen das Gesetz über die Kontrolle der Stimulantia verstießen, die erste Stelle ein. Sie bilden mehr als die Hälfte der weiblichen Anstaltsinsassen. Es folgen die Täterinnen von Diebstählen. Die weiblichen Stimulantia-Täterinnen gehören meistens zu den Organisierten.

Die meisten Gefangenenarbeiten bezwecken bei uns keineswegs, eine entsprechende Arbeitsfähigkeit nach der Entlassung zu erreichen, sondern dienen lediglich dazu, die Anstaltskosten zu decken. Nur ein kleiner Teil von Gefangenenarbeiten ist zur Vorbereitung auf die Zeit nach der Entlassung bestimmt.

Bei der ambulanten Betreuung von Straffälligen haben wir gegenwärtig viele Probleme[30]. Amtliche Bewährungshelfer sind nur beschränkt verfügbar. Sie werden zudem oft von Nord nach Süd, von West nach Ost und umgekehrt versetzt, und dies innerhalb weniger Jahre. Etwa 700 Bewährungshelfer stehen 100000 Probanden gegenüber. Die meisten Probanden werden daher durch die Hände ehrenamtlicher Bewährungshelfer geleitet. In ganz Japan sind ca. 45000 Freiwillige als „case-workers" tätig. Sie werden aus dem Kreis sozial engagierter Personen ausgewählt.

Die ehrenamtlichen Bewährungshelfer auf dem Land, also in den kleinen Städten und Dörfern, erfüllen ihre Aufgabe als Verbindungsperson zwischen Staat und Bevölkerung im Wohnort, in den der Straffällige zurückkehrt und wo er reintegriert wird, zur Zufriedenheit. Diejenigen in den großen Städten und urbanisierten Orten sind dagegen von den Einwohnern keineswegs anerkannt. Niemand würdigt ihre Bemühungen, den Probanden resozialisierend zu helfen.

Es ist oft zu beobachten, daß Haftanstaltsinsassen im ländlichen Bereich Ausgang oder Freigang problemlos ausüben und von den Einwohnern des Gebietes akzeptiert werden[31]. Nach der Entlassung kehren sie dann in ihr heimatliches Umfeld in den großen Städten zurück, wo ihre Nachbarn sie jedoch ablehnen, anstatt sie zu reintegrieren. Daraus resultiert, daß sie schnell rückfällig werden und auf diese Weise wieder in die Anstalt gelangen. Es gibt eine nicht große, aber doch immerhin gewisse Anzahl mehrfach Rückfälliger, die häufiger als 25 oder 30mal Zechprellerei oder sogar leichte Gewalttaten begehen. Sie verbringen fast ihr ganzes Leben in Strafanstalten und haben weder eine Familie noch eine andere Person, die auf sie wartet und sie akzeptiert.

Dieser Personenkreis und die oben erwähnten Bandenmitglieder sind diejenigen, die der japanischen Kriminalpolitik die größten Schwierigkeiten bereiten[32].

---

30 *Miyazawa*, Bewährungshilfe in Japan (Anm. 15), S. 324ff.

31 Da die Strafvollzugsreform in Japan fehlschlug, gilt das Strafvollzugsgesetz von 1908 immer noch. Unter diesen Umständen muß man notwendigerweise vom Aus- und Freigang ohne Gesetzesgrundlage Gebrauch machen.

32 Hierzu siehe Weißbuch Kriminalität 1988 (Anm. 2), S. 263ff.; englische Ausgabe (Anm. 2), p. 22ff.

IV. Weitere hervorzuhebende Punkte und Zusammenfassung

1. In Japan spielt die Geldstrafe eine überragende Rolle. Über 90% der Strafverfahren — so im Jahre 1987, 1640000 von den 1740000 — werden mit Geldstrafe beendet, die regelmäßig durch Strafbefehl ausgesprochen wird.

2. Der Anteil der Verfahrenseinstellung durch die Staatsanwaltschaften und der Aussetzung von Freiheitsstrafen zur Bewährung durch die Gerichte ist ziemlich hoch. Die staatsanwaltliche Einstellungsquote liegt bei ca. 30-35% je nach Deliktskategorie. Die gerichtliche Strafaussetzungsquote beträgt ca. 60% der verhängten zeitigen Freiheitsstrafen.

3. Die Freispruchsquote in Japan ist sehr gering: 1986 lag sie im ordentlichen Strafverfahren bei 0,1%, d.h. auf 63198 Aburteilungen entfielen nur 69 Freisprüche.

4. In den japanischen Strafanstalten herrscht der Gedanke von „law and order“, worin der Einfluß der preußischen Strafvollzugspraxis fortwirkt. Ausbrüche aus Strafanstalten sind sehr selten. In den letzten drei Jahren gab es jährlich insgesamt drei Fälle.

5. Die Anzahl vollzogener Freiheitsstrafen ist ebenfalls sehr gering. Die Strafgefangenenquote je 100000 Einwohner beträgt etwas weniger als 50. Japan liegt damit an viertniedrigster Stelle zusammen mit Schweden in den westlichen Kulturstaaten. Die geringste Quote weisen die Niederlande, Irland und Norwegen auf.

6. Das Verhältnis der Anzahl von Vollzugsbediensteten zu Insassen erscheint kriminalpolitisch günstig: 15000 zu 55000 = 1 zu 4. In den Trainings-Schulen ist die Relation mit 2000 zu 4000-5000 = 1 zu 2-2,5 noch besser. Die Insassenzahl in den Strafanstalten ist, mit einigen Ausnahmen in den Großstädten Osaka und Tokio, verhältnismäßig günstig: Die durchschnittliche Belegung beträgt ca. 500-700. In den Trainings-Schulen für Jugendliche liegt sie unter 100.

7. Bei Strafanstalten für Frauen und bei Trainings-Schulen für weibliche Jugendliche ist die Situation im Vergleich zu den Männerstrafanstalten sehr problematisch. Da es nur fünf Frauenstrafanstalten in Japan gibt[33], ist es fast unmöglich, für Frauen einen Stufenvollzug durchzuführen. Bei den Trainings-Schulen für Mädchen ist die Situation nicht anders.

8. Aufgrund der knappen Finanzen sind die Versuche, einen Resozialisierungsvollzug in Gang zu setzen, überall fehlgeschlagen.

9. Insgesamt betrachtet gilt in Japan die sanfte Verbrechenskontrolle als kriminalpolitisch gelungen.

---

[33] Diese fünf Frauenanstalten sind z. Zt. in Sapporo, Tochigi, Kasamatsu, Wakayama und Fumoto. Im Herbst 1989 wird noch eine weitere Frauenanstalt eröffnet.

Kriminalpolitik in der Bundesrepublik Deutschland

Günther Kaiser

I.

Kriminalpolitik ist heute in nahezu aller Munde. Sie ist aktuell und wichtig. Eine Vielzahl von Veröffentlichungen und Veranstaltungen belegt dies, im In- und Ausland, auch in Japan und der Bundesrepublik Deutschland. Die Bestimmung und Bewältigung des Verbrechens sowie der Umgang mit dem Rechtsbrecher und dem Verbrechensopfer sind eminent kriminalpolitische Fragen. Die Anworten hierauf gelten als Ausdruck der Rechtskultur und — hier zögere ich — vielleicht auch der „Polizeikultur", wenn es so etwas gibt. Dem modisch-inflationistischen Gebrauch des Wortes „Kultur" folgend, könnte man in diesem Politikfeld der Praktikerkultur noch das Ethos der Wissenschaftler gegenüberstellen. Beide, Praktiker und Wissenschaftler, tragen jeweils mit eigenen professionellen Standards, Auffassungen und Erfahrungen zu dem bei, was „Kriminalpolitik" heißt.

Doch was bedeutet sie, und wie läßt sich ihre Entwicklung in der Bundesrepublik Deutschland kennzeichnen?

II.

Kriminalpolitik meint bekanntlich den kriminalrechtlich verankerten Gesellschaftsschutz. Bezeichnung und internationale Bewegung der sogenannten Sozialverteidigung (défense sociale) verdeutlichen Zielsetzung und Inhalt[1]. Kriminalpolitik will den Bürger und die staatlich organisierte Gesellschaft vor Strafunrecht schützen. Zur Erfüllung dieser Aufgabe bedient sie sich vor allem der Normen, Grundsätze und Mittel des Kriminalrechts. Insofern ist sie Teil übergreifender Rechtspolitik. Als solche wiederum denkt sie — idealtypisch betrachtet — unter Sichtung und Bewertung des Gegenwärtigen Zukünftiges voraus, entwirft planend ein Konzept zur Entscheidung und weist darauf hin, wo Wandlungen angezeigt sind, aber auch, wo sich Überkommenes bewährt hat und kontinuierlich ausgebaut werden sollte[2]. Häufig jedoch orientiert sie sich an

---

[1] *Ancel*, Die neue Sozialverteidigung, 1970; *Jescheck*, Rechtsvergleichende Bemerkungen zur Neugestaltung des Mindestprogrammes der Défense sociale, Festschrift für Blau, 1985, S. 425.

[2] *Würtenberger*, Kriminalpolitik im sozialen Rechtsstaat, 1970, S. 53.

Tagesfragen; nur gelegentlich schöpft sie aus dem Vorrat der Reformgedanken[3]. Nicht selten scheitern übergreifende Gesamtlösungen an der „Lobby des Einzelfalls“[4].

Gleichwohl bleibt richtig, daß die Kriminalpolitik vornehmlich auf das strafrechtliche Teilsystem sozialer Kontrolle zielt. Sie ist bestrebt, dem Wertewandel kritisch zu folgen sowie sich den sozialen und technologischen Herausforderungen zu stellen.

Da bezogen auf die soziokulturellen Rahmenbedingungen sowie gemessen an der wahrnehmbaren Kriminalität und an ihren unerwünschten Wirkungen kein uns bekanntes System oder (vorsichtiger:) Netzwerk des Gesellschaftsschutzes befriedigt, findet die Kriminalpolitik seit jeher ihren Schwerpunkt in der Erneuerung des Strafrechts, sei es des Verbrechensbegriffs (Kriminalisierung), des Sanktionensystems, des Strafverfahrens, der Strafvollstreckung, des Strafvollzugs oder der Bewährungshilfe. Mehr als 100 allein das materielle Strafrecht ändernde Gesetze in den letzten 100 Jahren, davon etwa zwanzig im vergangenen Jahrzehnt[5] — ganz zu schweigen von den über neunzig Änderungsgesetzen zur Strafprozeßordnung[6] —, künden von den kriminalpolitischen Aktivitäten und dem ungebrochenen Reformbedürfnis. Daher faßt man Kriminalpolitik und Strafrechtsreform nicht selten als sinngleich auf.

Freilich gerät bei solcher Sichtweise die Polizei allzu leicht aus dem Blick; dem steht nicht entgegen, daß sie durch ihre faktische Dominanz in der Verbrechensverfolgung, durch ihre kraft Gewaltenteilung vorgegebenen spezifischen Organisationsziele und durch eigene Nöte und Prioritäten auf ihre Weise zur Kriminalpolitik beiträgt, sie initiiert oder gar gestaltet. Man vergleiche nur kriminalpolitische Konzeptionen und Forderungen des Bundesjustizministers einerseits[7] und des Bundesinnenministers andererseits[8], in denen sich unterschiedliche Ziele und Schwerpunkte ausdrücken.

Unabhängig davon, ob polizeiliche „Bekämpfung“, „Kontrolle“ oder „Verwaltung“ der Kriminalität beabsichtigt ist, wird schon seit den Anfängen der

---

[3] *Rieß*, Prolegomena zu einer Gesamtreform des Strafverfahrensrechts, Festschrift für Schäfer, 1980, S. 155, 156.

[4] *Wassermann*, Zu den Aufgaben der Rechtspolitik in der neuen Legislaturperiode, Recht und Politik 1987, 1.

[5] *Eser*, Hundert Jahre deutsche Strafgesetzgebung - Rückblick und Tendenzen, in: *van Dijk* (Hrsg.), Criminal Law in Action, 1986, S. 49, 57; *Dreher / Tröndle*, StGB, 44. Aufl. 1988, S. LVII ff.

[6] *Schünemann*, Reflexionen über die Zukunft des deutschen Strafverfahrens, Festschrift für Pfeiffer, 1988, S. 461.

[7] *Engelhard*, Justizpolitische Vorhaben der Bundesregierung, recht 1987, Nr. 4, S. 37, 38 f.

[8] *Zimmermann*, Innere Sicherheit in unserer Zeit — Leitlinien der Kriminalpolitik, Innere Sicherheit 1988, Nr. 1, S. 30, 33.

kriminalpolitischen Reflexion im 18. Jahrhundert vor allem die *Strafgesetzpolitik* in den Mittelpunkt der Überlegungen gerückt. Dem liegt die Erwartung zugrunde, durch rationale Erörterung und Handhabung die optimale Problemlösung der Kriminalpolitik zu verwirklichen, wenn möglich gar „etwas Besseres" als das Strafrecht zu schaffen[9]. Neuere Tendenzen des sogenannten Abolitionismus, die auf die „Abschaffung" des Strafrechts gerichtet sind und nach überlegenen Alternativen suchen[10], treffen allerdings auf gegenläufige Forderungen nach verstärktem Einsatz des Strafrechts, etwa im Lebensmittel- und Umweltschutz, ferner selbst in der Intimsphäre, z. B. gegenüber der „Gewalt in der Familie".

Stets jedoch ist Kriminalpolitik aktive Gestaltung durch staatliche Organe. Soweit die Motivationskraft der von ihr geschaffenen oder vorausgesetzten Normen erlahmt, setzt sie erforderlichenfalls Zwangsmittel ein, um normkonformes, rechtstreues Verhalten zu gewährleisten. Insofern greift sie auch in die Freiheit des Bürgers ein, ist also Ausdruck, Funktion und Mittel staatlicher Herrschaft. Da sie auch gegen den Willen Widerstrebender durchgesetzt werden kann, also nicht allein auf den „herrschaftsfreien Diskurs" vertraut, sind Konzeption und Maßnahmen umstritten. Im übrigen werden beanspruchte Zielerreichung und Mittelverwendung in Zweifel gezogen. Zwar meint das Kriminalrecht, durch seine Einrichtung und Anwendung Kriminalität vermeiden oder wenigstens vermindern zu können. Die Zweifel an diesem Anspruch werden jedoch immer häufiger und mit wachsender Heftigkeit vorgetragen[11]. Sie haben die Diskussion darüber auch belebt und bereichert. Sie konnten aber bislang überlegene und realisierbare Lösungen nicht aufzeigen. Wer glaubt, gesellschaftliche Konfliktsituationen außerhalb des vom Staat gesetzten Herrschaftsverhältnisses lösen zu können, gerät in den Bereich der Utopie und redet letztlich einem Rückfall in Selbsthilfe und Faustrecht das Wort[12].

Zwar läßt sich schwerlich bestreiten, daß Kriminalpolitik insofern auch irrationale Bestandteile aufweist, als mangelnde Prüfverfahren sowie Abhängigkeit von aktuellen Tagesereignissen und den gesellschaftlichen Kräften rationaler Politikentscheidung Grenzen setzen. Immerhin suchen der Verbrechensbegriff als Instrument der Verhaltenskontrolle, die Sanktionen als Mittel der Kriminalpolitik und die Bindung an rechtspolitische Grundsätze irrationale Ausbrüche zu kontrollieren und zu beschränken. Obgleich jede Kriminalpolitik bestrebt ist, das Verbrechen nach Schwere und Umfang einzudämmen, kann dieses Ziel nicht uneingeschränkt und ungebrochen verfolgt werden. Kriminal-

---

[9] *Radbruch*, Rechtsphilosophie, 1950, S. 269.

[10] *Kaiser*, Abolitionismus — Alternative zum Strafrecht? Was läßt der Abolitionismus vom Strafrecht übrig? Festschrift für Lackner, 1987, S. 1027.

[11] *Steinert*, Zur Geschichte und möglichen Überwindung einiger Irrtümer in der Kriminalpolitik, in: *Maelicke/Ortner* (Hrsg.), Alternative Kriminalpolitik, 1988, S. 34.

[12] *Rieß* (Anm. 3), S. 169.

politische Kompromißlösungen gelten deshalb als anstößig, ja als wirkungslos oder gar kontraproduktiv. Man denke beispielsweise an das gegenwärtige Drogenstrafrecht, das inzwischen nach der Höhe der Strafdrohungen und der Häufigkeit seiner Anwendung zu einem umstrittenen Zentralbereich der Kriminalpolitik geworden ist[13].

III.

Angesichts dessen wird die neuere intensive Suche nach einer handlungsleitenden und strukturierenden *Theorie der Kriminalpolitik* verständlich[14]. Ein überzeugendes Konzept, das Integrationsbedürfnissen gerecht wird, ist aber nicht in Sicht. Versucht man gleichwohl die gegenwärtige Phase der Strafrechtsentwicklung auf eine kennzeichnende Formel zu bringen, so könnte man ebenso von einem begrenzten Schuldstrafrecht wie von einem gemäßigten Zweckstrafrecht sprechen[15]. Da aber das Strafrecht durch Strafprozeßrecht und Strafverfahren einschließlich polizeilichen Vorgehens zumindest mitgestaltet wird, sind auch Gefahrenabwehr und Kriminalstrategie[16], Verdachtsschöpfung, Haftrecht und Strafverfolgung mit zu bedenken. So gesehen kann es eine „Kriminalpolitik aus einem Guß" zumindest in einer sich freiheitlich-pluralistisch verstehenden Gesellschaft schwerlich geben. Eine handlungsleitende Theorie der Kriminalpolitik müßte mehr sein als ein Konzept präventiver Kriminalpolitik, um innere Sicherheit zu gewährleisten, und auch mehr darstellen als eine bloße Addition von Leitprinzipien und rechtspolitischen Grundsätzen. Wäre es anders, so würden uns etwa die Abgrenzung zwischen Strafverfahrensrecht und Polizeirecht, Demonstrationsgewalt und strafrechtlicher Reaktion sowie Bagatelldelinquenz und Gleichmäßigkeit der Verfolgung nicht derartige Schwierigkeiten bereiten[17].

Auf die Erörterung der Straftheorie ist die internationale Diskussion, obwohl dem Schwerpunkt nach in den USA und Skandinavien lokalisiert, nicht ohne Einfluß geblieben. Resozialisierung und Behandlung werden heute nicht mehr so zuversichtlich und ungebrochen als Ziele verfolgt, wie dies noch Anfang der

---

[13] *J. Meyer* (Hrsg.), Betäubungsmittelstrafrecht in Westeuropa, 1987, S. 735; *Huber*, Beobachtungen zur Strafrechtsentwicklung in Europa zwischen 1984 und 1986, in: *Eser / Huber*, Strafrechtsentwicklung in Europa, Bd. 2, 1988, S. 1713, 1736 ff.

[14] *Hassemer*, Bedingungen und Gegenstände der Strafrechtspolitik, in: *Hassemer* (Hrsg.), Strafrechtspolitik. Bedingungen der Strafrechtsreform, 1987, S. 9, 10 f.; *Lüderssen*, Stufenweise Ersetzung der Freiheitsstrafe, in: *Hassemer* (Hrsg.), Strafrechtspolitik, a. a. O., S. 83, 91 f.; *Schünemann*, Plädoyer für eine neue Theorie der Strafzumessung, in: *Eser / Cornils* (Hrsg.), Neuere Tendenzen der Kriminalpolitik, 1987, S. 209, 225 ff.

[15] *Schünemann*, Grundfragen des modernen Strafrechtssystems, 1984.

[16] *Zimmermann* (Anm. 8); *Huber* (Anm. 13), S. 1743 ff.

[17] *Denninger / Lüderssen*, Polizei und Strafprozeß im demokratischen Rechtsstaat, 1978.

siebziger Jahre der Fall war. Hingegen wird die sogenannte positive Generalprävention zunehmend favorisiert. Jedoch ist die Diskussion über den sogenannten Neoklassizismus im wesentlichen eine fremde, vorwiegend literarische Erscheinung geblieben[18]. Sie hat auch keine neuen Gesichtspunkte geliefert[19]. Bestenfalls unterschwellig und mittelbar hat sie die schärfere Strafzumessungspraxis der deutschen Gerichte bei schwerer Kriminalität durch vermehrte Verhängung längerer Freiheitsstrafen beeinflußt. Allerdings reichen die Ansätze zu einer derartigen Strafzumessungsstrategie in den siebziger Jahren weit zurück[20], ohne daß es dazu bewußt neoklassischer Ermutigung bedurft hätte. Im Hinblick auf die begrenzten Möglichkeiten der Resozialisierung und die internationalen Enttäuschungen darüber hat man auch im deutschen Schrifttum die „Krise der Kriminalpolitik"[21] erörtert, wobei aus jenem Sachverhalt erwartungsgemäß unterschiedliche Folgerungen für Theorie und Praxis gezogen werden.

Fehlt es auch an einer integrierenden und konsistenten Theorie für die Kriminalpolitik der Nachkriegszeit in der Bundesrepublik Deutschland, so lassen sich doch eine Reihe von als fundamental begriffenen *rechtspolitischen Gestaltungsprinzipien* nicht verkennen. Sie gelten geradezu als „Konstanten kriminalpolitischer Theorie"[22]. Sie haben die kriminalpolitische Willensbildung geprägt sowie das Recht und — abgeschwächt — auch die Rechtswirklichkeit in diesem Land bestimmt. Zu denken ist vor allem an die Grundsätze der Humanität, der Verhältnismäßigkeit, der Freiheit, der Gleichheit, der Sozialstaatlichkeit, der Effizienz und des rechtsstaatlichen Verfahrens. Daß die Beachtung und Anwendung dieser Grundsätze in den vergangenen vier Jahrzehnten keiner linearfortschreitenden Entwicklung gefolgt sind, sondern eher den Urrhythmen des Lebens auf dieser Erde, etwa den Gezeiten vergleichbar, leuchtet ein, wenn wir uns vergegenwärtigen, daß wir ähnlich wie bei ökologischen Systemen stets in soziale Netzwerke eingreifen und die Folgen, insbesondere die unerwünschten Nebenwirkungen, nur eingeschränkt überblicken, geschweige beherrschen. Immerhin haben die Freiheitsgrundrechte und das Prinzip der Rechtsstaatlichkeit wachsende Bedeutung erlangt, so daß sogar gelegentlich Kritik wegen der gefährdeten inneren Sicherheit laut wird.

---

[18] *van den Haag*, The Neo-classical Theory of Crime Control, in: *Meier* (Hrsg.), Theoretical Methods in Criminology, 1985, S. 177; *von Hirsch*, Past or Future Crimes. Deservedness and Dangerousness in the Sentencing of Criminals, 1986.

[19] *Horn*, Kriminalpolitische Tendenzen im Strafrecht der Bundesrepublik Deutschland, in: *Eser/Cornils*, Neuere Tendenzen (Anm. 14), S. 147, 148ff.; *Löfmarck*, Neo-Klassizismus in der nordischen Strafrechtslehre und -praxis. Bedeutung und Auswirkungen, in: *Eser/Cornils*, Neuere Tendenzen, a.a.O., S. 15ff.

[20] *Horstkotte*, Rückblick auf die Strafrechtsreform von 1969: Erwartung, Erfolge, Enttäuschungen, BewHi 31 (1984), S. 2.

[21] *Jescheck*, Die Krise der Kriminalpolitik, ZStW 91 (1979), S. 1037; skeptisch *Schultz*, Krise der Kriminalpolitik?, Festschrift für Jescheck, 1985, S. 791.

[22] *Hassemer*, Konstanten kriminalpolitischer Theorie, Festschrift für Lange, 1976, S. 501.

Zwar ist die Theorie der Verbrechenskontrolle, welche der gegenwärtigen Kriminalpolitik implizit zugrunde liegt, vielschichtig und facettenreich strukturiert, insofern sie als additiv-diffuse Vereinigungstheorie verschiedene Strafziele, Strategien und Mittel zuläßt. Immerhin sind die Kontroll- und Sanktionierungsstrategien der Praxiswillkür insoweit entzogen, als das Recht innerhalb eines Beurteilungs- und Handlungsspielraums klare Prioritäten und Handlungsanweisungen vorschreibt — etwa Vermeidung von Freiheitsstrafen zugunsten ambulanter Kriminalsanktionen (§ 46 Abs. 1 S. 2, §§ 47, 56 StGB). Durch eine relativ gleichförmige professionelle Sozialisation der Juristen und aufgrund empirischer und juristischer Kontrolle werden derartige Prioritäten auch innerhalb einer begrenzten Variationsbreite befolgt. Gleichwohl läßt sich an Einheitlichkeit und Gleichheit des Vorgehens und damit der Rechtsanwendung zweifeln. So werden denn die Disparitäten im strafrechtlichen Ermittlungsverfahren, im staatsanwaltschaftlichen Erledigungsverhalten, in der Strafzumessung ebenso wie in der Handhabung der bedingten Entlassung und der Vollzugslockerungen seit langem beklagt[23].

Als komplementär zur Rechtsstaatlichkeit und zugleich als Ausdruck des Gedankens der Gleichheit wird das prozessuale *Legalitätsprinzip* begriffen. Bekanntlich besagt es, daß jede Straftat zu verfolgen ist. Wegen der Schwierigkeiten, ja vielleicht der Unmöglichkeit seiner Verwirklichung, insbesondere wegen des im Falle von Kleinkriminalität gelegentlich fehlenden öffentlichen Interesses, ist das Legalitätsprinzip zugunsten des *Opportunitätsprinzips* durchbrochen. So wird angenommen, daß im Falle der Bagatellkriminalität die Ungleichheiten, die durch das Festhalten am Legalitätsprinzip in aussichtslosen Situationen erzeugt würden, schwerer wögen als die Ungleichheiten, die durch ungleichmäßige Ermessensausübung im Rahmen eines Opportunitätsprinzips entstünden[24].

Doch hat das als Ausnahmeregelung gedachte Opportunitätsprinzip praktisch beachtliche Bedeutung gewonnen. Im Gebiet der Bundesrepublik Deutschland werden mittlerweile etwa 35% der anklagefähigen Erwachsenenstrafsachen und etwa die Hälfte der entsprechenden Jugendstrafsachen danach

---

[23] *Albrecht*, Gleichmäßigkeit und Ungleichmäßigkeit in der Strafzumessung, in: *Kerner/Kury/Sessar* (Hrsg.), Deutsche Forschungen zur Kriminalitätsentstehung und Kriminalitätskontrolle, Bd. 6, 2. Teilbd., 1983, S. 1297; *Pfeiffer*, Institutionen und Entscheidungen. Das neue Forschungsprogramm des kriminologischen Forschungsinstituts Niedersachsen, in: *Kaiser/Kury/Albrecht* (Hrsg.), Kriminologische Forschung in den 80er Jahren, 1988, S. 175; *Schünemann* (Anm. 6), S. 461 ff.; *Dünkel/Rosner*, Die Entwicklung des Strafvollzuges in der Bundesrepublik Deutschland seit 1970. Materialien und Analysen, 1982, S. 75 ff.; *Böhm*, Strafrestaussetzung und Legalbewährung. Ergebnisse einer Rückfalluntersuchung in zwei hessischen Justizvollzugsanstalten mit unterschiedlicher Sanktionierungspraxis, 1988, S. 90 ff.; *Feest/Selling*, Rechtstatsachen über Rechtsbeschwerden: Eine Untersuchung zur Praxis der Oberlandesgerichte in Strafvollzugssachen, in: *Kaiser/Kury/Albrecht* (Hrsg.), Kriminologische Forschung, a. a. O., S. 247.

[24] *Denninger/Lüderssen* (Anm. 17), S. 222.

erledigt[25]. Insofern nähern wir uns japanischen Dimensionen[26]. Die für den Erwachsenenbereich durch den Gesetzgeber erst in den siebziger Jahren ausgedehnte Anwendung des Opportunitätsprinzips und die damit korrespondierende Kompetenzerweiterung der Staatsanwaltschaft durch § 153a StPO hat allerdings nicht ungeteilte Zustimmung erfahren. Zwar hat die staatsanwaltliche Praxis die Kompetenzerweiterung mit abgeschwächten Sanktionsmöglichkeiten im Bagatellbereich in beträchtlichem Umfang aufgegriffen: Jährlich handelt es sich inzwischen um mehr als 200.000 Verfahren. Offenbar erweist sich bei der Erledigung von Massendelikten diese Regelung prozeßökonomisch als äußerst funktional. Sie hat auch im Ausland (Portugal) Billigung und Aufnahme gefunden. Gleichwohl begegnen der getroffenen Regelung seit jeher erhebliche Bedenken der Strafrechtswissenschaft. So hält die Strafrechtslehre — offenbar im Gegensatz zu jener Japans — überwiegend an ihrer Kritik gegenüber einer derartigen Kompetenzerweiterung zugunsten der Staatsanwaltschaft fest. Die Einwände beruhen im wesentlichen auf der befürchteten Mißbrauchsgefahr[27], insbesondere dem immer wieder ins Feld geführten sogenannten Reichenprivileg[28], dem Aushandeln strafrechtlicher Reaktionen[29] und der mangelnden Durchsichtigkeit des Erledigungsverfahrens.

Allerdings läßt sich nicht verkennen, daß die international weithin favorisierte Strategie der *Diversion* den erweiterten Ausbau des Opportunitätsprinzips stützt[30]. Dabei zielt Diversion bekanntlich auf das Absehen von weiterer Strafverfolgung, nachdem eine strafrechtliche Normverletzung amtlich festgestellt worden ist. Vor allem geht es der Diversionsstrategie darum, die gesellschaftliche Bewältigung von Kriminalität möglichst außerhalb der Justiz und ihrer Instanzen vorzunehmen, bestimmte Fälle von förmlichen Verfahren abzulenken und über meist regionale Alternativprogramme der mehr informellen Sozialkontrolle zu erledigen. Aber auch abgeschwächte Formen negativer Sanktionierung von strafbarem Verhalten werden begrifflich miterfaßt. Deshalb kann es insgesamt wohl nur darum gehen, die Handhabung der Strafrechtspraxis, insbesondere bei der Bewältigung der Bagatellkriminalität, durchsichtiger zu gestalten, um Mißbräuche und gelegentlichen Wildwuchs in den Erledigungsmodalitäten bei minderschweren Strafsachen zu vermeiden.

---

[25] *Heinz / Hügel*, Erzieherische Maßnahmen im deutschen Jugendstrafrecht, 2. Aufl. 1987.

[26] *Miyazawa*, Informelle Sozialkontrolle in Japan, Festschrift für Jescheck, 1985, S. 1159.

[27] *Hirsch*, Bilanz der Strafrechtsreform, Gedächtnisschrift für H. Kaufmann, 1986, S. 133.

[28] *Kaiser / Meinberg*, „Tuschelverfahren" und „Millionärsschutzparagraph"? NStZ 1984, 343.

[29] *Schünemann* (Anm. 6).

[30] Beschlüsse des internationalen Strafrechtskongresses in Kairo 1984, ZStW 97 (1985), S. 731; *Kaiser*, Diversion, in: *Kaiser / Kerner / Sack / Schellhoss* (Hrsg.), Kleines Kriminologisches Wörterbuch, 2. Aufl. 1985, S. 72; *Heinz / Hügel* (Anm. 25).

Dazu ist auch die Stärkung der Beschwerdemacht in den Händen des Verbrechensopfers für den Bereich der Gewalt-, Sexual-und Eigentumsdelikte geeignet und notwendig. Eine opferabhängige Kontrollmöglichkeit reicht freilich bei Verkehrs-, Umwelt- und Wirtschaftsstrafsachen nicht aus, weil sich hier entweder die Opfereigenschaft verflüchtigt oder es sich um sogenannte Kollektivopfer handelt. Gleichwohl ergeben sich auch hier Bedürfnisse, etwa im Falle gesundheitsbeeinträchtigender Lebensmittel- und Umweltdelikte, die rechtlichen Kontrollmöglichkeiten potentieller Opfer zu stärken.

In der geschichtlichen Entwicklung hat der Grundsatz der Rechtsstaatlichkeit zunächst seine Ausprägung in den prozessualen Garantien und in der Tatbestandsbestimmtheit erfahren, ist jedoch in einem weiteren kriminalpolitischen Schritt mit dem Strafvollzugsgesetz 1976 konsequent auf die *Rechtsstellung des Strafgefangenen und Verwahrten* ausgedehnt worden[31]. Zwar hat sich im Vergleich zur früheren Zeit die Zahl der Rechtsschutzfälle aus dem Strafvollzug vor den Oberlandesgerichten trotz der Einrichtung von Strafvollstreckungskammern erhöht, nicht jedoch deren Erfolgschancen[32]. Offenbar beruhen die nach dem Strafvollzugsgesetz zulässigen Rechtsbeschwerden gegen die Beschlüsse der Strafvollstreckungskammern nicht zuletzt darauf, daß auf diese Weise versucht werden soll, regionale Unterschiede in den Praktiken des Vollzugs durch die Gerichte korrigieren zu lassen. Auch durch die Rechtsschutzmöglichkeiten des Strafgefangenen kann das Spannungsverhältnis zwischen Zweckstrafrecht und Menschenrechten[33] nicht vermieden, aber doch in einer Weise bewältigt werden, die den Freiheitsgarantien und Individualinteressen des betroffenen Bürgers einerseits und den Gemeininteressen von Gesellschaft und Staat (sog. innere Sicherheit) andererseits gerecht wird, obschon auch hier unterschiedliche Lösungen denk- und realisierbar sind. Schwierigkeiten und Unsicherheiten ergeben sich noch immer für die Rechtsstellung des Verwahrten[34]. Der japanischen Kriminalpolitik wiederum gilt schon das Maßregelrecht schlechthin als problematisch[35], nicht jedoch — soweit ersichtlich — die Beschwerdemacht von Verbrechensopfern und Strafgefangenen.

Hat sich das Strafvollzugsgesetz aus dem Jahre 1976 — auch im internationalen Vergleich[36] — zumindest als „Rechtsstellungsgesetz" bewährt[37], so handelt

---

[31] *Kaiser/Kerner/Schöch*, Strafvollzug, 3. Aufl. 1982; *Huber* (Anm. 13).

[32] *Feest/Selling* (Anm. 23), S. 260.

[33] *Kaiser*, Zweckstrafe und Menschenrechte, SchwJZ 80 (1984), S. 329.

[34] *Kaiser*, Kriminologie, 2. Aufl. 1988, S. 952ff.

[35] *Nishihara*, Die gegenwärtige Lage der japanischen Strafrechtswissenschaft, Festschrift für Jescheck, 1985, S. 1233, 1245ff.

[36] *Norris*, On human rights in prison, Prison Service Journal 1988 (No. 70), S. 13; *Huber* (Anm. 13).

[37] *Eyrich*, Hat sich das Strafvollzugsgesetz bewährt? in: *Schwind/Steinhilper* (Hrsg.), 10 Jahre Strafvollzugsgesetz, 1988, S. 29.

es sich dabei doch nur um ein Element der im übrigen unvollendet gebliebenen Strafvollzugsreform[38]. Suspendierungen und Übergangsregelungen sowie Finanzierungssorgen der Länder haben die beabsichtigte Fortentwicklung von Recht und Wirklichkeit des Strafvollzuges verhindert.

IV.

Die Gefährdung des Menschen durch den Menschen, soziale Nebenwirkungen in Technologie und internationaler Wirtschaftsverflechtung haben neue Forderungen an das Recht und so auch an das Kriminalrecht sowie an die Kriminalpolitik gestellt. Dies erscheint augenfällig, wenn man sich das Bedürfnis vergegenwärtigt, die individuelle Freiheit gegen technisch mögliche, jedoch sozial unerwünschte Eingriffe durch einen Dritten auch mit Hilfe des Strafrechts zu schützen. Außerdem bestehen Bedürfnisse, Mißbräuche medizinischer Forschung sowie wirtschaftlicher und politischer Macht zu verhindern[39] sowie Straftaten wegen der Erschleichung staatlicher Subventionen (Subventionsbetrug) wirksam zu verfolgen.

Daher wird insbesondere das Kriminalrecht als ein Mittel gebraucht, den erwünschten sozialen Wandel durchzusetzen und abzusichern. Dies läßt z. B. der Vorgang der Verkehrsanpassung im öffentlichen Straßenverkehr, der auch vom Strafrecht gestützt wird, erkennen, ferner der Schutz von Minderheiten, der auch vom Strafrecht gesichert werden soll, sowie die Kriminalisierung gefährlicher Umweltverschmutzung und des Umgangs mit Rauschmitteln. Außerdem gehören in diesen Zusammenhang die strafrechtlichen Bestrebungen, sozial unerwünschte Gewaltdarstellungen im Fernsehen und auf Videos sowie deren Konsum durch Kinder zu verhüten.

Veränderungen des Strafwürdigen und die Dynamik des Verbrechensbegriffs sind zugleich Ausdruck des Wertewandels in der Gesellschaft; sie gewinnen als Strategie der Verbrechenskontrolle Gestalt. Nach einer international vergleichend angelegten Wertestudie aus den achtziger Jahren läßt sich aber nicht erkennen, daß die westdeutsche Bevölkerung ein geringeres Interesse an „Recht und Ordnung" habe oder permissiver eingestellt sei als die Bevölkerung in anderen westeuropäischen Staaten oder in den USA[40]. Gleichwohl kann man die wiederholt geäußerte Klage über das Schwinden des Rechtsbewußtseins und die Rechtserosion nicht übersehen[41]. Selbst bei Juristen ist das Rechtsbewußtsein, wenn man neueren Erscheinungen des zivilen Ungehorsams bis zur

---

[38] *Rotthaus*, Die Bedeutung des Strafvollzugsgesetzes für die Reform des Strafvollzugs, NStZ 1987, 1, 5.

[39] *Huber* (Anm. 13), S. 1741 f.

[40] Anders die Deutung von *Noelle-Neumann/Köcher*, Die verletzte Nation. Über den Versuch der Deutschen, ihren Charakter zu ändern, 1987, S. 297.

[41] *Wassermann*, Rechtsstaat ohne Rechtsbewußtsein?, 1988, S. 5.

sogenannten Richterblockade folgt, nicht mehr einheitlich und ungebrochen lebendig[42]. Zwar läßt sich den Befragungen des letzten Jahrzehnts entnehmen, daß die Bevölkerung dem veränderten Unwerturteil des Gesetzgebers folgt und neue Bewertungen, z.B. im Bereich der Umwelt- und Wirtschaftsstraftaten, allgemein mitträgt. Die Bereitschaft der Bevölkerung, eine rationale und liberale Kriminalpolitik zu stützen, bleibt allerdings ambivalent, labil und nicht zuletzt von der jeweils perzipierten Verbrechensentwicklung abhängig.

Hat der Wandel des gesellschaftlichen Lebens auch Strafrechtswissenschaft und Kriminalpolitik in Japan stark beeinflußt[43], so ist doch die informelle Sozialkontrolle dort noch weithin funktionstüchtig, wirksam und kriminalpolitisch bedeutsam geblieben[44]. Anders jedoch sind Entwicklung und Lage für die westlichen Staaten und so auch für die Bundesrepublik Deutschland einzuschätzen. Hier läßt sich aufgrund des allmählichen Bedeutungsverlustes traditioneller Mechanismen der informellen Sozialkontrolle durch Familie und Nachbarschaft eine wachsende Vielschichtigkeit und Anonymität der modernen Gesellschaft beobachten. Entsprechend dieser Entwicklung wird vor allem vom Recht eine Steuerungs- und Kontrollfunktion erwartet. Da das Recht in der unüberschaubar gewordenen Gesellschaft eines der wichtigsten Steuerungsmittel ist, um Klarheit, Durchsichtigkeit und Gleichheit zu gewährleisten, ist die vielbeklagte Tendenz zur Verrechtlichung der Lebensverhältnisse[45] unausweichlich.

Während das Gedankengut der Menschenrechte und die Sorge um die Funktionstüchtigkeit des Strafrechts (Kapazität und Strafökonomie) die *Entkriminalisierung* motivieren, liegen die Gründe zur *Neukriminalisierung* hauptsächlich in dem Versagen herkömmlich informeller Kontrollstrukturen und dem daraus folgenden Bestreben nach Verrechtlichung sowie gezielter politischer Steuerung. Dies trifft namentlich für das Straßenverkehrs-, Wirtschafts- und Umweltstrafrecht zu. Selbst wenn man hier auf die schmerzlichen Sanktionen des Kriminalrechts verzichten könnte, so doch ohne Gefährdung des Ganzen offenbar nur dann, wenn Strategien der Überwachung oder fühlbar disziplinierende Sanktionen anderer Subsysteme der Sozialkontrolle als funktionale Äquivalente zur Verfügung stehen. Wenn in der modernen Gesellschaft die staatlichen Aufgaben wachsen, die insbesondere der technologische und soziale

[42] *Hassemer*, Ziviler Ungehorsam — ein Rechtfertigungsgrund?, Festschrift für Wassermann, 1985, S. 325; ferner *Matz*, in: *Zöller* (Hrsg.), Der Preis der Freiheit. Grundlagen, aktuelle Gefährdungen und Chancen der offenen Gesellschaft, 1988, S. 32.

[43] *Nishihara* (Anm. 35), S. 1245ff.; *ders.*, Entwurf zu einem Japanischen Strafgesetzbuch vom 29. Mai 1974, 1986, S. 2.

[44] *Miyazawa* (Anm. 26), S. 1162ff.; siehe jedoch *Sveri*, A Comparative Study of the Use of Criminal Sanctions, in: 10th International Congress of Criminology, 1988, unter Hervorhebung der quantitativ beachtlichen Verhängung von Geldstrafen in Japan.

[45] Dazu *Strempel* (Hrsg.), Mehr Recht durch weniger Gesetze?, 1987; ferner *Bock*, „Recht ohne Maß“. Die Bedeutung der Verrechtlichung für Person und Gemeinschaft, 1988.

Wandel aufgibt, und deshalb zur Durchsetzung und Absicherung das Strafrecht mit eingesetzt wird, verwundert es nicht, daß der Bestand an Strafrechtsnormen wächst.

Das Grundproblem jeder Neukriminalisierung besteht darin, daß anfangs die Strafverfolgungsbehörden gegen eine häufige Ignorierung des Verbots ankämpfen müssen (z. B. bei der Verkehrstrunkenheit oder im Verwaltungsunrecht bei der Pflicht, in Kraftfahrzeugen während der Fahrt einen Sicherheitsgurt anzulegen). Deshalb geht es zunächst einmal um die Durchsetzung einer gemeinsamen Wertüberzeugung, wonach das neukriminalisierte Verhalten mit einem hohen Unwerturteil belegt wird. Mögliche Konsequenz solcher Entwicklung ist die Überkriminalisierung. Alle bisher beschrittenen Wege zur Entkriminalisierung, etwa im Verkehrs- oder in einem sonstigen Bagatellbereich, haben das Wachstum von Strafrechtsnormen nicht hindern können.

V.

Aber nicht nur in der Dynamik des Verbrechensbegriffs äußert sich Kriminalpolitik, sondern auch in den *Veränderungen des Sanktionensystems*. Über lange Jahre hinweg wurden auf diesem Gebiet seit den bedeutenden Reformgesetzen der zwanziger Jahre prägende Elementarprinzipien geschaffen, die auch die nächsten Jahrzehnte überdauern dürften[46]: Abschaffung der Todesstrafe, Einführung der Einheitsfreiheitsstrafe, Zurückdrängen des kurzen Freiheitsentzugs, Einführung der Strafaussetzung zur Bewährung und des Tagessatzsystems bei der Geldstrafe und die Aufhebung zweckwidriger Nebensanktionen[47] gehören zu den markantesten Änderungen. Insgesamt lassen sich jene Wandlungen nach drei Kriterien kennzeichnen, die auch die kontinuierliche Fortentwicklung der Kriminalsanktionen bestimmen:

— zunehmender Bedeutungsverlust freiheitsentziehender Sanktionen bis hin zur Erosion der Freiheitsstrafe,
— Vordringen ambulanter Sanktionsmittel und
— Siegeszug der Geldstrafe[48].

Durch den breiten Anwendungsbereich der Geldstrafe mit mehr als vier Fünfteln aller Kriminalsanktionen ist seit Beginn der siebziger Jahre substantiell unverändert ein beachtlicher Anwendungsbereich für gerechte Schuldvergeltung vorhanden, so daß schon daher für eine Diskussion neoklassischer Theorien anders als z. B. in den USA wenig Bedarf besteht. Dieses fehlende Bedürfnis wird zusätzlich noch dadurch unterstrichen, daß bereits traditionell,

---

[46] *Horn* (Anm. 19), S. 147, 148; *Huber* (Anm. 13), S. 1743ff.; *Albrecht / Dünkel*, Herausforderungen an die Kriminalpolitik der 90er Jahre, Neue Kriminalpolitik 1 (1989), S. 12.

[47] *Maurach / Gössel / Zipf*, Lehrbuch des Strafrechts, Allg. Teil 2, 7. Aufl. 1989, S. 482.

[48] *Kaiser* (Anm. 34), S. 899ff.

aber auch zunehmend in den vergangenen zwei Jahrzehnten, von der Verhängung längerer Freiheitsstrafen in beachtlichem Umfang Gebrauch gemacht wird. Dies gilt besonders für Drogen- und Gewaltdelinquenten. Dem steht nicht entgegen, daß im internationalen Vergleich in Westdeutschland relativ wenige Verurteilte mit Freiheitsstrafen belegt werden[49]. Aber selbst dieser Sachverhalt hat wegen der beträchtlichen Zahl von Ersatzfreiheitsstrafen im Falle uneinbringlicher Geldstrafe und widerrufener Strafaussetzungen zu Kritik und weiteren Reformüberlegungen Anlaß geboten, welche die Kriminalpolitik in Bewegung halten. Dazu trägt nicht zuletzt die der historischen Veränderung unterworfene Einschätzung von Behandlung und Resozialisierung als Strafziele bei. Überdies wird eine gewisse Sanktionsarmut beklagt, aufgrund derer nur Möglichkeiten eröffnet werden, Freiheit und Vermögen zu beschränken, und dem Richter zu wenig abstimmbare Einwirkungsmöglichkeiten auf den Täter zur Verfügung stehen[50].

Während sich die Neuregelung der Geldstrafe in Gestalt des Tagessatzsystems allgemein durchgesetzt hat[51] und auch ausländischen Staaten mitunter als vorbildliche oder zumindest diskutable Problemlösung dient, ist die Erörterung der Ersatzfreiheitsstrafe und der freiheitsentziehenden Sanktionen allgemein nicht zur Ruhe gekommen. Im Hinblick auf die nicht unerhebliche Anwendungshäufigkeit von Ersatzfreiheitsstrafen bei uneinbringbarer Geldstrafe, wegen Widerrufs der Strafaussetzung zur Bewährung und der Anrechnung von Untersuchungshaft wird der Vollzug kurzer Freiheitsstrafen auch gegenwärtig zahlreich praktiziert. Einer zusätzlichen Aufwertung bedürfte es deshalb nicht[52]. Die Strafaussetzung zur Bewährung gilt demgegenüber als eine der bedeutendsten Wandlungen und wird heute bereits als weitere Spur des Sanktionensystems begriffen. Überdies wird eine weitere Ausdehnung ihres Anwendungsbereichs empfohlen[53].

Als neue ambulante Sanktion wird dem internationalen Trend folgend die *gemeinnützige Arbeit* reich erörtert, aufgrund der gesetzlichen Ermächtigung des Art. 293 EGStGB auch anstelle der Ersatzfreiheitsstrafe bereits mit unterschiedlichem Erfolg angewandt. Zur Erweiterung und Flexibilisierung des Sanktionenkatalogs konzentriert sich dabei die Diskussion weitgehend auf die Einführung der gemeinnützigen Arbeit als eigenständige Sanktion. Etwaige verfas-

---

[49] *Kaiser*, Strafvollzug im europäischen Vergleich, 1983, S. 18ff.; *Kerner*, Les sanctions pénales classiques et leur altération dans les politiques criminelles européennes, Annales internationales de Criminologie 25 (1987), S. 91, 110.

[50] *Maurach/Gössel/Zipf* (Anm. 47), S. 482.

[51] *Hirsch* (Anm. 27), S. 136.

[52] *Weigend*, Die kurze Freiheitsstrafe — eine Sanktion mit Zukunft?, JZ 1986, 260, 267.

[53] *Maurach/Gössel/Zipf* (Anm. 47), S. 636; *Schultz*, Bericht und Vorentwurf zur Revision des Allgemeinen Teils und des Dritten Buches „Einführung und Anwendung des Gesetzes" des Schweizerischen Strafgesetzbuches, 1987.

sungsrechtliche Bedenken dürften seit der Entscheidung des Bundesverfassungsgerichts[54] weithin ausgeräumt sein. Danach wird das Verbot der Zwangsarbeit nicht berührt, wenn einem Betroffenen Arbeitspflichten durch einen Richter im Rahmen eines abgestuften Reaktions- und Sanktionssystems infolge einer von ihm begangenen Straftat auferlegt werden. Weiterhin wird das Fahrverbot als eigenständiges Sanktionsmodell vorgeschlagen. Noch stärker als im Erwachsenenstrafrecht gehen im Jugendstrafrecht die Tendenzen dahin, die ambulanten Sanktionen gegenüber den stationären zu bevorzugen, zum Teil im Rahmen weniger formalisierter Verfahren gem. §§ 45, 47, 76 JGG.

Ein aktueller Diskussionsschwerpunkt hat sich aufgrund der Erfahrungen im Betäubungsmittel-, Wirtschafts- und Umweltstrafrecht wegen der Bedürfnisse zur *Abschöpfung von Verbrechensgewinnen* ergeben. Die kriminalpolitische Forderung ist ebenso alt wie eindeutig: Unrecht Gut darf nicht gedeihen! Zunehmende Bedeutung hat dieser Gedanke im illegalen Betäubungsmittelhandel erlangt, ferner bei der Marken- und Produktpiraterie, auf dem Lebensmittel- und Genußmittelsektor sowie in der Umwelt- und Wirtschaftskriminalität. Nach geltendem Recht ist ein Zugriff auf den illegal erzielten Gewinn indirekt durch die kumulative Geldstrafe und die Geldauflage möglich (§§ 41, 56b Abs. 2 Nr. 2 StGB), unmittelbar durch die Anwendung der Verfallsvorschriften (§§ 73f. StGB).

Die praktische Bedeutung der Gewinnabschöpfung und insbesondere des Verfalls ist jedoch bislang verschwindend gering. Dies muß um so mehr erstaunen, als die Eigentums- und Vermögensdelikte nach der Verkehrskriminalität den größten Teil strafbaren Verhaltens ausmachen. Die Ursache für die Bedeutungslosigkeit der Verfallsvorschriften liegt in ihrer schwierigen Handhabung und außerdem darin, daß ein Verfall nicht in Betracht kommt, wenn und soweit dem Verletzten ein Anspruch gegen den Täter aus der Tat entstanden ist[55]. Angesichts der — wie vermutet wird — immensen Gewinne gerade im Rauschgifthandel[56] und bei Wirtschaftsdelikten sind praktikablere Lösungen geboten, um zu verhindern, daß sich die Begehung von Straftaten auszahlt[57]. Strafrechtspolitisch geht es also namentlich um die Überarbeitung und Neufassung der strafrechtlichen Vorschriften über Verfall und Einziehung[58].

---

[54] BVerfG NStZ 1987, 275.

[55] *Eberbach*, Zwischen Sanktion und Prävention. Möglichkeiten der Gewinnabschöpfung nach dem StGB, NStZ 1987, 486, 491; *Huber* (Anm. 13), S. 1738.

[56] *Mueller*, Drug Addiction and the Drug Economy: a foremost criminological challenge, in: Conference on Drug Addiction. A Multidisciplinary Analysis. II. World Basque Congress, Bd. III, 1988, S. 51, 54f.

[57] *Dessecker / Smettan*, Kriminologische Untersuchung zur Gewinnabschöpfung bei Betäubungsmitteldelikten. Abschlußbericht, 1988.

[58] *Dessecker / Smettan* (Anm. 57); *Meyer*, Rechtsvergleichender Querschnitt, in: Rechtsvergleichende Untersuchung zur Gewinnabschöpfung bei Betäubungsmitteldelikten, unveröff. Manuskript, Freiburg 1988.

Hinsichtlich Größe und Struktur der Gefängnispopulation scheint die (deutsche) Justizvollzugsverwaltung keine langfristigen Strategien zu besitzen. Anstieg und Abnahme der Gefangenenzahlen werden offenbar als Entwicklungen gesehen, die außerhalb ihrer Reichweite begründet liegen. Gesetzgeber und Strafgerichte gelten auf diesem Gebiet als die entscheidenden Instanzen. Nach der Rechtspflegestatistik haben *Freiheitsstrafen* seit den späten sechziger Jahren zwar um mehr als die Hälfte abgenommen. Das gleiche gilt für den jährlichen Betrag der Strafantritte der zu Freiheitsstrafe Verurteilten. Dennoch ist die gesamte Population der Gefangenen einschließlich der Untersuchungshäftlinge in den achtziger Jahren wiederum so hoch wie vor zwei Jahrzehnten. Die Gründe für diese unerwartete und unerwünschte Entwicklung sind sowohl im Verbrechensanstieg als auch in der Strafzumessungsstrategie der Gerichte zu erblicken. Häufiger als früher neigen Strafrichter dazu, längere Freiheitsstrafen für schwere Straftaten, insbesondere gegen Gewalttäter bei vorsätzlicher Tötung und Körperverletzung, Raub, Vergewaltigung und Einbruch, aber auch gegen Drogenhändler und Verkehrstäter zu verhängen. Insoweit folgt die Strafzumessungsstrategie weithin einer Tendenz, die sich in den westlichen Ländern während des letzten Jahrzehnts verbreitet hat.

Auf der anderen Seite kann es nicht überraschen, daß nicht zuletzt aus rechtsstaatlichen Erwägungen die Verurteilungen zur *Sicherungsverwahrung* gegen gefährliche Hangtäter und zur Verwahrung von gefährlichen geisteskranken Rechtsbrechern während der letzten Jahrzehnte ständig abgenommen haben. Einmal werden Sozialgefährlichkeit und Gefährlichkeitsprognose heute nur zurückhaltend bejaht[59]. Zum anderen hat die ambulante Maßnahme der *Führungsaufsicht*[60], die gerade für entlassene Rückfalltäter gedacht ist, zur Einschränkung der Sicherungsverwahrung beigetragen. Außerdem hat offenbar eine Verlagerung aus dem Sanktionsbereich der Sicherungsverwahrung in jenen der Verhängung langer Freiheitsstrafen stattgefunden, zumal sich hier die längere Dauer der Freiheitsentziehung leichter und weniger anfechtbar begründen läßt.

VI.

Rechtsnormen müssen nicht nur geschaffen, sondern auch durchgesetzt werden[61]. Daher kommt es auf die Implementation der Strafrechtsnormen an. Gerade in den neueren Bereichen wie dem Umweltstrafrecht und dem Jugendschutzrecht wird das sogenannte Vollzugsdefizit beklagt. Ein solches besteht allerdings auch in traditionellen Gebieten des Strafrechts, zu dem erheblich

---

59 *Kaiser* (Anm. 34), S. 861.

60 *Kerner*, Materialien zur Führungsaufsicht, Beiheft Nr. 7 zum Rundbrief Soziale Arbeit und Strafrecht, 1987.

61 Darin sieht *Horn* (Anm. 46), S. 147, die wesentliche Aufgabe der Kriminalpolitik.

unterschiedliche Einstellungen in der Wertorientierung vorliegen, wie etwa zum Schwangerschaftsabbruch (§ 218 StGB). Hier hat das Recht, wie es scheint, weitgehend seine Motivationskraft eingebüßt. Implementationsmängel und Vollzugsdefizite werden zwar wesentlich durch die stets begrenzte Kapazität der Polizei- und Justizbehörden beeinflußt, hängen jedoch nicht vollständig davon ab.

So hat zwar die zusammenfassende Aufnahme der Strafvorschriften zum Umweltrecht in das Strafgesetzbuch im Jahre 1980 die Bedeutung der natürlichen Lebensgrundlagen hervorgehoben. Doch die Einführung unbestimmter Rechtsbegriffe und die vielseits beklagte „Verwaltungsakzessorietät des Umweltstrafrechts"[62] erschweren die Handhabung und verdeutlichen die strukturellen Mängel des Gesetzes. Obwohl ein verbesserter Schutz des Bodens ebenso wie eine umfassende Regelung der Strafbarkeit der mit dem Umweltschutz befaßten Amtswalter erneut gefordert wird[63], ist übertriebener Reformeifer abzulehnen. Auch ist zu fragen, ob eine extensive Strafverfolgung von Amtsträgern nicht die staatsrechtliche Funktionenverteilung verletzt[64]. Gleichwohl erscheint der Verdacht unbegründet, daß die Staatsanwaltschaft Aufgaben wahrnähme, die anderen Behörden zukommen[65].

Ferner macht die Be- und Überlastung der Justiz deutlich, daß sich sowohl im gesamten Netzwerk der Verbrechenskontrolle als auch in einzelnen Strafverfahren dysfunktionale Erscheinungen bemerkbar machen. So ist es trotz aller Anstrengungen noch immer nicht gelungen, strafrechtliche Verfahren mit überlanger Prozeßdauer zu vermeiden (z. B. Verfahren gegen Terroristen und wegen schwererer Wirtschaftsverbrechen) und überhaupt die Strafprozesse wesentlich zu beschleunigen. Dieses Problem stellt sich in der Bundesrepublik anscheinend gravierender dar als etwa in Japan. Nicht zuletzt bietet hierzulande das Legalitätsprinzip immer wieder Anlaß oder Rechtfertigung, Strafverfahren in die Länge zu ziehen.

Die kriminalpolitischen Bestrebungen konzentrierten sich in der Nachkriegszeit vor allem auf das materielle Strafrecht und das Strafvollzugsrecht. Die *Erneuerung des Strafverfahrens* blieb — trotz der Novellengesetzgebung — weitgehend ausgeklammert. Der letzte veröffentlichte Diskussionsentwurf für eine Gesamtreform des Strafverfahrensrechts stammt aus dem Jahre 1905[66].

---

[62] Dazu *Meurer*, Umweltschutz durch Umweltstrafrecht?, NJW 1988, 2065, 2067.

[63] Insbesondere *Tiedemann / Kindhäuser*, Umweltstrafrecht - Bewährung oder Reform?, NStZ 1988, 337.

[64] *Breuer*, Empfehlen sich Änderungen des strafrechtlichen Umweltschutzes, insbesondere in Verbindung mit dem Verwaltungsrecht?, NJW 1988, 2072, 2085.

[65] So aber *Michalke*, Das staatsanwaltschaftliche Ermittlungsverfahren — eine „Waffe für den Umweltschutz"?, ZRP 1988, 273, 275; *Heine / Meinberg*, Empfehlen sich Änderungen im strafrechtlichen Umweltschutz, insbesondere in Verbindung mit dem Verwaltungsrecht?, Gutachten D zum 57. DJT, 1988, S. D 91 ff.

[66] *Rieß* (Anm. 3), S. 164.

Zwar hatte der Bundestag schon 1964 die Totalrevision der Strafprozeßordnung beschlossen[67], doch ist es bei dieser Absichtserklärung geblieben. Dabei besteht über die Erneuerungsbedürftigkeit des geltenden Strafprozeßrechts kein Zweifel. Die bisherige Novellengesetzgebung konnte das alte Recht den Fortschritten im Strafrecht und den neu entstehenden Problemlagen nicht anpassen. Sie war darüber hinaus gekennzeichnet durch bloß reaktive Krisenbewältigung, die eher darauf gerichtet war, die Praktikabilität der Strafprozeßordnung überhaupt zu erhalten[68]. Deshalb wird seit einiger Zeit der Gedanke der Gesamtreform des Strafprozeßrechts wieder aufgegriffen und die Einrichtung einer großen Strafverfahrenskommission erwogen[69]. Obschon die Grundlinien der Reformperspektiven noch nicht festliegen, kennt man eine Reihe diskussionsbedürftiger Regelungen, etwa zum Ermittlungsverfahren und zum Haftrecht, zur weniger formalisierten Erledigung von Strafsachen durch die Staatsanwaltschaft einschließlich etwaiger Wiedergutmachung und zur Struktur der Hauptverhandlung[70].

So ist die Einschränkung der Haftgründe angezeigt, wenn man den Zweck der Untersuchungshaft, nämlich die Durchführung der Strafverfahren zu sichern, wirklich ernst nehmen will. Die Haftgründe der Tatschwere (§ 112 Abs. 3 StPO) und der Wiederholungsgefahr (§ 112a StPO) können vor diesem Hintergrund kaum Bestand haben[71]. Dabei bewegt sich allerdings die gesetzgeberische Tätigkeit derzeit in die entgegengesetzte Richtung. Denn die Bundesregierung hat einen Entwurf erarbeitet, der eine Ausweitung der Haftgründe, insbesondere der Wiederholungsgefahr, vorsieht[72].

Ferner bildet die Reform der Hauptverhandlung einen Schwerpunkt. Die Zweiteilung durch ein Schuld- oder Tatinterlokut wurde nahezu einhellig befürwortet. Auch geht es darum, dem Gericht Vorschriften an die Hand zu geben, mit deren Hilfe es die differenzierten Prognose- und Sanktionsentscheidungen des Strafrechts sachgerecht treffen kann[73]. Weitere Vorschläge betreffen eine Reduzierung der Dominanz des inquirierenden Richters. Durch Einführung eines sog. Wechselverhörs soll die Beweisaufnahme auf Staatsanwalt und Verteidiger verlagert werden[74]. Außerdem wird den Möglichkeiten zur Schlich-

---

[67] Stenographische Protokolle des Deutschen Bundestages, 4. Legislaturperiode, S. 6478, 6506.

[68] *Rieß* (Anm. 3), S. 166, 168.

[69] *Engelhard* (Anm. 7); *Schünemann* (Anm. 6); *Huber* (Anm. 13), S. 1751 ff.

[70] *Schünemann* (Anm. 6), S. 480 ff., mit weitergehenden Vorschlägen.

[71] *Wassermann*, Überlegungen zur Gesamtreform des Strafverfahrensrechts, ZRP 1987, 169.

[72] BR-Drucks. 238/88.

[73] *Schöch*, Neues Strafrecht und Struktur der Hauptverhandlung, in: *Schreiber / Wassermann* (Hrsg.), Gesamtreform des Strafverfahrens, 1987, S. 99, 105.

[74] *Roxin*, Strafverfahrensrecht, 20. Aufl. 1987, S. 425.

tung und zur Streiterledigung durch Sühnevertrag Aufmerksamkeit gewidmet werden müssen[75].

Im übrigen bereitet ebenso wie in Japan der Zugriff auf das organisierte Verbrechen erhebliche Schwierigkeiten. Erfolgversprechend erscheint vor allem ein umfangreiches operatives Vorgehen[76]. Neben anderen verfahrensrechtlichen Gestaltungsmöglichkeiten wird hier insbesondere der Einsatz verdeckter Ermittler, sogenannter V-Leute, heftig und kontrovers erörtert[77]. Dabei geht es substantiell um die Frage, wie sich diese Art der Ermittlung in ein rechtsstaatliches Strafverfahren einordnen läßt, das ebenso justizförmig wie effizient ist. Bundesgerichtshof und Bundesverfassungsgericht haben für den Bereich besonders gefährlicher oder schwer aufklärbarer Straftaten den Einsatz von V-Leuten gebilligt[78]. Dadurch wurden aber die Unsicherheiten hinsichtlich der Lockspitzeltätigkeit nicht beseitigt. Augenfällig belegt das die unterschiedliche Behandlung des „Verlockten“. Die Rechtsprechung berücksichtigt die „staatliche Korrumpierung“ nur im Bereich der Schuld, während ein Teil des Schrifttums dafür eintritt, auf eine Bestrafung von vornherein zu verzichten[79].

VII.

Nach Theorie, System und Handhabung des Strafrechts treten die Belange des Verbrechensopfers zunächst zurück. Indessen würde sich ein Strafrecht, das sich allein um Tatvergeltung und Resozialisierung des Täters bemühte, ohne das Opfer zu berücksichtigen, zu seinen Zielen der Friedensstiftung, Humanität und Prävention in Widerspruch setzen. Fragestellungen und Erkenntnisse der Viktimologie haben — nicht zuletzt aufgrund der Impulse der japanischen Wissenschaft — in den letzten Jahren das Problembewußtsein für die Opferbelange geschärft[80]. Auch für die *Opferentschädigung* und den *Opferschutz* im Strafverfahren hat der Gesetzgeber erste Vorkehrungen getroffen, doch ist das Opferentschädigungsgesetz für schwere, persönlich erlittene Verletzungen durch Gewaltakte in der Praxis weit hinter den Zielen und Bedürfnissen der Opferentschädigung zurückgeblieben. Zwar wird bei schweren und dauerhaften Schädigungen die Rehabilitation ermöglicht und die Absicherung der sozialen Existenz erreicht; Opfer mit mittleren und leichteren Verletzungen erhalten

---

[75] *Schreiber / Wassermann*, Gesamtreform des Strafverfahrens, 1987.

[76] *Stümper*, Organisierte Kriminalität — ein ernstzunehmendes Problem, in: *Lüderssen* (Hrsg.), V-Leute — Die Falle im Rechtsstaat, 1985, S. 67.

[77] *Lüderssen*, Zynismus, Borniertheit oder Sachzwang?, in: *Lüderssen* (Hrsg.), V-Leute (Anm. 76), S. 1; *Huber* (Anm. 13), S. 1759ff.; *Rebmann*, Der Einsatz verdeckt ermittelnder Polizeibeamter im Bereich der Strafverfolgung, NJW 1985, 1.

[78] BGHSt. 32, 115, 122; BVerfGE 57, 250, 284.

[79] *Puppe*, Verführung als Sonderopfer, NStZ 1986, 404.

[80] *Miyazawa*, Zum gegenwärtigen Stand der viktimologischen Forschung in Japan, in: *Göppinger / Witter* (Hrsg.), Kriminologische Gegenwartsfragen 9 (1970), S. 1, 3ff.

jedoch in der Regel keine Leistungen, sondern werden auf die allgemeinen Versorgungssysteme verwiesen[81]. Daher ist kritisch eingewandt worden, daß im ganzen gesehen nicht die Situation der Verbrechensopfer, sondern diejenige der Krankenkassen verbessert worden ist.

Auch das Opferschutzgesetz hat trotz Stärkung der Rechtsposition des Verbrechensopfers im Strafverfahren insgesamt nur punktuelle Änderungen gebracht, zumal Wahrnehmung der Opferinteressen einerseits und Verteidigung des Beschuldigten andererseits noch keine endgültigen Lösungen gefunden haben[82]. Der sogenannte Täter-Opfer-Ausgleich steht weiterhin auf dem Reformprogramm. Zwar klammert das geltende Sanktionensystem den Gedanken der Wiedergutmachung nicht aus. Er ist in vielen Bestimmungen des geltenden Rechts bereits enthalten (§ 153a StPO, §§ 56b, 57 Abs. 3, 59a Abs. 2, 46 Abs. 2 StGB, §§ 13, 45, 47 JGG). Doch werden in der Praxis die bestehenden Regelungen noch relativ selten angewandt. Deshalb wird der Einbau der Wiedergutmachung als selbständiges Element innerhalb des Sanktionensystems gefordert[83]. Wiedergutmachung und Entschädigung gelten als Bedürfnisse, die in der Bevölkerung und bei Verbrechensopfern weithin verwurzelt sind, Anerkennung finden und deshalb auch in der modernen Strafrechtspflege verstärkte Beachtung verdienen. Fraglich ist dabei nicht mehr das „Ob", sondern lediglich das „Wie". Die Beantwortung dieser Frage führt jedoch ebenso zur übergreifenden Theorie wie zur Perspektive des künftigen Strafrechts.

VIII.

Wie in Japan und anderen Ländern geht auch in der Bundesrepublik Deutschland die praktische Kriminalpolitik von einem Gemisch verschiedener Erledigungsstrategien aus, die sich keiner einheitlichen Theorie fügen. Schuldvergeltung, Prävention, Resozialisierung und Wiedergutmachung werden gesetzlich oder pragmatisch berücksichtigt. Die neuere Diversionsdebatte hat schon zur Entlastung der Justiz die Differenzierung nach schweren und leichten Taten, nach Rückfällern und Gelegenheitstätern stark gefördert und damit ein zweckorientiertes Vorgehen nahegelegt. Doch geben die Mehrfachrückfälligen

---

[81] *Villmow*, Staatliche Opferentschädigung — Entscheidungsstrukturen in den Bundesländern unter besonderer Berücksichtigung der Hamburger Situation, in: *Kaiser / Kury / Albrecht* (Hrsg.), Kriminologische Forschung in den 80er Jahren, 1988, S. 1013, 1038.

[82] *Schünemann*, Zur Stellung des Opfers im System der Strafrechtspflege, NStZ 1986, 193; *Kühne* (Hrsg.), Opferrechte im Strafprozeß. Ein europäischer Vergleich, 1988.

[83] *Roxin*, Die Wiedergutmachung im System der Strafzwecke, in: *Schöch* (Hrsg.), Wiedergutmachung und Strafrecht, 1987, S. 37; *Müller-Dietz*, Schadenswiedergutmachung — ein kriminalrechtliches Konzept?, in: *Kaiser / Kury / Albrecht* (Hrsg.), Kriminologische Forschung (Anm. 81), S. 961.

und Karrieretäter in ihrer Behandlung durch justizförmige Maßnahmen unvermindert Probleme auf. Soweit erkennbar, trifft dies auch für Japan zu, dort überdies für die Bewältigung des organisierten Verbrechens[84].

Im Laufe der siebziger Jahre hat das Innovationspotential in der Strafgesetzgebung unverkennbar nachgelassen. Strafvollzugsgesetz, Gesetze zur Bekämpfung der Wirtschaftskriminalität, Aufnahme des Umweltstrafrechts in das Strafgesetzbuch und Opferschutzgesetz zeigen dies ebenso wie die Zurückhaltung des Gesetzgebers, die reformbedürftigen Fragen des Haftrechts sowie des Jugendgerichtsgesetzes neu zu regeln.

Überdies bestehen Spannungen, wenn nicht gar gegensätzliche Entwicklungen

— zwischen der bedingten Entlassung der zu lebenslanger Freiheitsstrafe Verurteilten und dem partiellen Anstieg vorsätzlicher Tötungsdelikte,
— zwischen der Kriminalisierung und Verfolgung des Drogenmißbrauchs und der Zufälligkeit sowie hohen Selektivität der polizeilichen Verfolgungspraxis,
— zwischen der Beachtung von Legalitäts- und Opportunitätsprinzip,
— zwischen dem Recht auf Freizügigkeit, dem Ausländerrecht und der steigenden Verbrechensrate von Ausländern,
— zwischen der Gewährleistung von Demonstrationsfreiheit und der Verfolgung von Demonstrationsgewalt und schließlich
— zwischen der Tendenz, das Strafrecht rechtsstaatlicher zu gestalten und zu humanisieren, und der Notwendigkeit, die öffentliche Sicherheit zu gewährleisten.

Ist einerseits kritisch von der „Expansion des Strafrechtssystems"[85] und dem „Präventions-Staat"[86] die Rede, so läßt sich andererseits ein gewisser Vertrauensschwund der Öffentlichkeit gegenüber dem Strafrecht und seiner Handhabung nicht verkennen. Zur Beeinträchtigung des genannten Vertrauens hat aber nicht etwa das Vorgehen der Polizei oder der Justiz gegen Gewalttäter geführt, sondern die ausgeprägte Verbrechensfurcht und die besonders im minderschweren Bereich wachsende Delinquenzrate. Die Erosion der Rechtsordnung wird wegen zunehmend rechtsfreier Räume selbst von Fachleuten befürchtet oder schon diagnostiziert[87]. Gerade deshalb wird die Kriminalpolitik der kritischen Frage nicht ausweichen können, wie sich das Vorgehen von Polizei und Justiz auf die Kriminalitätsbewegung und das Sicherheitsgefühl der

---

[84] Vgl. *Miyazawa/Kühne*, Kriminalität und Kriminalitätsbekämpfung in Japan. Versuch einer sozialkritisch-kriminologischen Analyse, 1979, S. 63ff.

[85] *Schumann*, Progressive Kriminalpolitik und die Expansion des Strafrechtssystems, Festschrift für Pongratz, 1986, S. 371.

[86] *Denninger*, Der Präventionsstaat, KJ 1988, 1.

[87] *Wassermann* (Anm. 41), S. 5.

Bevölkerung auswirkt. Denn den Bürger interessiert weniger das Steigen oder Fallen der Rückfallquote als vielmehr sein persönliches Viktimisierungsrisiko. Zumindest läßt sich die Frage nach der Kriminalitätsbelastung von der kriminalpolitischen und sanktionsrechtlichen Fragestellung nicht etwa abkoppeln, in der Annahme, daß die Kriminalitätsbewegung kriminalpolitisch überhaupt nicht beeinflußt werden könne und deshalb die Kriminalpolitik auch unabhängig von der Kriminalitätsentwicklung gedacht, gestaltet oder erneuert werden könne. Der gegenteiligen Position, wie sie insbesondere in abolitionistischen Kreisen vertreten wird, widersprechen schon einzelne, aussagekräftige Erfahrungen. Bezüglich der von der Kontrollintensität weitgehend abhängigen Delikte wie Drogen-, Umwelt-, Verkehrs- und Wirtschaftskriminalität, wahrscheinlich auch Schwangerschaftsabbruch, liegt die Bedeutung der Anstrengungen von Polizei und Justiz geradezu auf der Hand, obschon die partielle Dysfunktionalität nicht verkannt werden soll.

Freilich, verglichen mit der Lage in den Vereinigten Staaten von Amerika, ist die Situation in Westdeutschland wesentlich weniger besorgniserregend. Doch verglichen mit der Schweiz und vor allem mit Japan, ist die westdeutsche Bürde des Verbrechens wesentlich höher[88] und im Vergleich zu hoch. So richtig es ist, daß Wertorientierung und Rechtsbewußtsein für die Rechtstreue von Einfluß sind, so wenig läßt sich in einer wertpluralistischen Gesellschaft wie der unsrigen eine vornehmlich durch die Gruppe vermittelte und gewährleistete Verhaltenskonformität erreichen, wie dies für die japanische Gesellschaft (noch) charakteristisch ist[89]. Die Schwerpunkte externer Verhaltenskontrolle sind in beiden Gesellschaften offensichtlich verschieden gelagert. Die ausgeprägt individualistische Gestaltungsfreiheit hierzulande fordert nicht nur ihren höheren Preis in Form gesteigerter Kriminalität, sondern auch in Gestalt eines stärkeren strafrechtlichen Einsatzes. Gegenwärtig läßt sich noch nicht überblicken, wie die auseinandergehenden Tendenzen und Zielkonflikte harmonisiert und erfolgreich bewältigt werden können. Eine befriedigende Problemlösung steht noch aus.

IX.

Insgesamt gesehen ist bislang der Grundwiderspruch zwischen dem deutschen Kriminalrecht, das auf klassischen Begriffen wie der Schuldvergeltung beruht, und dem deutschen Strafvollzugsrecht, das vor allem dem Resozialisierungsziel folgt, ungelöst. Von außen betrachtet dürfte Entsprechendes freilich auch für die Rechtslage in Japan zutreffen, obschon dies von der japanischen Wissenschaft nicht so gesehen oder anders beurteilt werden mag. Der Konflikt wird

[88] Government of Japan, Summary of the White Paper on Crime 1986, S. 4; *Adler*, Nations not obsessed with Crime, 1983, S. 15, 18ff.

[89] *Zimmermann* (Anm. 8), S. 30ff.; *Sveri* (Anm. 44).

hierzulande besonders sichtbar in den Entscheidungen über bedingte Entlassung aus dem Strafvollzug oder die Gewährung von Vollzugslockerungen, die sich zwischen den beiden gesetzlichen Zielen bewegen. Trotz dieses Dilemmas mag es noch immer die beste Kontrollstrategie sein, die in der Bundesrepublik Deutschland gegenwärtig erreichbar ist.

Angesichts der grenzüberschreitenden und internationalen Kriminalität kann Kriminalpolitik weniger denn je auf den nationalen Bereich beschränkt bleiben. Ihre wirksame Bekämpfung setzt vielfältige Bezüge bi- und multilateraler Zusammenarbeit zwischen den Staaten voraus. Sie macht ferner die Harmonisierung der Rechtsbereiche sowie die Erleichterung der Fahndung, des Rechtshilfe- und Auslieferungsverkehrs erforderlich. Dies gilt in Europa nicht nur für das Betäubungsmittelrecht, das Waffen- und Sprengstoffrecht, sondern auch für die Bereiche des Umwelt- und Wirtschaftsstrafrechts[90].

Was auch die Zukunft des Strafrechts sei, in welche Richtung es sich auch bewegen mag, die weitere Entwicklung wird sicherlich ebenso die als fundamental begriffenen rechtspolitischen Grundsätze beachten müssen wie die Kriminalitätsbewegung. Dabei wird man auf die Differenzierung nach Schwere und Häufigkeit der Deliktsbegehung und damit nach der allgemeinen Sozialgefährlichkeit trotz prognostischer Unsicherheit nicht verzichten können. Dies schließt aber keinesfalls die Vernachlässigung der Bagatelldelikte ein. Überdies wird auch die künftige Kriminalpolitik die Gewalt-, Wirtschafts- und Umweltkriminalität wie die Interessen der Verbrechensopfer zu beachten haben. Ferner wird die Fortentwicklung der Kriminalsanktionen zu bedenken sein (Hausarrest mit elektronischer Sicherung [dazu Experiment in den Niederlanden], Freiheitsbeschränkungsstrafe u. a.). Die Strafjustiz wird auch sorgfältiger dem strafrechtlichen Vorverfahren sowie der Einheit des strafrechtlichen Ermittlungsverfahrens einschließlich den Kontrollmustern von Polizei und Staatsanwaltschaft Beachtung schenken müssen. Eine gesteigerte Durchsichtigkeit des Strafverfahrens gerade in der ersten Phase einschließlich der weniger formalisierten Erledigung ist geboten. Im Interesse der Gleichbehandlung wird die Strafjustiz von der Pflicht des Staatsanwalts, alle strafbaren Handlungen zu verfolgen, also dem Legalitätsprinzip, kaum abrücken können.

Dennoch läßt sich nicht sagen, daß mit diesem Ziel das kriminalpolitische Programm erschöpft sei[91]. Vielmehr birgt jede Lösung bereits den Stachel für Wandel und neue Entwicklungen.

---

[90] *Huber*, Beobachtungen zur Strafrechtsentwicklung in Europa zwischen 1982 und 1984, in: *Eser / Huber*, Strafrechtsentwicklung in Europa, 1985, S. 853; *dies.* (Anm. 13), S. 1717ff.

[91] Siehe *Albrecht / Dünkel* (Anm. 46).

Zusammenfassung

Kriminalpolitik meint hauptsächlich Erneuerung des Strafrechts, des Strafverfahrens und des Strafvollzugs. Eine Vielzahl von Gesetzen und institutionellen Veränderungen sucht neuen Bedürfnissen zu entsprechen. Führen wir uns die Entwicklung der Kriminalpolitik in den letzten drei bis vier Jahrzehnten vor Augen, so stellen wir erwartungsgemäß erhebliche Wandlungen fest, aber auch kriminalpolitische Konstanten. Fortschritte, Konsolidierung, Stillstand und Rückschritte finden sich nebeneinander. Deshalb kann man Zweifel hegen, ob das Wachstum von Gesetzen einem Mehr an Gerechtigkeit entspricht. Dabei mag die nicht vermeidbare Subjektivität der Beurteilung darüber, was Fort- und Rückschritte sind, noch zusätzliche Akzente setzen.

Als im ganzen weiterführend, längere Zeit überdauernd oder gar bleibend wird man die Grundentscheidungen zur Erneuerung des materiellen Strafrechts einschließlich des Sanktionensystems, der Neuordnung des Strafrechts in den Bereichen von Umwelt, Verkehr und Wirtschaft sowie außerdem die Verrechtlichung von Strafvollzug und Opferschutz beurteilen dürfen.

Als nicht oder weniger überzeugend gelöste Fragen, wenn nicht gar als Rückschritte, sind hingegen manche Einzelregelungen einzuschätzen, sei es über den Schwangerschaftsabbruch, über die unvollendet gebliebene Vollzugsreform, über die zweckmäßige Behandlung der Rückfalltäter oder über das Drogen-, Umwelt- und Wirtschaftsstrafrecht. Vollzugsdefizite oder Implementationsmängel beeinträchtigen die beabsichtigten Wirkungen. Überdies stehen die Erneuerung des Strafverfahrens einschließlich des Rechts der Untersuchungshaft und des Jugendvollzugs sowie die Regelung der Polizeibefugnisse in Abgrenzung zur Stellung der Staatsanwaltschaft noch aus. Auch sind die rechtsstaatlichen Bedenken und Gefahren nicht stets ausgeräumt. Die Kriminalitätsentwicklung schließlich sehen wir von der Kriminalpolitik weitgehend unbeeinflußt.

Im historischen Vergleich erscheinen die kriminalpolitischen Lösungen als Anpassung an den sozialen Wandel, darüber hinaus als Gewinn an Rechtsstaatlichkeit, Freiheit und Humanität. Nicht selten wird diese Entwicklung in Anlehnung an *Elias* als „Prozeß der Zivilisierung" gedeutet. Doch die rechtspolitischen Grundsätze als Konstanten kriminalpolitischer Theorie haben es unverändert schwer, stets als Maßstab ernstgenommen zu werden, um die Praxis auch dort zu leiten, wo die Verbrechensentwicklung zu Sorgen Anlaß bietet oder gar bedrohlich erscheint. Man denke etwa an die strafrechtliche Drogenkontrolle, die zu einem Zentralbereich der Kriminalpolitik bis hin zum Strafvollzug geworden ist.

Im internationalen Vergleich hat die deutsche Kriminalpolitik einen achtbaren Platz erlangt. Dem europäischen Harmonisierungsdruck folgend und ihn neuerdings auch anregend, zeigt sie sich im ganzen als aufgeschlossen, sensibel, aktuell und problembewußt. Sie kann freilich auf die informelle Sozialkontrolle schwerlich im gleichen Ausmaß wie Japan vertrauen, obschon weniger formalisierte Erledigungsstrategien auch in der Bundesrepublik Deutschland große Beachtung finden. Die Verrechtlichung und damit auch die wachsende Bedeutung des Strafrechts erscheinen hierzulande zwar als problematisch und kritikbedürftig, doch weithin als unausweichlich. Derartige Tendenzen lassen sich bestenfalls bändigen und kanalisieren, nicht aber aufhalten. Selbst der Grundsatz der Verhältnismäßigkeit (oder genauer: der Erforderlichkeit) erweist sich als entscheidungsleitende Maxime nicht stets als leistungsfähig.

Deshalb besteht keinerlei Grund, sich mit den kriminalpolitischen Erfolgen zufriedenzugeben, darauf auszuruhen oder auf längere Phasen der Konsolidierung zu vertrauen. Denn seit langem offengehaltene oder wieder neu aufgebrochene Fragen bedürfen dringlich der Lösung. Damit ist auch ein Ende der Reform nicht absehbar. Wegen umstrittener Akzeptanz der erwogenen Problemlösungen scheint bewußt gestaltete Kriminalpolitik zunehmend schwieriger zu werden. Mitunter trifft man gar auf Gefahren der Erstarrung, weil offenbar „nichts mehr geht". Gleichwohl bleiben die Aufgaben, deren Handlungsfeld schon bis weit in das nächste Jahrzehnt abgesteckt wird[92]. Im Rückblick hingegen besteht kein Anlaß, das Erreichte gering einzuschätzen. Begründete Anhaltspunkte dafür, gar durch „Befreiung" von der „Strafrechtskultur" die kriminalpolitischen Gegenwartsfragen und Zukunftsaufgaben besser lösen zu können[93], sind nicht erkennbar, wegen der nicht absehbaren Folgen auch kaum erwünscht.

---

[92] *Albrecht/Dünkel* (Anm. 46).

[93] *Baratta*, Prinzipien des minimalen Strafrechts. Eine Theorie der Menschenrechte als Schutzobjekte und Grenze des Strafrechts, in: *Kaiser/Kury/Albrecht* (Hrsg.), Kriminologische Forschung (Anm. 81), S. 513, 536.

Entwicklung der Strafrechtsdogmatik

Die Beziehungen zwischen der deutschen und der japanischen Strafrechtswissenschaft

Eine historische Studie

Taira Fukuda

I.

Im Jahre 1880 wurde das erste moderne japanische Strafgesetzbuch erlassen[1]. Es beruhte weitgehend auf dem französischen Strafrecht. Dies hat seinen Grund darin, daß es die damalige Regierung für angebracht hielt, das französische Recht zu rezipieren. So war auch Gustave *Boissonade*, Professor der Rechte an der Universität Paris, zum Berater im Justizministerium ernannt und mit der Ausarbeitung eines Entwurfes für ein neues japanisches Strafgesetzbuch beauftragt worden. Der von ihm vorgelegte und von der Regierung als Grundlage des Strafgesetzbuchs herangezogene Entwurf war nach dem Vorbild des französischen Code Pénal Napoleons aus dem Jahre 1810 konzipiert worden. Mit dem Erlaß dieses Strafgesetzbuchs im Jahre 1880 wurde also die moderne europäische Strafrechtswissenschaft in Japan eingeführt. Allerdings bildeten die Gedanken der damals in Frankreich vorherrschenden „école éclectique" das Fundament dieses Strafgesetzbuchs und damit auch der japanischen Strafrechtswissenschaft.

Schon bald wurde jedoch heftige Kritik an dem neuen Strafgesetzbuch laut, und diese Kritik richtete sich auch gegen die ersten Vertreter der japanischen Strafrechtswissenschaft. Kritik wurde von zwei Seiten vorgebracht: Auf der einen Seite standen Vertreter des konservativen Nationalismus, die den Einwand erhoben, das Strafgesetzbuch berücksichtige die japanischen Sitten und Bräuche zu wenig und sei zu stark vom französischen Recht beeinflußt. Dies gilt vor allem für *Egi*, der meinte, das Strafgesetzbuch stelle ein für Japan fremdes Element dar, weil es infolge seiner — falschen — Grundlegung in der französischen eklektischen Lehre, in der Theorie des Sozialvertrags und im Katholizismus das in Japan zuvor entscheidende Kriterium der „guten Sitten" verdränge. Auf der anderen Seite standen die Anhänger der modernen strafrechtlichen Schule, die in Japan im Jahre 1885 Eingang fand. Die Moderne Schule vertrat bekanntlich die Auffassung, daß das Verbrechen Symptom der sozialen Gefährlichkeit des Täters und die Strafe Mittel der sozialen Verteidigung (défense sociale) sei sowie

[1] Zum Strafgesetzbuch von 1880 vgl. *Tjong/Eubel*, in: *Eubel* u.a., Das japanische Rechtssystem, 1979, S. 208ff.

daß der Zweck der Strafe hauptsächlich in der Besserung des Täters bestehe. Vor dem Hintergrund eines starken Anstiegs der Kriminalität nach dem Inkrafttreten des japanischen Strafgesetzbuchs im Jahre 1880 — der in Wirklichkeit auf einer Verwirrung der sozialen Zustände kurz nach der sog. „Meiji-Restauration" (einer unblutigen Revolution) beruhte — behaupteten nun die Vertreter der Modernen Schule in Japan, diese Entwicklung sei ein Indiz für die kriminalpolitische Unzufriedenheit mit dem Strafgesetzbuch, das sich noch zu stark an der Idee des Vergeltungsstrafrechts orientiere.

Unter dem Eindruck dieser Kritik entschloß sich die japanische Regierung zu einer Reform des Strafgesetzbuchs. Hierfür spielte es eine große Rolle, daß im Jahre 1889 die Reichsverfassung Japans nach dem Vorbild der deutschen (preußischen) Verfassung neu gestaltet worden war. Dies hatte nämlich zur Folge, daß der Einfluß des französischen Rechtsdenkens auf das japanische Rechtssystem immer mehr durch das Gedankengut des deutschen Rechts verdrängt wurde. Die deutsche Strafrechtsdogmatik wurde in Japan durch *Egi* eingeführt, der vom Standpunkt des konservativen Nationalismus aus die französische Lehre heftig kritisiert hatte. *Egis* Lehre beruht auf derjenigen von *Berner*; für sie sind die Beachtung des Rechtsguts und der Vergeltungsgedanke charakteristisch.

Gegen Ende des 19. Jahrhunderts erhielt die japanische Strafrechtswissenschaft vom Schulenstreit in Deutschland Kenntnis, und zwar durch *Katsumoto* und dann durch *Okada*, der als erster die deutsche Strafrechtsdogmatik systematisch in Japan eingeführt hat. Nach seiner Rückkehr von einem Studienaufenthalt in Deutschland veröffentlichte *Okada* im Jahre 1903 ein Lehrbuch des Strafrechts. Dort setzte er sich mit Problemen auseinander, die der japanischen Strafrechtswissenschaft bis dahin unbekannt waren, z.B. mit Fragen der Kausalität, der Unterlassungsdelikte und der mittelbaren Täterschaft. Man kann also sagen, daß *Okada* der erste Autor war, der ein Lehrbuch des Strafrechts geschrieben hat, das unter dem starken Einfluß der deutschen Strafrechtslehre stand. *Okada*, der in Deutschland bei Franz *von Liszt* studiert hatte, vertrat eine subjektivistische Theorie. Im Jahre 1903 wurde eine Übersetzung des *von Liszt*schen Lehrbuchs von *Akibo* und *Inui* herausgegeben.

Damit wird deutlich, daß seit dem Ende des vorigen Jahrhunderts die Beziehung zwischen der deutschen und der japanischen Strafrechtswissenschaft immer enger geworden ist.

II.

Im Jahre 1907 wurde das neue japanische Strafgesetzbuch erlassen, das nach verschiedenen Teiländerungen auch heute noch gilt[2]. Es wurde nach dem

[2] Strafgesetzbuch für das Kaiserlich Japanische Reich vom 23. April 1907, übersetzt von *Oba*, ZStW 28 (1908), S. 205; Das abgeänderte Japanische Strafgesetzbuch vom 10. August 1953, übersetzt von *Saito* und *Nishihara*, Sammlung außerdeutscher Strafgesetzbücher Nr. 65, 1954.

Muster des deutschen Strafgesetzbuchs von 1871 ausgearbeitet; gleichzeitig wurden jedoch auch die neuen kriminalpolitischen Erkenntnisse der Modernen Schule berücksichtigt. Dies zeigte sich z. B. in der Erweiterung der Aussetzung der Strafvollstreckung und der vorläufigen Entlassung aus der Strafanstalt sowie im Ausbau des richterlichen Ermessens[3].

Unter dem neuen Gesetzbuch entwickelte sich in Japan der Schulenstreit zwischen der Klassischen und der Modernen Schule parallel zu demjenigen in Deutschland. Hauptvertreter der Modernen Schule war *Makino*, der die Gedanken *von Liszts* wie auch die symptomatische Verbrechensauffassung *Tesars* in Japan bekanntgemacht hat. *Makino* selbst war ein Vertreter der subjektivistischen Verbrechensauffassung und befürwortete eine spezialpräventive Zwecksetzung der Strafe. *Ohba* kritisierte die Auffassungen *Makinos* vom Standpunkt der Klassischen Schule aus. Er vertrat unter dem Einfluß seines deutschen Lehrers *Birkmeyer* eine objektivistische Verbrechensauffassung sowie die Vergeltungstheorie. Seine Ansichten über die Kausalität, den untauglichen Versuch und die Teilnahme weichen jedoch von den Lehren *Birkmeyers* ab und gründeten sich auf eine selbständige Verarbeitung des deutschen Schrifttums jener Zeit.

Durch die Debatten von *Makino* und *Ohba* entfaltete sich in Japan — wie zuvor in Deutschland — ein heftiger Streit zwischen den beiden Strafrechtsschulen. Seit dieser Zeit beachtet die japanische Strafrechtsdogmatik in immer stärkerem Maße die Ergebnisse der deutschen Strafrechtswissenschaft. Zu Beginn des 20. Jahrhunderts führte *Ono* die Tatbestandslehre *Belings* und *M. E. Mayers* in Japan ein, und *Takigawa* verbreitete sie. *Ono* entwickelte auf der Grundlage der Tatbestandslehre *Belings* und des *Mayer*schen Verbrechenssystems seine eigene objektivistische Strafrechtstheorie. Besonders seine Untersuchungen über die Lehre vom Tatbestand sind eingehend und umfangreich. Seiner Meinung nach ist der Tatbestand Deliktstypus, in dem nicht nur die Rechtswidrigkeit, sondern auch die Schuld typisiert ist. Deshalb sollen Vorsatz und Fahrlässigkeit als Schuldtypen zu den Tatbestandselementen gehören. *Ono* war auch der Auffassung, daß die Verbrechenslehre immer vom Tatbestand ausgehen müsse, weil das, was außerhalb der tatbestandlichen Festlegung liege, für das Strafrecht nicht in Betracht komme.

Auch *Takigawa* hat dazu beigetragen, daß die objektivistische Strafrechtstheorie in der japanischen Strafrechtswissenschaft herrschend wurde. Sein Verbrechenssystem stand zunächst unter dem Einfluß seines Lehrers *M. E. Mayer*; in seinem späteren Werk „Einführung in die Verbrechenslehre“ kann man jedoch vielfach die Spuren *Mezgers* feststellen. Es ist das Verdienst von *Ono*

---

[3] Zum geltenden japanischen Strafgesetzbuch von 1907 vgl. z. B. *Saito*, Das japanische Strafrecht, in: *Mezger/Schönke/Jescheck* (Hrsg.), Das ausländische Strafrecht der Gegenwart, Bd. 1, 1955, S. 209; *Miyazawa*, ZStW 88 (1976), S. 826; *Tjong/Eubel* (Anm. 1), S. 210ff.

und *Takigawa*, daß die Dreiteilung des Verbrechensbegriffs in Tatbestandsmäßigkeit, Rechtswidrigkeit und Schuld in Japan allgemein anerkannt worden ist.

In der Folgezeit hat dann vorrangig *Kimura* zur Vertiefung der Beziehungen zwischen der japanischen und der deutschen Strafrechtswissenschaft beigetragen. Als Schüler *Makinos* war er eigentlich ein Vertreter der subjektivistischen Strafrechtstheorie. Eine Eigentümlichkeit seiner Forschungsmethode war die sorgfältige Untersuchung der ausländischen Fachliteratur; viele wichtige deutsche Veröffentlichungen wurden durch seine Abhandlungen in Japan bekannt. So führte *Kimura* den Gedanken der Zumutbarkeit systematisch ein, der von *Saeki* weiter ausgebaut wurde. Auch *Saeki* hat viele bedeutende Aufsätze publiziert — z. B. über die subjektiven Unrechtselemente —, in denen er sich mit der damaligen deutschen Literatur kritisch auseinandersetzte.

Unter dem Einfluß der Lehren von der Lebensführungsschuld nach *Mezger* und der Lebensentscheidungsschuld nach *Bockelmann* hat *Dando* die Theorie von der Persönlichkeitsschuld entwickelt, in der sich Tatschuld und Persönlichkeitsbildungsschuld miteinander vereinigen[4]. *Saito* bemühte sich ebenfalls darum, die japanische mit der deutschen Strafrechtswissenschaft enger zu verbinden[5]. Zu diesem Zweck übersetzte er eine Vielzahl wichtiger Werke aus der deutschen Fachliteratur, wie etwa *Birkmeyers* „Lehre von der Teilnahme und die Rechtsprechung des Deutschen Reichsgerichts" aus dem Jahre 1890 und *Bindings* „Handbuch des Strafrechts" von 1885.

Durch die Tätigkeit dieser Strafrechtler entfaltete sich die japanische Strafrechtsdogmatik schon in der Zeit vor dem Zweiten Weltkrieg parallel mit der deutschen.

III.

Durch den Zweiten Weltkrieg wurde der wissenschaftliche Kontakt zur deutschen Strafrechtswissenschaft zunächst unterbrochen, und auch in den ersten Jahren nach Kriegsende änderte sich hieran nichts. Die japanische Strafrechtswissenschaft besann sich jedoch schon bald auf ihr Erbe aus der Vorkriegszeit und griff so auch auf die ältere deutsche Literatur zurück, die noch vorhanden war. Im Jahre 1952 wurden die diplomatischen Beziehungen zwischen Japan und Deutschland wieder aufgenommen. Dadurch gelangte auch wieder neue deutsche Strafrechtsliteratur nach Japan, und die Beziehung zwischen den beiden Strafrechtswissenschaften konnte sich neu entwickeln.

Zunächst beschäftigte sich die japanische Strafrechtsdogmatik mit der finalen Handlungslehre[6]. Zahlreiche Arbeiten, die sich mit dieser Lehre und den damit

---

[4] Vgl. dazu *Dando*, GA 1959, 358.

[5] Vgl. *Jescheck*, ZStW 82 (1970), S. 1049.

[6] Ausführlich dazu *Fukuda*, Festschrift für Welzel, 1974, S. 251.

zusammenhängenden Fragen auseinandersetzten, wurden veröffentlicht. *Fukuda* und *Otsuka* übersetzten die 4. Auflage von *Welzels* Monographie „Das neue Bild des Strafrechtssystems" 1962 ins Japanische. In den fünfziger und sechziger Jahren nahmen viele japanische Wissenschaftler zur finalen Handlungslehre Stellung, weil sie erkannten, daß diese Theorie versuchte, ein neues Verbrechenssystem aufzubauen. Zwar ist die finale Handlungslehre auch in Japan nicht zur herrschenden Meinung geworden, doch kann nicht geleugnet werden, daß sie die japanische Strafrechtsdogmatik beeinflußt hat. So ist beispielsweise die These, daß der Vorsatz ein subjektives Unrechtselement sei, nicht nur von den Anhängern der finalen Handlungslehre, sondern auch von ihren Kritikern übernommen worden. Gegen Ende der sechziger Jahre ist dann die Diskussion über diese Problematik in den Hintergrund getreten.

In den sechziger Jahren entfaltete sich in Japan die sog. Lehre vom strafwürdigen Unrecht[7]. Diese Lehre geht davon aus, daß die Rechtswidrigkeit als Bestandteil des Verbrechensbegriffs materiell verstanden werden müsse; die Strafwürdigkeit der Tat richte sich nach der Qualität und der Quantität der Rechtswidrigkeit. So ergibt sich aus dieser Theorie, daß eine rechtsgutsverletzende oder -gefährdende Handlung nicht mehr rechtswidrig im strafrechtlichen Sinne ist, wenn die Bedeutung des geschädigten Rechtsguts sehr gering ist und die Art und Weise der Verletzungs- oder Gefährdungshandlung nur eine geringe Sozialabweichung darstellt. Besondere Berücksichtigung fand bei der Diskussion über die Lehre vom strafwürdigen Unrecht der auf *Welzel* zurückzuführende Gedanke der Sozialadäquanz.

In den siebziger Jahren bildete die Frage, worin das Wesen des Unrechts zu erblicken ist, den Schwerpunkt der Erörterungen der japanischen Strafrechtsdogmatiker[8]. Auch in Japan plädieren die Anhänger der personalen Unrechtslehre im Sinne *Welzels* für eine Einbeziehung des Handlungsunwerts neben dem Erfolgsunwert in das Rechtswidrigkeitsurteil. Der personalen Unrechtslehre wird jedoch von ihren Gegnern vorgehalten, daß sie zu einer Subjektivierung des Unrechtsbegriffs, zu einer Vermischung von Rechtswidrigkeit und Schuld sowie zu einer Wiederbelebung der subjektiven Unrechtslehre führe. Die Auffassung, die einen Vorrang des Handlungsunwerts beim Rechtswidrigkeitsurteil annimmt, wird allgemein abgelehnt. Im japanischen Schrifttum wird allerdings auch die Meinung vertreten, daß sich die Rechtswidrigkeit der Tat im Erfolgsunwert erschöpfe und daß folglich Vorsatz und Fahrlässigkeit nur Schuldelemente seien. Deshalb ist im japanischen Strafrecht bis heute streitig, ob Vorsatz und Fahrlässigkeit allein zur Schuld oder zu Unrecht *und* Schuld gehören.

Daneben wurden in der japanischen Strafrechtsdogmatik nach dem Zweiten Weltkrieg dieselben strafrechtlichen Probleme diskutiert, die auch in der

---

[7] Dazu *Asada*, ZStW 97 (1985), S. 465.

[8] Vgl. auch *Nishihara*, Festschrift für Jescheck, Bd. 2, 1985, S. 1237f.

deutschen Strafrechtswissenschaft Gegenstand dogmatischer Auseinandersetzungen waren. Hier sind besonders die Fahrlässigkeit, das Unterlassungsdelikt, der Gefährdungsbegriff sowie die Irrtumslehre zu erwähnen.

An dieser Stelle möchte ich jedoch nur kurz auf den Rechtsirrtum und das Unterlassungsdelikt eingehen.

Über den Rechtsirrtum (Verbotsirrtum) bestimmt § 38 Abs. 3 jap. StGB: „Unkenntnis des Gesetzes schließt den Willen, eine Straftat zu begehen, nicht aus; jedoch kann nach den Umständen des Falles Strafmilderung eintreten." Unter Berufung auf diese Bestimmung vertritt die Judikatur auch weiterhin die Auffassung, daß Unkenntnis der Rechtswidrigkeit nicht vor Strafe schützt (error iuris nocet). In der Literatur hingegen findet diese Ansicht inzwischen keine Befürworter mehr. Zwar dauert der Streit zwischen Vorsatz- und Schuldtheorie in Japan heute noch an, doch mehren sich die Anhänger der Schuldtheorie. Es ist bemerkenswert, daß der Entwurf eines Strafgesetzbuchs von 1974[9] für den Rechtsirrtum die folgende Vorschrift (§ 21) vorsieht: „Unkenntnis des Gesetzes schließt den Vorsatz nicht aus; jedoch kann nach den Umständen des Falles die Strafe gemildert werden. Wer bei Begehung der Straftat nicht weiß, daß seine Handlung rechtlich nicht erlaubt ist, wird nicht bestraft, wenn ein ausreichender Grund für seine Unwissenheit vorliegt." *Dando* meint, daß sich bei Geltung dieser Norm nur noch die Schuldtheorie oder die „eingeschränkte" Vorsatztheorie vertreten ließe.

Hinsichtlich des Unterlassungsdelikts ist zunächst auf die wegweisende Monographie von Armin *Kaufmann*, „Die Dogmatik der Unterlassungsdelikte" aus dem Jahre 1959 hinzuweisen, die in der Folgezeit zu einer Neuorientierung der Strafrechtsdogmatik im Bereich der Omissivdelikte führte. Unter dem Einfluß der Auseinandersetzungen in der deutschen Literatur wurde die Problematik der Unterlassungsdelikte auch in Japan während der sechziger und siebziger Jahre lebhaft diskutiert. Das von Armin *Kaufmann* aufgestellte „Umkehrprinzip" fand in Japan allerdings keine Zustimmung. Seine These, die Bestrafung unechter Unterlassungstaten verstoße gegen den Grundsatz „nulla poena sine lege" (das Analogieverbot), wurde jedoch in der japanischen Strafrechtswissenschaft ernsthaft diskutiert und von einigen Autoren übernommen. Auch die von Armin *Kaufmann* begründete Unterscheidung der Garantenpflichten nach materiellen Gesichtspunkten wird in Japan anerkannt.

Aus dem Dargelegten ergibt sich, daß die Beziehungen zwischen der japanischen und der deutschen Strafrechtswissenschaft nach dem Zweiten Weltkrieg noch enger geworden sind und daß die japanischen Strafrechtstheoretiker ihre Gedanken mit ihren deutschen Kollegen auf gleichem Niveau austauschen können.

---

[9] Entwurf zu einem Japanischen Strafgesetzbuch vom 29. Mai 1974, übersetzt von *Nishihara*, Sammlung außerdeutscher Strafgesetzbücher Nr. 102, 1986.

IV.

Abschließend kann ich nur hoffen, daß es mir gelungen ist, in dieser Studie einen Einblick in die engen Beziehungen zwischen der deutschen und der japanischen Strafrechtswissenschaft — vor allem in deren historischer Entwicklung — zu vermitteln. Auch wünsche ich mir, einen Beitrag dazu leisten zu können, daß sich diese engen Beziehungen künftig noch weiter entfalten.

Die Entwicklung der Strafrechtsdogmatik in der Bundesrepublik Deutschland in grundsätzlicher Sicht

Hans Joachim Hirsch

Wer als Strafrechtler aus Deutschland nach Japan kommt, stößt dort auf einen breiten und zuverlässigen Informationsstand über die deutsche dogmengeschichtliche Entwicklung. Es ist daher im anwesenden Expertenkreise unnötig, daß der deutsche Referent diese hier noch einmal nachzeichnet. Ich kann mich vielmehr sofort dem aktuellen Entwicklungsstand, d. h. der, wenn man so will, Nach-*Welzel*-Zeit zuwenden[1].

I.

Als *Welzel* im Jahre 1977 starb, hatte sich das von ihm konzipierte, auf der personalen Unrechtslehre aufbauende Strafrechtssystem soeben in der deutschen Strafrechtswissenschaft durchgesetzt[2], nachdem schon vorher wichtige von ihm daraus abgeleitete Ergebnisse durch Praxis, Theorie und Gesetzgebung übernommen worden waren. Dementsprechend ist heute bei uns herrschende Lehre, daß im Gegensatz zu dem seit dem späten 19. Jahrhundert zugrunde gelegten und auch jetzt noch im Ausland vielfach vertretenen kausalen Unrechtsbegriff — einschließlich seiner Modifizierung durch die sog. teleologische Unrechtsauffassung — eine einseitig am Erfolgsunrecht ausgerichtete Dogmatik das Wesen des Deliktsunrechts nicht trifft. Deshalb wird der Forderung *Welzels* gemäß der Tatbestandsvorsatz bereits beim Unrechtstatbestand des Vorsatzdelikts berücksichtigt. Auch sieht man die Sorgfaltswidrigkeit als ein Merkmal schon des Unrechtstatbestands des fahrlässigen Delikts an.

---

[1] Die nachfolgenden Ausführungen bilden eine Vortragsfassung meiner später in der Festschrift der Rechtswissenschaftlichen Fakultät zur 600-Jahr-Feier der Universität zu Köln, 1988, S. 399, erschienenen umfangreicheren Abhandlung über „Die Entwicklung der Strafrechtsdogmatik nach Welzel".

[2] Siehe insbesondere *Blei*, Strafrecht I, Allg. Teil, 17. Aufl. 1977, S. 90f., 105; *Bockelmann*, Strafrecht, Allg. Teil, 2. Aufl. 1975, S. 50ff.; *Dreher*, StGB, 37. Aufl. 1977, vor § 1 Rdn. 9; *Hirsch*, in: LK, 9. Aufl. 1974, vor § 51 Rdn. 8, 160; *Jescheck*, Lehrbuch des Strafrechts, Allg. Teil, 2. Aufl. 1972, S. 180ff.; *Lackner*, StGB, 11. Aufl. 1977, vor § 13 Anm. III 3 b; *Lenckner*, in: *Schönke/Schröder*, 18. Aufl. 1976, vor § 13 Rdn. 46ff.; *Maurach/Zipf*, Strafrecht, Allg. Teil I, 5. Aufl. 1977, S. 225ff.; *Rudolphi*, in: SK StGB, 2. Aufl. 1977, vor § 1 Rdn. 22ff.; *Stratenwerth*, Strafrecht, Allg. Teil I, 2. Aufl. 1976, Rdn. 230ff., 1083ff. Siehe auch *Gallas*, Festschrift für Bockelmann, 1979, S. 155.

Vorsätzliches und fahrlässiges Delikt werden demgemäß heute bereits auf der Ebene des Unrechts unterschieden[3].

Die personale Unrechtslehre, so wie sie von *Welzel* entwickelt worden ist, ersetzte nicht den vorhergehenden Objektivismus durch einen Subjektivismus, sondern sie verdankt ihren Erfolg der Ausbalancierung von objektiven und subjektiven Elementen.

Nicht durchgesetzt hat sich aber die theoretische Begründung, aus der *Welzel* den personalen Unrechtsbegriff und das auf ihn aufbauende System abgeleitet hat: der sog. finale Handlungsbegriff[4]. Für *Welzel*[5] stand hinter der Forderung, den Handlungsbegriff zu analysieren und daraus die Konsequenzen für den Deliktsaufbau abzuleiten, bekanntlich ein zentrales methodisches Anliegen: die Strafrechtsdogmatik auf den Phänomenen und Strukturen der Wirklichkeit aufzubauen und nicht normativistisch rein juristische Kunstprodukte zugrunde zu legen. Wie eine Handlung strukturiert ist, soll sich daher nicht aus strafrechtlichen Wertungen ergeben, sondern aus der Analyse der Struktur menschlicher Handlungen überhaupt, da das Handeln des Menschen sich nicht in strafrechtlich relevanten Verhaltensweisen erschöpfe, sondern ein allgemeines Phänomen sei. Diese grundsätzlichen Überlegungen stoßen, wie gesagt, weiterhin auf Ablehnung.

II.

Die Entwicklung der deutschen Dogmatik seit dem beim Tode *Welzels* erreichten Meinungsstand läßt verschiedene Strömungen erkennen.

---

[3] Vgl. *Blei*, Strafrecht I, Allg. Teil, 18. Aufl. 1983, S. 60ff., 296ff.; *Dreher/Tröndle*, StGB, 44. Aufl. 1988, vor § 13 Rdn. 9; *Hirsch*, in: LK, 10. Aufl. 1984, vor § 32 Rdn. 172f.; *Jakobs*, Strafrecht, Allg. Teil, 1983, S. 138, 210; *Jescheck*, Lehrbuch des Strafrechts, Allg. Teil, 4. Aufl. 1988, S. 214ff.; *Lackner*, StGB, 18. Aufl. 1989, vor § 13 Anm. III 3 b; *Lenckner*, in: *Schönke/Schröder*, 23. Aufl. 1988, vor § 13 Rdn. 52ff.; *Maurach/Zipf*, Strafrecht, Allg. Teil I, 7. Aufl. 1987, S. 208ff.; *Rudolphi*, in: SK StGB, 5. Aufl. 1988, vor § 1 Rdn. 22ff.; *Stratenwerth*, Allg. Teil I, 3. Aufl. 1981, Rdn. 236ff., 1034ff.; *Wessels*, Strafrecht, Allg. Teil, 18. Aufl. 1988, S. 61ff., 200ff. An der älteren Auffassung halten dagegen fest: *Baumann/Weber*, Strafrecht, Allg. Teil, 9. Aufl. 1985, S. 20f., 259; siehe auch *Schmidhäuser*, Studienbuch, Allg. Teil, 2. Aufl. 1984, 5/4 ff., 7/33 ff.

[4] Eine Ableitung aus dem finalen Handlungsbegriff findet sich hingegen bei Armin *Kaufmann*, Festschrift für Welzel, 1974, S. 393; *Schaffstein*, Festschrift für Welzel, 1974, S. 557; *Stratenwerth*, Allg. Teil I, Rdn. 147ff.; *Hirsch*, ZStW 93 (1981), S. 831, 838ff., 863; *Gössel*, in: *Maurach/Gössel/Zipf*, Strafrecht, Allg. Teil, Teilbd. 2, 7. Aufl. 1989, S. 95f.; *Zielinski*, Handlungs- und Erfolgsunwert im Unrechtsbegriff, 1973; *Struensee*, JZ 1987, 53, 62.

[5] *Welzel*, ZStW 51 (1931), S. 703, 706ff.; *ders.*, GS 103 (1933), S. 340; *ders.*, Naturalismus und Wertphilosophie im Strafrecht, 1935, S. 64ff.; *ders.*, Erinnerungsgabe für Grünhut, 1965, S. 173; *ders.*, Das Deutsche Strafrecht, 11. Aufl. 1969, S. 30ff., 33ff.

1. a) Methodisch dominiert weiterhin — sogar verstärkt — ein *normativistischer Ansatz*. Die herrschende Lehre hat von *Welzel* zwar die personale Unrechtslehre und die meisten der daraus abgeleiteten Ergebnisse übernommen, betrachtet sich aber gleichwohl nicht in seiner Nachfolge, sondern in der seiner Gegner. Das beruht darauf, daß man - wie schon erwähnt - zumeist nicht die von *Welzel* vertretene Auffassung akzeptiert, der von ihm entwickelte personale Unrechtsbegriff ergebe sich aus der Finalstruktur der Handlung. Der Streit um Relevanz und Inhalt des Handlungsbegriffs und der von *Welzel* dabei eingenommene ontologische Ausgangspunkt lassen die herrschende Lehre also weiterhin zu ihm auf Distanz gehen. Man hält es für verfehlt, Vorgegebenheiten der Rechtsregelungen — d.h. ontische Befunde, an denen sich die Rechtsregeln auszurichten haben — anzuerkennen. Deshalb gibt man entweder einem von vornherein normativ-strafrechtlich gebildeten Handlungsbegriff den Vorzug[6] oder aber erklärt, auf einen Handlungsbegriff könne das Strafrecht verzichten[7]. Es heißt, das Strafrecht sei völlig frei in der Bildung seiner Begriffe[8].

b) Der methodische Gegensatz zu *Welzel* findet heute insbesondere in einer Renaissance der *Zurechnungslehre* Ausdruck, wobei es vor allem um die von *Roxin*[9] im Anschluß an *Honig*[10] eingeführte Lehre von der objektiven Zurechnung geht. Der Zurechnungsgedanke, bei dem es sich um die Fragestellung handelt, ob der Täter für einen von ihm verursachten Erfolg unter dem Gesichtspunkt gerechter Bestrafung zu *haften* hat, war an sich Ende des 19. Jahrhunderts durch eine an der normwidrigen *Handlung* orientierte Sicht abgelöst worden und galt deshalb seither als überholt[11]. *Roxin*[12] und ebenso *Jescheck*[13] betonen, daß man aber doch auf ihn zurückgreifen müsse, um den Vorrang des juristischen Maßstabs vor dem eines vorrechtlichen Handlungsbegriffs zu wahren.

Die Lehre von der objektiven Zurechnung ist inzwischen im Schrifttum stark verbreitet[14]. Ihr zufolge erfüllt die Verursachung eines tatbestandlichen Erfolges

---

[6] *Jescheck*, Allg. Teil, S. 199ff.; *Maiwald*, ZStW 86 (1974), S. 626, 651; *E. A. Wolff*, Der Handlungsbegriff in der Lehre vom Verbrechen, 1964, S. 17; *Wessels*, Allg. Teil, S. 24f.

[7] *Bockelmann / Volk*, Strafrecht, Allg. Teil, 4. Aufl. 1987, S. 48; *Lackner*, StGB, vor § 13 Anm. III 1 a; *Lenckner*, in: *Schönke / Schröder*, vor § 13 Rdn. 40; *Roxin*, ZStW 74 (1962), S. 515, 548f.; *Schünemann*, GA 1985, 341, 346.

[8] *Roxin*, ZStW 74 (1962), S. 523, 527; *Jakobs*, Allg. Teil, S. V f.; *Schünemann*, in: *Schünemann* (Hrsg.), Grundfragen des modernen Strafrechtssystems, 1984, S. 1, 51.

[9] Festschrift für Honig, 1970, S. 133.

[10] Festgabe für Frank, Bd. I, 1930, S. 174.

[11] Vgl. *Radbruch*, Der Handlungsbegriff in seiner Bedeutung für das Strafrechtssystem, 1904, S. 76ff., 85ff.; *Mezger*, Strafrecht, 2. Aufl. 1933, S. 102f.; *Welzel*, Das Deutsche Strafrecht, 11. Aufl. 1969, S. 38ff.

[12] Festschrift für Honig, S. 148ff.

[13] Allg. Teil, S. 250, 257ff.

nur dann den objektiven Tatbestand einer Straftat, wenn vom Täter eine rechtlich mißbilligte Gefahr geschaffen wurde, die sich in dem tatbestandlichen Erfolg verwirklicht hat. Als Hauptbeispiele, in denen die objektive Zurechenbarkeit fehlen soll, nennt man beim Vorsatzdelikt die wesentliche Abweichung vom Kausalverlauf und die Fälle mangelnder Steuerbarkeit eines als möglich vorgestellten Erfolges, für welche der Erbonkel-Fall das bekannte Lehrbuchbeispiel bildet. Beim fahrlässigen Delikt werden der Pflichtwidrigkeitszusammenhang und der Gesichtspunkt des Schutzzwecks der Norm, ferner beim erfolgsqualifizierten Delikt der sog. Unmittelbarkeitszusammenhang angeführt[15].

Ich bin der Auffassung, daß unter dem Etikett der objektiven Zurechnung Sachprobleme heterogener Art zusammengefaßt werden. Sie können nicht nur ohne diese Theorie berücksichtigt werden, sondern müssen sogar bei den präziseren Merkmalen eingeordnet werden, um die es sachlich geht. Die Fälle der Abweichung vom vorgestellten Kausalverlauf und auch die Fälle der mangelnden Steuerbarkeit eines als möglich vorgestellten Erfolges betreffen gar nicht Probleme des objektiven Tatbestands, sondern des subjektiven, nämlich des Tatbestandsvorsatzes. Bei der Abweichung vom Kausalverlauf ist der Erfolg und regelmäßig auch die Gefährlichkeit der Handlung gegeben; es handelt sich allein darum, Vorsatz und Unvorsätzlichkeit voneinander abzugrenzen. Und bei den Fällen der mangelnden Steuerbarkeit eines als möglich vorgestellten Erfolges, also etwa dem Erbonkel-Beispiel, handelt es sich ebenfalls um ein Vorsatzproblem. Weiß in dem Beispiel der Neffe von dem zum Absturz führenden Defekt des Flugzeugs, so liegt Vorsatz vor. Bezieht sich seine Kenntnis dagegen lediglich auf die allgemeinen Risiken des Luftverkehrs, dann scheidet Vorsatz aus, weil die Vorstellung sich nicht auf ein konkretisiertes Verletzungsgeschehen richtet. Darüber hinaus scheitert die Tatbestandsmäßigkeit des Verhaltens des Neffen aus Gründen der Teilnahmelehre, wenn der Onkel über den gleichen Informationsstand wie der Neffe verfügt und daher Selbstgefährdungsvorsatz gegeben ist.

Betrachtet man weiterhin den Pflichtwidrigkeitszusammenhang beim fahrlässigen Erfolgsdelikt, so handelt es sich zwar um einen objektiven Gesichtspunkt, nämlich den Bedingungszusammenhang zwischen sorgfaltswidrigem willentlichen Handeln und verursachtem Erfolg. Aber die Art der Beziehung zwischen sorgfaltswidrigem Handeln und Erfolg ergibt sich bereits aus dem Wesen des fahrlässigen Delikts, bei dem der Erfolg gerade auf der betreffenden Sorgfalts-

---

[14] Siehe außer *Roxin*, Festschrift für Honig, S. 148ff., und *Jescheck*, Allg. Teil, S. 250, 257ff., etwa *Dreher/Tröndle*, vor § 13 Rdn. 71ff.; *Maurach/Zipf*, Allg. Teil I, S. 244ff.; *Rudolphi*, in: SK StGB, vor § 1 Rdn. 38ff.; *Wessels*, Allg. Teil, S. 53ff.; eingehend *Wolter*, Objektive und personale Zurechnung von Verhalten, Gefahr und Verletzung in einem funktionalen Straftatsystem, 1981.

[15] Vgl. zum vorhergehenden die Aufzählung der einzelnen Fallgruppen bei *Jescheck*, Allg. Teil, S. 258f.; *Ebert*, Jura 1979, 561; *Rudolphi*, in: SK StGB, vor § 1 Rdn. 57ff.

widrigkeit beruhen muß. Für eine eigenständige Lehre von der objektiven Zurechnung bleibt daher auch hier kein Raum. Das gilt aus den gleichen Gründen hinsichtlich der Fälle, bei denen es um den Gesichtspunkt des Schutzzwecks der Norm geht. Ebenso ergibt sich beim erfolgsqualifizierten Delikt der sog. Unmittelbarkeitszusammenhang zwischen Grundtatbestand und schwerer Folge aus dem Wesen dieser Deliktsart und bildet daher eine auf sie begrenzte spezielle Problematik.

Die Lehre von der objektiven Zurechnung ist ein Produkt des Objektivismus und des Normativismus. *Honig*[16] wollte mit ihr die Uferlosigkeit des Tatbestandsbegriffs der kausalen Unrechtslehre im Objektiven eindämmen. *Roxin*[17] setzte diesen Ansatz später *Welzel* entgegen, indem er erklärte, es gehe bei der Eingrenzungsaufgabe nicht um die von *Welzel* aus der Handlungslehre abgeleiteten Gesichtspunkte und Lösungen, sondern um die Aufstellung normativ zu bestimmender allgemeiner Zurechnungskriterien.

Inzwischen ist die Dogmatik jedoch auf die personale Unrechtslehre eingeschwenkt. Jetzt geht es deshalb nicht mehr um Objektivismus oder „Finalismus", sondern allein darum, an welcher Stelle im Unrechtstatbestand des personalen Systems die Einordnung der fraglichen Fälle sachentsprechend zu erfolgen hat — also nur noch um ein Rubrizierungsproblem *innerhalb* des personalen Tatbestandsbegriffs.

Dabei sollte dann aber beachtet werden, daß der objektive Tatbestand keine abschließende Wertungsstufe darstellt. Vielmehr ermöglicht erst das Vorliegen *aller* Tatbestandsmerkmale, also auch der subjektiven, eine Wertung. Infolgedessen sind die subjektiven Kriterien dort einzuordnen, wohin sie gehören: im subjektiven Tatbestand, das heißt in Fällen der Vorsatzdelikte: beim systematisch zum Unrechtstatbestand gehörenden Tatbestandsvorsatz. Die notwendige täterbezogene Eingrenzung der Tatbestände vorsätzlicher Delikte ergibt sich also nicht aus dem Gesichtspunkt der objektiven Zurechnung, sondern durch den Vorsatz als *Steuerungsfaktor* der Handlung.

Auch die erwähnten Fragen des fahrlässigen Erfolgsdelikts und des erfolgsqualifizierten Delikts finden im Tatbestandsbegriff der personalen Unrechtslehre ihre diesen Delikten wesensmäßige Einordnung, ohne daß es einer allgemeinen Systemkategorie der objektiven Zurechnung bedarf.

Die Lehre von der objektiven Zurechnung scheint mir daher zu veranschaulichen, wie eine einseitig normative Methodik dazu führt, daß die Phänomene, um die es eigentlich geht, nicht mehr scharf herausgearbeitet und dadurch Sachverschiedenheiten verwischt werden. Was objektiv und was subjektiv ist, steht nicht zur Disposition der Dogmatik. Hinter jener Theorie verbirgt sich heute zudem leicht die von *Roxin* gewiß nicht befürwortete Tendenz, unscharfe

---

[16] Festgabe für Frank, Bd. I, S. 175, 179f., 184, 188, 196.

[17] Festschrift für Honig, S. 133, 147f.

Allgemeinbegriffe an die Stelle sachlich präziser Begriffsbildung und Systematisierung zu setzen.

2. Den im vorhergehenden erörterten Nachwirkungen des Objektivismus steht auf der anderen Seite bei einigen Vertretern der personalen Unrechtslehre eine Tendenz zum *Subjektivismus* gegenüber. Sie äußert sich in zwei Punkten:

a) Nach einer Armin *Kaufmann* verbundenen Richtung[18] soll das Unrecht sich bereits in der beendeten Versuchshandlung erschöpfen. Damit, daß der Täter alles getan hat, was nach seiner Vorstellung zum Eintritt des von ihm gewollten Erfolges notwendig ist, sei der Handlungsunwert und damit das personale Unrecht voll erfüllt.

Diese Auffassung stößt auf breite Ablehnung, denn sie stellt eine Überbetonung der subjektiven Seite dar. Sie verkürzt den Umfang des Handlungsunwerts. Eine Handlung ist nicht bereits mit dem auf die Erfolgsverwirklichung gerichteten Akt abgeschlossen, sondern erst mit der Realisierung des Gewollten, also mit dem Gelingen der Überdeterminierung des Kausalgeschehens. Die Bedenken finden sich zudem bestätigt, sobald man den kritisierten Ansatz auf das Gebiet der sozial positiv zu bewertenden Handlungen überträgt. Darüber hinaus wäre die gesetzgeberische Konsequenz eine verfehlte gewaltige Ausweitung der Strafbarkeit.

b) Eine Tendenz zum Subjektivismus findet sich auch bei der Lehrmeinung, die den Unrechtsbegriff stärker hinsichtlich des Fahrlässigkeitsunrechts subjektivieren will. Nach Ansicht von *Stratenwerth*[19] und *Jakobs*[20] soll beim fahrlässigen Delikt die *individuelle* Voraussehbarkeit schon als Erfordernis des Unrechtstatbestands einzuordnen sein. Nur demjenigen, der individuell fähig sei, den Normbefehl zu befolgen, könne als Verhaltensunrecht angelastet werden, daß er den Erfolg nicht vermieden habe.

Seitens der herrschenden Auffassung wird demgegenüber darauf hingewiesen, daß sich in dieser Lehrmeinung die alte Imperativentheorie verbirgt, die bekanntlich daran gescheitert ist, daß sie den Unterschied zwischen Unrecht und Schuld eingeebnet hat[21]. Jene subjektivistische Konzeption vernachlässigt, daß die hinter den Fahrlässigkeitstatbeständen stehenden Sorgfaltspflichten *generelle* Verhaltensanweisungen sind. Diese unterscheiden sich zwar nach bestimmten Verkehrs-und Funktionskreisen — die auch sehr spezialisiert sein können, wie z. B. bei Herzchirurgen —, aber innerhalb dieser Kreise sind die Anforderungen genereller Natur. Andernfalls könnten die Sorgfaltsregeln, etwa im Straßenver-

---

[18] Armin *Kaufmann*, ZStW 80 (1968), S. 34, 50f.; *ders.*, Festschrift für Welzel, S. 403, 411; *Zielinski* (Anm. 4), S. 135ff., 205ff.

[19] *Stratenwerth*, Allg. Teil I, Rdn. 1096ff.; *ders.*, Festschrift für Jescheck, 1985, S. 285.

[20] *Jakobs*, Allg. Teil, S. 258ff.; *ders.*, Studien zum fahrlässigen Erfolgsdelikt, 1972, S. 48ff., 55ff.

[21] Vgl. *Schünemann*, JA 1975, 511, 513f., 516.

kehr, nicht mehr die Wirkung entfalten, Richtschnur gegenseitigen Verhaltens zu sein. An der Differenzierung zwischen objektiver Sorgfalt als Unrechtsfrage und individueller Vermeidbarkeit als Schuldfrage führt daher kein Weg vorbei[22].

Die subjektivistischen Richtungen sind also kaum überzeugend. Deshalb halte ich es aber auch für verfehlt, wenn sie im Ausland gelegentlich als Argument gegen die personale Unrechtslehre ins Feld geführt werden.

3. Eine andere aktuelle Strömung will die Merkmale des Delikts akzentuiert von der Strafe her bestimmen.

a) So wird neuerdings die Frage diskutiert, ob eine besondere *Strafrechtswidrigkeit* anzuerkennen ist. Es findet sich jetzt häufiger die Auffassung, daß ein tatbestandsmäßiges Verhalten zwar nicht strafrechtswidrig, im übrigen aber rechtswidrig sein könne[23]. Es gebe neben allgemeinen Unrechtsausschließungsgründen, den Rechtfertigungsgründen, die ein straftatbestandsmäßiges Verhalten für die gesamte Rechtsordnung als rechtmäßig ausweisen, auch „genuin strafrechtliche echte Strafunrechtsausschließungsgründe". Sie regelten, unter welchen Voraussetzungen das Strafrecht auf seine strafrechtsspezifische, gesteigerte Mißbilligung der Tat ausnahmsweise verzichte. Als Beispiele werden u. a. angeführt: Wahrnehmung berechtigter Interessen, Indikation zum Schwangerschaftsabbruch, Einwilligung, fehlende Verwerflichkeit bei der Nötigung sowie Nötigungsnotstand. Betrachtet man die Fälle, so bieten sie jedoch keine Veranlassung, das herrschende Prinzip der Einheit der Rechtsordnung in Frage zu stellen. Überwiegend geht es um allgemeine Unrechtsausschließungsgründe, so bei Wahrnehmung berechtigter Interessen und zulässigem Schwangerschaftsabbruch. Auch bei der Einwilligung handelt es sich um eine allgemeine Unrechtsfrage. Die Verwerflichkeitsproblematik bei der Nötigung betrifft bereits die Tatbestandsergänzung, und um die Differenzierung zwischen allgemeinem Unrechtsausschluß und Entschuldigung geht es in den Fällen des Nötigungsnotstands[24].

Daß diese Beispiele nicht die Existenz bloßer Strafunrechtsausschließungsgründe zu beweisen vermögen, ist kein Zufall. Denn die Auswahl des strafrechtlich erheblichen Unrechts erfolgt durch den Gesetzgeber auf der Tatbestandsebene. Er vertypt in den Straftatbeständen diejenigen normwidrigen Verhaltensweisen, die er mit Strafe bedrohen will. Bei dem Deliktsmerkmal „Rechtswidrigkeit" geht es dagegen um ein allgemeines Deliktserfordernis: nämlich ob das

---

[22] Vgl. *Welzel*, Strafrecht (Anm. 11), S. 130, 131 ff., 175; *Jescheck*, Allg. Teil, S. 509 ff.; Armin *Kaufmann*, Festschrift für Welzel, S. 404 ff.; *Maurach / Zipf*, Allg. Teil I, S. 211 f.; *Schmidhäuser*, Festschrift für Schaffstein, 1975, S. 129; *Schroeder*, in: LK, 10. Aufl. 1980, § 16 Rdn. 144; *Schünemann*, JA 1975, 436 ff.; *Hirsch*, ZStW 94 (1982), S. 239, 266 ff.

[23] So insbesondere *Günther*, Strafrechtswidrigkeit und Strafunrechtsausschluß, 1983; *Amelung*, in: *Schünemann* (Hrsg.), Grundfragen (Anm. 8), S. 85, 92 ff.

[24] Zu den angeführten Fällen im einzelnen *Hirsch*, Festschrift Rechtswissenschaftliche Fakultät Köln, 1988, S. 411 ff. mit Nachweisen.

betreffende normwidrige Verhalten wegen Eingreifens eines Erlaubnissatzes gleichwohl mit der Gesamtheit der Rechtsordnung in Einklang steht. Indem die kritisierte Lehrmeinung auf der Ebene des Unrechtsausschlusses den Gesichtspunkt der Strafwürdigkeit einführt, bringt sie das Deliktsmerkmal „Rechtswidrigkeit" um eine eigenständige, nämlich den Verstoß gegen die Gesamtrechtsordnung angebende, Funktion und droht damit die Grenzen zwischen Unrechtsausschluß einerseits und Entschuldigung und persönlicher Strafausschließung andererseits zu verwischen. Sie läuft also auf eine Sprengung des Deliktssystems hinaus[25].

b) Stärker noch ist die isoliert strafrechtliche Sichtweise und ein mit ihr einhergehendes rein normatives Denken bei Ansätzen zu beobachten, das Straftatsystem insgesamt „funktional" von den Strafzwecken her neu zu entwickeln[26]. Diese Tendenz, die sich als „*zweckrationales*" oder „*funktionales*" Systemdenken bezeichnet, wird von *Schünemann*[27], einem der Hauptvertreter, wie folgt beschrieben: Die Systemstufen der Straftat seien aus den leitenden Wert- und Zwecksetzungen abzuleiten, wobei eine sozialwissenschaftlich fundierte Ausdifferenzierung des Präventionszwecks als Leitwert der Strafrechtspflege die Grundlage bilde. Wegen der Abhängigkeit der systematischen von der inhaltlichen Fragestellung müsse man sich zunächst darüber verständigen, welche selbständigen, nicht aufeinander rückführbaren Wertungsebenen dem geltenden Strafrecht der Bundesrepublik Deutschland zugrunde liegen. Einer adäquaten Rekonstruktion des geltenden Rechts dürfte es entsprechen, von zwei selbständigen Wertungsebenen auszugehen: einer strafrechtsspezifischen objektiven Unwertigkeit der Tat und der individuellen Verantwortlichkeit des Täters für die Tat.

Schünemann[28] betont in diesem Zusammenhang die normative Betrachtungsweise. Während der Naturalismus und der Finalismus die der strafrechtlichen Wertung vorgegebenen Strukturen zum Angelpunkt des Systems genommen hätten, müsse wie schon nach neukantianischem Denken ein Wert oder ein auf ein erstrebenswertes Ziel gerichteter Zweck der Ausgangspunkt sein. Er erachtet demgemäß den zweckrationalen oder funktionalen Denkansatz als ein die methodische Sichtweise *Welzels* überwindendes Konzept.

---

[25] Zum vorhergehenden vgl. *Hirsch*, in: LK, vor § 32 Rdn. 10; *Lenckner*, in: *Schönke / Schröder*, vor § 32 Rdn. 8; *Roxin*, Festschrift für Oehler, 1985, S. 181, 194ff. Ein Mißverständnis *Günthers* (Anm. 23) liegt auch darin, daß er davon ausgeht, Rechtfertigungsgründe (allgemeine Unrechtsausschließungsgründe) bedeuteten eine positive Billigung des betreffenden Verhaltens durch die Rechtsordnung (etwa a.a.O., S. 314ff.). Dazu, daß dies eine sachwidrige Überfrachtung ihrer Funktion wäre, näher *Hirsch*, Festschrift für Bockelmann, 1979, S. 89, 100.

[26] Für solche Ansätze vgl. *Roxin*, Kriminalpolitik und Strafrechtssystem, 2. Aufl. 1972, S. 16ff., 24ff., 33ff.; *Schünemann* (Anm. 8), S. 45ff.; *Wolter* (Anm. 14).

[27] (Anm. 8), S. 51, 55f.

[28] (Anm. 8), S. 55.

Für eine umfassende Re-Normativierung der systematischen Begriffe des Allgemeinen Teils hat sich noch engagierter *Jakobs*[29] ausgesprochen. Sämtliche Begriffe der Strafrechtsdogmatik seien von den Aufgaben des Strafrechts her mit Inhalt zu füllen, so daß Begriffe wie Kausalität, Können, Fähigkeit, Schuld u. a. ihren vorrechtlichen Inhalt verlören und erst im Zusammenhang strafrechtlicher Regelungen entstünden.

Die zweckrationale oder funktionale Richtung bedeutet in der Tat die Formulierung einer verschärften methodischen Gegenposition zu *Welzel*. Betrachtet man die Ausführungen ihrer Anhänger, so erheben sich allerdings Zweifel, ob der Inhalt des *Welzel*schen Konzepts von ihnen ganz zutreffend gesehen wird. Es wird *Welzel* unterstellt, er habe das strafrechtliche System, also ein auf Rechtsnormen bezogenes System, ganz unter Außerachtlassung des Normativen aufbauen wollen. Das ist aber ungenau. Den Ausgangspunkt des Systemaufbaus der personalen Unrechtslehre bildeten für ihn vielmehr — in Übereinstimmung mit der bisherigen Dogmatik — normentheoretische Überlegungen. Sein Gedankengang lautete doch: Da es beim Begehungsdelikt um einen Verstoß gegen ein Verbot geht, Verbote sich aber auf Handlungen richten, ist für die im jeweiligen Tatbestand beschriebene verbotswidrige Handlung von allgemeiner Bedeutung, wie eine menschliche Handlung generell strukturiert ist[30]. Den Ausgangspunkt der Überlegungen bildeten also die abstrakte Norm und die Frage, was diese wesensmäßig zum Gegenstand hat.

Was *Welzel* von seinen methodischen Gegnern unterscheidet, ist die Forderung, die Regelungs*gegenstände* nicht normativ zu konstruieren, sondern sie der Wirklichkeit zu entnehmen und innerhalb des normentheoretischen Systems ihre vorrechtlichen Strukturen zu beachten[31]. Die Struktur der menschlichen Handlung bildet in diesem Zusammenhang nur einen Anwendungsfall unter vielen, allerdings den für das Deliktssystem bedeutsamsten. Andere Beispiele sind die generellen Strukturmerkmale von Anstiftung und Beihilfe, Vorsatz, Unterlassen, Versuch usw. Die Rechtsordnung findet diese Phänomene vor und hat, wenn sie daran anknüpft, ihr Regelungssystem deshalb an ihnen auszurichten. Entgegen *Jakobs* meine ich, daß das auch für Kausalität, Können und Fähigkeit zu gelten hat. Wer etwas nicht kann, der kann es nicht gleichwohl im Rechtssinne.

Welzels Anliegen bestand also darin, daß den Strukturen der Regelungsgegenstände, an die das Rechtssystem anknüpft, bei der dogmatischen Erfassung Beachtung geschenkt wird. Die Dogmatik soll sich auf die Wirklichkeit und nicht auf normative Kunstprodukte beziehen.

---

[29] Allg. Teil, S. V f.

[30] Vgl. *Welzel*, Strafrecht (Anm. 11), S. 37.

[31] Vgl. *Welzel*, Festschrift für Niedermeyer, 1953, S. 279, 290ff.; *ders*., ZStW 69 (1957), S. 625, 635f.; *ders*., Naturrecht und materiale Gerechtigkeit, 3. Aufl. 1960, S. 197f.

Irreführend erscheint es auch, wenn durch die Bezeichnungen „zweckrational" und „funktional" der Eindruck vermittelt wird, dem bisherigen System fehlten solche Eigenschaften. Vielmehr soll *jedes* Straftatsystem dem Zweck dienen, die generellen Voraussetzungen des Delikts zu bestimmen, an das die Strafe als Rechtsfolge anschließt. Dementsprechend werden dogmatisch beim Tatbestand die allgemeinen Erfordernisse jeglichen mit Strafe bedrohten normwidrigen Verhaltens herausgearbeitet. Bei der Prüfung der Rechtswidrigkeit geht es sodann darum, ob wegen eines etwaigen Unrechtsausschließungsgrundes gleichwohl ein Verstoß gegen die Gesamtrechtsordnung entfällt; und bei der Schuld wird festgestellt, ob der Täter das mit Strafe bedrohte Unrecht individuell erkennen und sich nach dieser Einsicht verhalten konnte. Alle drei Deliktsmerkmale haben also eine auf das Vorliegen der Straftat ausgerichtete *Funktion*. Die Besonderheit der sich jetzt ausdrücklich als zweckrational bezeichnenden Auffassung besteht deshalb ausschließlich darin, daß nach dieser die Strafzwecke direkt bei den einzelnen Deliktsmerkmalen Berücksichtigung finden sollen, während man bisher die unter den Gesichtspunkten der *Straf*würdigkeit und *Straf*bedürftigkeit vorzunehmende Selektion des Unrechts als eine dem Gesetzgeber bei der Aufstellung des jeweiligen Tatbestands obliegende Aufgabe betrachtet und die dogmatische Berücksichtigung der Strafzwecke als Rechtsfolgenproblem ansieht.

Der von mir kritisierte dogmatische Ansatz scheint mir auch die internationale Transferierbarkeit der Ergebnisse der deutschen Strafrechtswissenschaft zu gefährden. Wenn nämlich, wie *Schünemann*[32] meint, das dogmatische System aus den dem „geltenden Strafrecht der Bundesrepublik Deutschland" zugrunde liegenden Wertungen abgeleitet werden soll, so läutet das eine Re-Nationalisierung der bei uns betriebenen Strafrechtsdogmatik ein. Transferierungen gefundener Ergebnisse in andere Rechtsordnungen wären dann nur noch bei übereinstimmenden verfassungsrechtlichen Grundlagen möglich, und selbst dann verbliebe in pluralistischen Gesellschaften immer noch die Frage, wie jene Wertvorstellungen jeweils gedeutet würden.

Welzel[33] ging es demgegenüber um eine stärkere Wissenschaftlichkeit der Strafrechtstheorie. Neben die Interpretation der geltenden Gesetze sollte als eine im strengen Sinne wissenschaftliche Aufgabe das Streben nach absoluten, bleibenden Erkenntnissen treten. Sein phänomenorientierter Ansatz ist es gerade, der den Weg zu einer von historischen Zufälligkeiten und Verkrustungen der nationalen Kodifikationen unabhängigen internationalen Strafrechtswissenschaft ebnet. Diese Entwicklung ist in Wahrheit auch schon viel weiter fortgeschritten, als es die grundsätzlichen Bekenntnisse zum Normativismus vermuten lassen. Heute befassen sich Strafrechtstheoretiker in Staaten ganz

---

[32] (Anm. 8), S. 56.

[33] *Welzel*, Erinnerungsgabe für Grünhut, S. 177; auch *ders.*, Aktuelle Strafrechtsprobleme im Rahmen der finalen Handlungslehre, 1953, S. 4.

unterschiedlicher weltanschaulicher Orientierung mit denselben dogmatischen Fragen und tragen über die nationalen Grenzen hinweg zur Lösung der Probleme bei.

Wenn man ein neues Straftatsystem präsentiert, so muß dieses — soll es mehr als ein neuer Fassadenanstrich sein — gleichzeitig neue und überzeugendere Lösungen anbieten. *Schünemann* verweist insofern jedoch auf die Zukunft. War bei ihm zu Anfang von einer im Zweckrationalismus liegenden epochalen Richtungsänderung die Rede, so wird am Schluß nur noch von zu „erwartenden Verfeinerungen und Verbesserungen" des „überkommenen Bestands des von der personalen Unrechtslehre geprägten modernen Strafrechtssystems" gesprochen[34].

Die zweckrationale Theorie sieht ihren Schwerpunkt bei der Schuldfrage. Schuld wird von ihr auf das präventive Strafbedürfnis zurückgeführt[35]. *Jakobs*[36] hat diesen Ansatz radikal zu Ende gedacht und läßt den Schuldbegriff sogar vollständig in der Generalprävention aufgehen. Danach soll der Begriff der Schuld „funktional" dahingehend zu bilden sein, daß er eine Regelungsleistung nach einer bestimmten Regelungsmaxime, nämlich nach den Erfordernissen des Strafzwecks, für eine Gesellschaft bestimmter Verfassung erbringt.

Dem Thema „Schuld" ist eine eigene Arbeitssitzung gewidmet, deren Referaten und Diskussionen heute nicht vorgegriffen werden soll. Ich habe mich daher an dieser Stelle auf einige grundsätzliche Bemerkungen zu beschränken, die aus dem hier behandelten Zusammenhang nicht völlig ausgeklammert werden können.

Gegenüber *Jakobs* ist, wie ich meine, der Einwand zu erheben, daß seine Auffassung auf eine völlige Entindividualisierung der Schuld hinausläuft: Dem Täter wird nur noch eine nach generellen Maßstäben ermittelte sog. Verantwortlichkeit zugeschrieben. Auch von *Roxin*[37] und *Schünemann*[38] wird diese Konstruktion deshalb verworfen. Aber selbst wenn man nicht so weit wie *Jakobs* gehen will, werden doch jedenfalls die Sachunterschiede zwischen Schulderfordernissen, bloßen Strafausschließungsgründen und Strafzumessungsfragen verwischt. Betrachtet man die Ansicht von *Roxin*[39], so geht es dieser Richtung letztlich wohl nur darum, mit Hilfe des Gesichtspunkts des präventiven Strafbedürfnisses eine Ausgrenzung des rechtlich unerheblichen Bereichs der Schuld vorzunehmen. Dazu eignet sich aber nicht die Generalprävention,

---

[34] *Schünemann* (Anm. 8), S. 18f., 64.

[35] Vgl. *Roxin* (Anm. 26), S. 33ff.; *ders.*, Festschrift für Bockelmann, 1979, S. 279; *ders.*, SchwZStr. 104 (1987), S. 356; *Achenbach*, in: *Schünemann* (Hrsg.), Grundfragen (Anm. 8), S. 135, 140ff.

[36] *Jakobs*, Allg. Teil, S. 394ff.; *ders.*, Schuld und Prävention, 1976.

[37] SchwZStr. 104 (1987), S. 364ff.

[38] *Schünemann* (Anm. 8), S. 153, 170ff.; *ders.*, GA 1986, 293f.

[39] Vgl. Anm. 35.

solange man wie *Roxin* — im Unterschied zu *Jakobs* — die auf das individuelle Können des einzelnen Täters ausgerichtete grundsätzliche Funktion des Schuldbegriffs zugrunde legt. Verhält es sich nämlich so, dann bedeutet das auch nur ergänzende Heranziehen *general*präventiver Erwägungen den Rückgriff auf einen sachfremden Gesichtspunkt, weil der Blick bei der Schuld auf die individuelle Belastbarkeit des Täters, nicht aber auf die negative oder positive Wirkung bei Dritten gerichtet ist. Es könnte deshalb höchstens um *spezial*präventive Aspekte gehen. Dies aber führt zu der Frage, ob im Schuldbegriff überhaupt für *präventive* Gesichtspunkte Raum sein kann[40]. Es erhebt sich das Bedenken, daß Prävention in die Zukunft weist, die Bewertung als schuldhaft aber etwas in der Vergangenheit liegendes betrifft: die Tat.

Bedenken sind ferner wegen der mit dem „zweckrationalen" oder „funktionalen" Ansatz verbundenen Generalklauseln zu erheben. Bekanntlich sind gerade die Strafzwecke wenig präzisiert und sehr umstritten.

Es läßt sich auch nicht beobachten, daß das heutige Straftatsystem zu Problemen bei seiner Handhabung führt, die nicht aus ihm selbst heraus bewältigt werden könnten.

Insgesamt komme ich daher hinsichtlich des „zweckrationalen" oder „funktionalen" Ansatzes zu dem Ergebnis, daß er keine Vorzüge gegenüber dem gegenwärtigen Straftatsystem erkennen läßt, aber wegen der Unschärfe der Begriffsbildung und -systematik sowie einer Tendenz zur Entindividualisierung des Strafrechts und einer auf die nationale Rechtsordnung fixierten Sichtweise die Gefahr eines wissenschaftlichen Rückschritts birgt.

Soviel zu den aktuellen grundsätzlichen Richtungen.

III.

Praxisrelevanter als diese sind die Entwicklungen in wichtigen dogmatischen Teilbereichen.

1. Es geht zum einen um Fragen, die schon im Zusammenhang mit der über den personalen Unrechtsbegriff geführten Diskussion in den Vordergrund getreten waren.

Hier ist einmal das Abebben des Streits zwischen der subjektiven Teilnahmelehre[41] und der von *Welzel* konzipierten und von *Roxin* vertieften Tatherrschaftstheorie[42] zu nennen. Nachdem durch die Reform von 1975 schon

---

[40] Gegen die Verquickung von Schuld und Prävention auch *Stratenwerth*, Die Zukunft des strafrechtlichen Schuldprinzips, 1977, S. 30ff.; *Jescheck*, ZStW 93 (1981), S. 3, 25; *Hirsch*, in: LK, vor § 32 Rdn. 170; *Maurach/Zipf*, Allg. Teil I, S. 417.

[41] RGSt. 2, 160; 3, 181; 74, 84; BGHSt. 18, 87; 34, 124, 125f.; BGH NStZ 1985, 165.

[42] Grundlegend *Welzel*, ZStW 58 (1939), S. 419, 542f.; heute herrschende Auffassung im Schrifttum; vgl. *Roxin*, in: LK, 10. Aufl. 1978, § 25 Rdn. 10 m.w. N.

gesetzlich klargestellt worden war, daß derjenige, der alle Tatbestandsmerkmale selbst verwirklicht hat, in jedem Fall nur Täter sein kann, hat sich die subjektive Theorie im verbliebenen Anwendungsbereich stark der Tatherrschaftstheorie angenähert[43]. Die Kriterien, nach denen die Rechtsprechung heute das Vorliegen des animus auctoris bestimmt, kommen denjenigen der Tatherrschaftslehre sehr nahe.

Was die Lehre von der Sozialadäquanz betrifft, gewinnt die Auffassung[44] an Boden, die sich gegen den unmittelbaren Rückgriff auf eine solche schillernde Generalklausel wendet und stattdessen fordert, auf die präziseren Gesichtspunkte der restriktiven Tatbestandsauslegung und die profilierten dogmatischen Kriterien, beispielsweise auf die Sorgfaltswidrigkeit bei der Fahrlässigkeit, zurückzugreifen.

Hervorzuheben ist außerdem, daß in der Irrtumslehre nach der Anerkennung des personalen Unrechtsbegriffs die eingeschränkte Schuldtheorie modifiziert worden ist. Es ist jetzt überwiegende Meinung im Schrifttum[45], daß zwischen dem Vorliegen des bereits zum Unrechtstatbestand gehörenden Tatbestandsvorsatzes und der weiterhin erst die Schuld betreffenden Frage des Irrtums über einen rechtfertigenden Sachverhalt zu trennen ist. Dies geschieht in der Weise, daß man diesen Irrtumsfall einer Rubrik der spezifischen Vorsatzschuld zuordnet.

Anzumerken ist ferner, daß die Risikoerhöhungstheorie[46] sich nicht durchzusetzen vermocht hat. Dabei sind die von der neueren Unrechtslehre gewonnenen Erkenntnisse über das Fahrlässigkeitsunrecht hilfreich gewesen: nämlich daß zum Wesen des fahrlässigen Erfolgsdelikts gerade gehört, daß sich im Erfolg die Sorgfaltswidrigkeit realisiert hat und deshalb dieser Pflichtwidrigkeitszusammenhang nicht zu Lasten des Satzes „in dubio pro reo" verkürzt werden darf[47].

---

[43] Näher darüber *Küpper*, GA 1986, 437, 439ff.

[44] *Baumann/Weber*, Allg. Teil, S. 181ff.; *Gallas*, ZStW 67 (1955), S. 1, 22; *Hirsch*, ZStW 74 (1962), S. 78, 133ff.; *ders.*, in: LK, vor § 32 Rdn. 26ff.; *Lenckner*, in: *Schönke/Schröder*, vor § 32 Rdn. 70; *Roxin*, Festschrift für Klug, Bd. 2, 1983, S. 303, 310, 313; *Samson*, in: SK StGB, vor § 32 Rdn. 15.

[45] Vgl. alle diejenigen Autoren, die von einer Doppelstellung der Vorsatzfrage ausgehen, insbesondere *Gallas*, ZStW 67 (1955), S. 46 Fn. 89; *ders.*, Festschrift für Bockelmann, S. 170; *Blei*, Allg. Teil, S. 206f.; *Dreher*, Festschrift für Heinitz, 1972, S. 207, 224; *Jescheck*, Allg. Teil, S. 218f., 387; *Lackner*, StGB, § 15 Anm. II 5 c; *Roxin*, ZStW 74 (1962), S. 554; *Rudolphi*, in: SK StGB, § 16 Rdn. 3; *Wessels*, Allg. Teil, S. 132 ff.

[46] *Roxin*, ZStW 74 (1962), S. 411, 430ff.; *Jescheck*, Allg. Teil, S. 528f.; *Stratenwerth*, Allg. Teil I, Rdn. 224f.; *Rudolphi*, in: SK StGB, vor § 1 Rdn. 66ff.; siehe auch *Puppe*, ZStW 99 (1987), S. 595, 605.

[47] Ablehnend deshalb die h. M.; vgl. BGHSt. 11, 1; BGH VRS 21, 341; 24, 205; 36, 36; *Cramer*, in: *Schönke/Schröder*, § 15 Rdn. 173; *Baumann/Weber*, Allg. Teil, S. 273f.; Arthur *Kaufmann*, Festschrift für Jescheck, 1985, S. 273, 277ff.; *Schlüchter*, JA 1984, 673, 676; *Ulsenheimer*, JZ 1969, 364; *Hirsch*, in: LK, 10. Aufl. 1981, § 230 Rdn. 7 m.w.N.

2. Bemerkenswert sind auch Entwicklungen in wieder neu ins Blickfeld getretenen Problemkreisen:

Hier ist die Wiederbelebung der Frage, ob die subjektive Versuchstheorie zu halten ist, ebenso zu nennen wie eine durch die Rechtsprechung angeregte Wiederbefassung mit den Voraussetzungen des erfolgsqualifizierten Delikts. Auch die Unrechtsausschließungsgründe haben, etwa hinsichtlich des Umfangs der Notwehr, eine erhebliche Vertiefung erfahren. Außerdem ist unter dem Einfluß der Rechtsprechung ein erheblicher Fortschritt bei der Rücktrittslehre zu verzeichnen. Durch den bei der Abgrenzung von beendetem und unbeendetem Versuch erfolgten Übergang vom Planungs- zum Rücktrittshorizont ist hier die Weiche zu sachgemäßeren Lösungen gestellt worden. Nicht zuletzt ist auf zwei besonders wichtige Problemkreise hinzuweisen, auf deren weitere Klärung intensive Bemühungen gerichtet sind, ohne daß sich jedoch bereits konsensfähige Ergebnisse abzeichnen: die Problematik des sog. Vorverschuldens und die Analyse des Strafbegriffs, diese insbesondere hinsichtlich der Generalprävention[48].

IV.

Versucht man nunmehr eine Gesamtwürdigung der dogmatischen Entwicklung der Zeit nach *Welzel*, so ist festzuhalten:

Seit der Mitte der siebziger Jahre erreichten Durchsetzung des auf der personalen Unrechtslehre aufbauenden Straftatsystems liegt der Schwerpunkt des strafrechtsdogmatischen Fortschritts bei der weiteren Klärung oder weiterführenden Erörterung der dadurch neu oder deutlicher ins Blickfeld getretenen Teilprobleme und der Befassung mit sonstigen Teilbereichen des Allgemeinen Teils. Das erst im Jahre 1975 erfolgte Inkrafttreten des neuen Allgemeinen Teils des Strafgesetzbuchs verweist zusätzlich in die Richtung einer Periode der Konsolidierung. Es ist ohnedies zweifelhaft, ob nach dem großen geistigen Aufwand, der jahrzehntelang auf die Errichtung des heutigen Systems verwandt worden ist, gegenwärtig überhaupt ein von Grund auf anderes System denkbar wäre. Soweit jetzt gleichwohl allerneueste systematische Straftatkonzepte angeboten werden, stehen erhobener Anspruch und Innovationsgehalt vielleicht doch nicht völlig miteinander in Einklang. Weder sind die theoretischen Prämissen ausgereift, noch zeigen sich wesentliche Änderungen in den Ergebnissen. Was an neuen Einsichten vermittelt werden könnte, ließe sich, sofern diese Einsichten zutreffen, ebenso aus dem heutigen Straftatsystem ableiten. Oft scheint es nur um eine Auswechselung, Modifizierung oder Umetikettierung der wissenschaftlichen Erklärung vorhandener Systemkategorien zu gehen.

---

[48] Zu den vorgenannten Problemkreisen siehe die näheren Angaben bei *Hirsch* (Anm. 24), S. 422ff. m.N.

Bei den mit den Worten „Funktionalismus“ und „Zweckrationalismus“ bezeichneten Konzepten erhebt sich zudem die Frage, ob sie die Aufgabe, die ein Straftatsystem haben soll, überhaupt erfüllen können. Sie besteht nach der klassischen Formulierung *von Liszts* im Schaffen klarer, schneidiger Begriffe und einem „geschlossenen“ System. Ein „offenes“ System, das jene Lehrmeinungen anstreben, stellt wohl eher das Gegenteil dar. Zwar ist jedes System in dem Sinne offen, daß es wissenschaftlich weiterentwickelt und einer Korrektur unterzogen werden kann. Die Forderung nach Geschlossenheit besagt jedoch, daß es in sich schlüssig und auf eine dem jeweiligen Erkenntnisstand entsprechende Geschlossenheit hin angelegt sein soll, um seine Aufgabe erfüllen zu können.

Bedauerlich ist, daß man häufig die positiven Aspekte des von *Welzel* vertretenen methodischen Ansatzes verkennt und teilweise sogar ausdrücklich einen dazu in Gegensatz gestellten Neo-Normativismus propagiert. Wie im vorhergehenden aufzuzeigen versucht worden ist, kommt gerade der methodischen Sicht *Welzels* große Bedeutung für die Entwicklung der Strafrechtswissenschaft zu. Denn sie führt die Dogmatik aus der — jetzt wieder von der sog. zweckrationalen Richtung beschworenen — Vorstellung heraus, es gehe nur darum, die sich aus der jeweiligen nationalen Rechtsordnung ergebenden Wertvorstellungen zu ermitteln. Durch den Blick auf die Vorgegebenheiten des Rechts wird vielmehr erreicht, daß die Dogmatik dem Gesetzgeber vor allem vor- und nicht lediglich hinterherdenkt. Insbesondere aber ermöglicht sie, daß die Enge der nationalen Wissenschaften, die im Gefolge der Kodifizierungen und des Gesetzespositivismus entstanden ist, durchbrochen und eine wirkliche Rückkehr zu einer national unabhängigen Strafrechtswissenschaft erreicht wird, wie sie bis zur zweiten Hälfte des 18. Jahrhunderts in Europa bestanden hat.

Was die künftige Entwicklung der Strafrechtsdogmatik in thematischer Hinsicht betrifft, so fehlt es nicht an noch weiter zu klärenden wichtigen Teilproblemen: vom Eventualvorsatz über das Unterlassungsdelikt und den Fragenkreis sog. Vorverschuldens bis zum Strafbegriff. Ohnehin widerlegt die gegenwärtige Flut dogmatischer Publikationen die Befürchtung, nach dem dogmatischen Kraftakt der Nachkriegsjahrzehnte könnte einer Weiterbeschäftigung mit der Dogmatik der Stoff fehlen. Allerdings ist heute nicht selten neben der aufgezeigten Tendenz zu unscharfen Basisbegriffen auch eine Neigung zu übertriebenen Differenzierungen und sonstigen praxisfernen Konstruktionen zu beobachten. Ich möchte deshalb schließen mit dem Hinweis auf eine akute Gefahr, auf die schon von *Jescheck*[49] und auch im Vorwort der 22. Auflage des *Schönke/Schröder* aufmerksam gemacht wird: die Gefahr, daß die Dogmatik durch theoretische Überzüchtungen den Kontakt mit der Praxis verliert und dadurch das Erreichte wieder preisgibt.

---

[49] Allg. Teil, S. 195.

Deutsche Strafrechtsdogmatik aus japanischer Sicht

Ryuichi Hirano

I.

Die deutsche Strafrechtsdogmatik hat eine lange Geschichte und einen reichen Inhalt. Die Lehrmeinungen sind mannigfaltig. Daher ist es für einen Ausländer nicht leicht, ihren Charakter in wenigen Worten zu beschreiben. Vergleicht man aber das deutsche und das japanische Strafrecht bzw. die Strafrechtsdogmatik dieser beiden Länder, so läßt sich vielleicht sagen, daß das deutsche Strafrecht eher subjektiv, das japanische Strafrecht eher objektiv ausgestaltet ist. Anders ausgedrückt: Während in Deutschland stärker der Handlungsunwert hervorgehoben wird, setzt man in Japan den Akzent beim Erfolgsunwert.

Einer der Gründe dafür, daß in Japan der Objektivitätsgrundsatz herrscht und, insbesondere bei der jüngeren Generation der Strafrechtslehrer, der Erfolgsunwert betont wird, liegt in den Auswirkungen des Schulenstreits. Deshalb soll hier zunächst die Situation der japanischen Strafrechtsdogmatik skizziert werden. Man kann bei ihr drei Hauptgruppen oder -schulen unterscheiden.

1. *Subjektive Schule*: Hervorragender Vertreter dieser Schule war *Makino*, ein Schüler Franz *von Liszts*. Er propagierte den Gedanken der Erziehungsstrafe und legte den Schwerpunkt auf den gefährlichen Willen des Täters. Im deutlichen Unterschied zu *von Liszt* strebt *Makino* danach, auch die Elemente der Straftat möglichst subjektiv auszugestalten.

2. *Sozialethische Schule*: Die Vertreter dieser Auffassung legen den Schwerpunkt nicht auf den Willen des Täters, sondern auf die Tat. In diesem Sinne handelt es sich um eine objektivistische Lehre. Sie betrachtet die Tat vom sozialethischen Standpunkt aus und betont ihre Normwidrigkeit. *Ono*, der führende Vertreter dieser Schule, setzte die Rechtswidrigkeit mit dem Verstoß gegen die „staatliche Sittlichkeit" gleich, und sein Nachfolger *Dando* identifizierte Rechtswidrigkeit mit dem Verstoß gegen die Sozialethik. Die Vertreter dieser Auffassung betonen den Handlungsunwert.

3. *Rechtsgüterschutz-Schule*: Eine andere Gruppe von Objektivisten betont den Rechtsgüterschutz und sieht das Unrecht in der Verletzung oder Gefährdung von Rechtsgütern. Einige Vertreter dieser Auffassung, z. B. *Takikawa,* verneinen die Existenz subjektiver Unrechtselemente, während andere, z. B.

Saheki, diese anerkennen. Gemeinsam ist den Vertretern dieser Schule die Betonung des Erfolgsunwerts.

In letzter Zeit standen einander hauptsächlich noch die sozialethische und die Rechtsgüterschutz-Schule gegenüber; die subjektive Auffassung hatte schon vor dem Zweiten Weltkrieg ihren Einfluß verloren. Die Anhänger der Rechtsgüterschutz-Schule kritisierten an den beiden übrigen Auffassungen, daß diese den Umfang der Strafbarkeit übermäßig erweitern. Der erwähnte Schulenstreit spiegelte sich auch in der Auseinandersetzung zwischen dem Reformentwurf der japanischen Regierung von 1974[1] und dem dazu verfaßten Alternativ-Entwurf wider.

Als nach dem Zweiten Weltkrieg die „finale Handlungslehre" und die „personale Unrechtslehre" in Japan bekannt wurden, gab es warnende Stimmen, besonders aus der jüngeren Generation. Es wurde gegen diese Lehren eingewandt, daß sie trotz ihrer theoretischen Bedeutung zu subjektivistisch und zu normativ seien. Man fragte sich, ob sie nicht eine Fortsetzung des vor dem Krieg gängigen Willens- oder Gesinnungsstrafrechts sowie der Pflichtverletzungstheorie seien. Um solchen Tendenzen entgegenzuwirken, hob man bewußt den Erfolgsunwert hervor.

II.

Lassen Sie mich zu diesen Fragen einige konkrete Problemkreise anführen:

1. *Begriff des Handlungsunwerts*. Nach *Welzel* ist Aufgabe des Strafrechts „der Schutz der elementaren sozialethischen Gesinnungs- (Handlungs-)werte und erst darin eingeschlossen der Schutz der einzelnen Rechtsgüter"[2]. „Der personale Handlungsunwert ist der generelle Unwert aller strafrechtlichen Delikte. Der Sachverhaltsunwert (das verletzte bzw. gefährdete Rechtsgut) ist ein unselbständiges Moment bei zahlreichen Delikten (den Erfolgs- und Gefährdungsdelikten). Der Sachverhaltsunwert kann im konkreten Fall fehlen, ohne daß der Handlungsunwert entfiele, z. B. beim untauglichen Versuch"[3].

Diese Aussage *Welzels* wurde so verstanden, daß der Bereich des Handlungsunwerts weiter sei als derjenige der Rechtsgutsverletzung oder -gefährdung und daß die gegen die gesellschaftlichen Sitten gerichtete Gesinnung ausreiche. In Japan wurde darüber diskutiert, ob ein so verstandener Handlungsunwert in die Kategorie des strafrechtlichen Unrechts aufgenommen werden dürfe. Diejenigen japanischen Strafrechtler, die der Lehre vom Handlungsunwert folgen,

---

[1] Entwurf zu einem Japanischen Strafgesetzbuch vom 29. Mai 1974 (*Nishihara*, Übersetzer), 1986.

[2] *Welzel*, Das Deutsche Strafrecht, 11. Aufl. 1969, S. 4.

[3] *Welzel* (Anm. 2), S. 62.

verlangen, daß der Handlungsunwert nur als ein die Strafbarkeit beschränkender Faktor berücksichtigt werden dürfe[4].

2. *Versuch und versuchte Beteiligung*: Vom Standpunkt der Theorie des Handlungsunwerts her ist die Auffassung Armin *Kaufmanns* konsequent, wonach sich das Unrecht nur bis zum beendeten Versuch erstreckt und der Erfolg lediglich eine objektive Bedingung der Strafbarkeit darstellt[5]. Danach müßte auch die Ausführungshandlung des Täters für den Anstifter bloß objektive Strafbarkeitsbedingung sein. Da derartige objektive Bedingungen der Strafbarkeit aber nicht notwendig aufgestellt werden müssen, fördert diese Ansicht die Bestrafung bloßer Versuchs- und Anstiftungshandlungen. Tatsächlich wird in der Bundesrepublik Deutschland der Versuch der Beteiligung in weitem Umfang bestraft (vgl. § 30 dt. StGB).

Einer der Streitpunkte zwischen der objektivistischen und der subjektivistischen Strömung in Japan war die Frage, ob versuchte Anstiftung nach geltendem Recht strafbar sei oder ob sie allenfalls de lege ferenda pönalisiert werden sollte. Das „Programm zur Änderung des Strafgesetzbuchs" von 1926, das unter dem starken Einfluß *Makinos* entstand, enthält die Absichtserklärung, „...eine Vorschrift einzuführen, welche die versuchte Anstiftung unter Strafe stellt ...". Die Anhänger der objektivistischen Lehre lehnten dies jedoch ab, und weder im Vorentwurf von 1931 noch im Entwurf von 1974 ist eine entsprechende Vorschrift vorgesehen. Auch in dieser Hinsicht war man also in Japan gegenüber der Lehre vom Handlungsunwert vorsichtig.

3. *Untauglicher Versuch*: Im Hinblick auf den untauglichen Versuch herrscht in Deutschland noch die subjektive Theorie vor. Dies ist vom Standpunkt der Lehre vom Handlungsunwert aus, die den Vorsatz als Unrechtselement ansieht, konsequent. Die neuerdings in der Bundesrepublik Deutschland vertretene „Eindruckstheorie" ist insoweit zu begrüßen, als der „Eindruck" eine Art Erfolg darstellt. Andererseits ist aber diese Theorie von der subjektivistischen nicht wesentlich verschieden, da der „Eindruck", daß das Vertrauen in die Geltung der Rechtsordnung erschüttert wird, sich lediglich auf eine abstrakte Gefährdung bezieht. Wenn man demgegenüber in Japan die „Eindruckstheorie" vertritt, meint man damit den Eindruck, daß eine konkrete Rechtsgutsgefährdung bestehe. Selbst diese Auffassung wird jedoch in Japan von verschiedenen Rechtswissenschaftlern kritisiert, da sie auf der Lehre vom Handlungsunwert beruhe und mit Art. 25 des Regierungsentwurfs von 1974 unvereinbar sei, der lautet: „Versuch ist nicht strafbar, wenn die Tat überhaupt ungeeignet ist, den Erfolg herbeizuführen."

4. *Vorsatz beim vollendeten Delikt*: In der heutigen deutschen Strafrechtsdogmatik ist die Frage umstritten, ob der Vorsatz auch bei der vollendeten Straftat

---

[4] *Fukuda*, Strafrecht, Allgemeiner Teil, 1984, S. 134; *Nishihara*, Strafrecht, Allgemeiner Teil, 1977, S. 112.

[5] Armin *Kaufmann*, ZStW 80 (1968), S. 34ff.

ein Unrechtselement ist. Da die Gefahr eines konkreten Schadenseintritts im Falle des Versuchs zunimmt, wenn der Täter vorsätzlich handelt, wird der Vorsatz beim Versuch mit Recht als subjektives Unrechtselement angesehen. Beim vollendeten Delikt soll dies nicht gelten, da der Erfolg bereits eingetreten ist. Sähe man auch hier den Vorsatz als Unrechtselement an, so wäre das Unrecht der Tat schon mit dem Vorhandensein des Vorsatzes gegeben. Obwohl also jedes Delikt vor der Vollendung das Stadium des Versuchs durchläuft, ist die Funktion des Vorsatzes beim vollendeten Delikt eine andere als bei dem bloß versuchten.

5. *Putativnotwehr und Verteidigungswille bei der Notwehr*: Einige Anhänger der Lehre vom Handlungsunwert sind der Auffassung, daß im Falle der Putativnotwehr bei unvermeidbarem Irrtum nicht die Schuld, sondern das Unrecht der vorsätzlichen Tat ausgeschlossen sei[6]. Dies wird auch in Japan, und zwar unabhängig von der deutschen Lehre, vertreten[7]. Auf der Grundlage der Theorie vom Handlungsunwert ist diese Ansicht konsequent, sie stellt jedoch das subjektive Element zu sehr in den Vordergrund. Es ist nicht verständlich, warum sich das Opfer in diesem Fall nicht gegen seine Verletzung oder Tötung soll zur Wehr setzen dürfen.

Andererseits wird von der deutschen Lehre für die Rechtfertigung in einer Notwehrsituation auch der Verteidigungswille verlangt. Wenn jedoch die Voraussetzungen der Notwehr objektiv vorliegen, ist kein Erfolgsunwert gegeben. Deshalb sollte selbst die Theorie vom Handlungsunwert in dieser Situation nur zur Versuchsstrafbarkeit gelangen. Die Annahme eines vollendeten Delikts wäre zu subjektivistisch[8]. In Japan lehnt die überwiegende Meinung das Erfordernis des Verteidigungswillens für die Notwehr überhaupt ab.

6. *Fahrlässiges Delikt*: Die deutsche Lehre bezeichnet als Unrechtselement der fahrlässigen Straftat, daß der Täter die im Verkehr erforderliche Sorgfalt außer acht läßt. Der Inhalt des Begriffs „Sorgfalt" ist jedoch nicht klar. Er kann auf dreierlei Weise ausgefüllt werden, nämlich indem er die Handlungsweise, die Voraussehbarkeit oder ein erhöhtes Risiko bezeichnet.

a) Handlungsweise: Nach *Welzel*[9] ist der konkrete Vollzug der Handlung zu einem maßstäblichen, leitbildhaften Verhalten in Beziehung zu setzen. Wo er von diesem abweiche, handele der Täter unsorgfältig, und die Tat sei rechtswidrig. Der Richter müsse im einzelnen Fall ermitteln, wie das Leitbildverhalten beschaffen sei; in der Abweichung von ihm liege der Handlungsunwert. Es wird dabei jedoch nicht klar, was „leitbildhaftes Verhalten" bedeutet und warum die Abweichung von ihm Strafbarkeit begründen kann.

---

[6] *Stratenwerth*, Allgemeiner Teil I, 3. Aufl. 1981, Rdn. 504.

[7] *Fujiki*, Strafrecht, Allgemeiner Teil, 1975, S. 172.

[8] *Spendel*, Festschrift für Bockelmann, 1979, S. 243.

[9] *Welzel* (Anm. 2), S. 131.

Das praktische Problem, zu dem diese Theorie führt, liegt darin, jede Rechtsverletzung (etwa bei einem Unfall im Straßenverkehr) mit Sorgfaltswidrigkeit gleichzusetzen. Zwar strebt in jüngerer Zeit die Lehre vom „Schutzzweck der Norm" nach einer Trennung dieser beiden Gesichtspunkte, jedenfalls für Ausnahmefälle. Es ist jedoch schon die grundsätzliche Gleichsetzung zu bezweifeln.

b) Voraussehbarkeit: Es wird auch die Ansicht vertreten, daß ein Verhalten dann fahrlässiges Unrecht sei, wenn der Erfolg objektiv voraussehbar ist. Damit wird das Unrecht subjektiviert. Denn wenn auch der Maßstab objektiv ist, stellt die Voraussicht doch einen psychologischen Vorgang dar. Nach dieser Ansicht wird das Opfer rechtmäßig getötet, wenn sein Tod objektiv nicht voraussehbar war. Hält beispielsweise der Täter A den B aufgrund unvermeidbaren Irrtums für einen Hasen und schießt auf ihn, so würde B nach dieser Auffassung rechtmäßig getötet und dürfte sich gegen den Schuß nicht zur Wehr setzen. Dies erscheint als unannehmbar. Außerdem ist die Aufteilung ein und desselben Elements (Voraussehbarkeit) zwischen Unrecht und Schuld zweifelhaft, auch wenn einmal ein objektiver und beim anderen Mal ein subjektiver Maßstab angelegt wird. Auch in Japan behaupten allerdings einige Autoren, daß ein objektiv unvermeidbarer Verbotsirrtum sowie die objektive Unzumutbarkeit das Unrecht ausschließen.

c) Erhöhung des Risikos: Weder die Voraussehbarkeit noch die Sorgfaltswidrigkeit, sondern das dahinter liegende ontologische Risiko des Erfolgseintritts ist also das Unrechtselement des fahrlässigen Delikts. Um Strafbarkeit zu begründen, darf das Risiko nicht entfernt, es muß vielmehr bedeutend („substantiell") sein. Ein Verhalten, das nur ein entferntes Risiko des Erfolgseintritts herbeiführt, ist erlaubt und darf nicht im Wege der Notwehr bekämpft werden. Dabei ist die Entfernung des Risikos nicht allein objektiv zu beurteilen, sondern auch subjektive Risikoelemente (z. B. Trunkenheit beim Autofahren) sind zu berücksichtigen. In dem Erfolg realisiert sich dieses Risiko. Oft wird gesagt, daß sich im Erfolg die Sorgfaltswidrigkeit niederschlage. Aber Sorgfaltswidrigkeit kann sich, im Gegensatz zum Risiko, nicht im Erfolg realisieren. Auf diese Weise wird das Unrecht des fahrlässigen Delikts vom Standpunkt des Erfolgsunwerts beurteilt.

7. *Art und Weise der Handlung*: Die Unterscheidung von Erfolgs- und Handlungsunwert ist sinnvoll, da in das Urteil nicht nur der Erfolg selbst, sondern auch die Art und Weise seiner Herbeiführung einbezogen werden muß. Diese Notwendigkeit beruht nicht auf der sozialethischen Verwerflichkeit der Handlungsweise, sondern darauf, daß manche Angriffsarten besonders gefährlich sind. Da auch die Gefahr einen Erfolg darstellt, liegt in der gefährlichen Art und Weise der Ausführung ein Erfolgsunwert.

In Deutschland scheint dagegen oft die sozialethische Verwerflichkeit der Art und Weise der Tatausführung beim Unrechtsurteil berücksichtigt zu werden. So wird selbst eine mit Einwilligung des Verletzten erfolgte leichte Körperverletzung bestraft, wenn die Art und Weise der Verletzung gegen die guten Sitten verstößt (§ 226a dt. StGB). Demgegenüber sieht der model penal code der USA vor, daß eine Körperverletzung bei Einwilligung nicht bestraft wird, wenn die Verletzung nicht erheblich („serious“) ist (Art. 2 (II) (2) model penal code).

8. *Abstrakte Gefährdungsdelikte*: Steht man auf dem Standpunkt der Lehre vom Handlungsunwert, so ergibt sich die Strafbarkeit allein aus dem Zuwiderhandeln gegen eine Norm. Demgegenüber hat der japanische Oberste Gerichtshof entschieden, daß beispielsweise eine quasi-medizinische Heilbehandlung, in die nicht eingewilligt wurde, trotz des darin liegenden Verstoßes gegen eine Strafnorm dann nicht strafbar sein soll, wenn in concreto kein Schaden eintreten kann[10]. Dieser Gedanke ist von denjenigen Strafrechtlern weiterentwickelt worden, die die in Art. 31 der japanischen Verfassung enthaltene „due process“-Garantie nicht nur auf das Strafverfahren, sondern auch auf das materielle Recht anwenden wollen. Von ihnen wird die Meinung vertreten, daß die Bestrafung einer Handlung, die keinen Schaden anrichten kann, gegen den Grundsatz vom „substantive due process“ verstoßen würde und deshalb verfassungswidrig wäre.

III.

Zur Zeit wird in Deutschland um das Verhältnis von Schuld und Prävention heftig gestritten, aber auch in Japan ist dieses Problem Gegenstand intensiven Interesses.

1. Der Grund, weshalb dieses Thema neuerdings wieder diskutiert wird, ist nicht einfach zu erkennen. Jedenfalls in bezug auf die japanische Situation könnte man auf folgende Änderung der Rechtsanschauung nach dem Krieg hinweisen:

a) Reaktion gegen die Überbetonung des moralischen Charakters der strafrechtlichen Schuld vor dem Krieg: Unter dem „Tenno-Regime“ war der Begriff „dogiteki sekinin“ (moralische Schuld) in der Strafrechtswissenschaft üblich. Dadurch wurde die strafrechtliche Schuld fast vollkommen mit der moralischen Schuld identifiziert.

b) Änderung der Staatsauffassung: Vor dem Krieg wurde der Staat als verkörperte „Sittlichkeit“ aufgefaßt. Nach dem Krieg trat mehr oder minder der Gedanke des Gesellschaftsvertrages in den Vordergrund. Als Aufgabe des Staates wurde nicht die moralische Vergeltung, sondern hauptsächlich der Schutz des Individuums verstanden.

---

[10] Entscheidungen des Obersten Gerichtshofs, Bd. 14 (1960), S. 33.

Insbesondere zahlreiche Vertreter der jüngeren Generation befürworteten eine Relativierung des Strafzwecks und eine Entmoralisierung und Funktionalisierung des Schuldbegriffs[11].

2. Die Gegensätze zwischen der älteren und der jüngeren Auffassung offenbarten sich anläßlich der Strafrechtsreform.

Art. 48 des Regierungsentwurfes schreibt vor, daß die Strafe der Schuld des Täters angemessen sein müsse. Diese Vorschrift wurde so verstanden, daß die Strafe auch nicht unter dem der Schuld entsprechenden Maß festgesetzt werden dürfe. Der Entwurf enthält auch eine Bestimmung (Art. 59 i. V. m. Art. 58), wonach gegen Gewohnheitstäter, innerhalb im Urteil festgesetzter Höchst- und Mindestwerte, eine unbestimmte Freiheitsstrafe ausgeworfen werden kann. Einer der Verfasser des Entwurfs versuchte, diese Vorschrift mit dem Begriff der Persönlichkeitsgestaltungsschuld zu rechtfertigen[12]. Der Täter trage nicht nur die Schuld, seine Persönlichkeit so gestaltet zu haben, sondern habe auch die Pflicht, seine Persönlichkeit wieder zu bessern — und solange er diese Pflicht nicht erfüllt, muß er im Gefängnis bleiben.

Dagegen stand die Auffassung der erwähnten jüngeren Rechtsgelehrten — natürlich sind die Meinungen nicht ganz einheitlich —, daß nicht das sogenannte positive (nulla culpa sine poena), sondern das negative (nulla poena sine culpa) Schuldprinzip bestimmend sein müsse[13], der Staat nicht in die Tiefe der Persönlichkeitsgestaltung eingreifen solle und die strafrechtliche Schuld Tatschuld sein müsse[14]. Um die strafrechtliche Schuld von der moralischen Schuld zu unterscheiden und funktional mit der Strafe in Beziehung zu setzen, wurde der Begriff der strafwürdigen Schuld empfohlen.

3. Die Reflexion über den Schuldbegriff führt naturgemäß zur Wiederbelebung der alten Frage nach der Willensfreiheit: Kann die Willensfreiheit nur auf den Indeterminismus gegründet werden, oder ist Willensfreiheit auch mit Determinismus kompatibel?

Meiner Meinung nach sollte der Weg über die Kompatibilität gesucht werden. Der Weg über den Indeterminismus stößt nicht nur auf das Problem der Beweisbarkeit, sondern es ist auch zweifelhaft, ob Schuld über ihn begrifflich begründet werden kann.

Im Jahre 1963 unternahm ich in meinem Aufsatz „Willensfreiheit und strafrechtliche Schuld“[15] den Versuch, das Kompatibilitätsargument zu ent-

---

[11] Vor allem *Hiraba / Hirano* (Hrsg.), Studien zur Strafrechtsreform, 2 Bände, Tokio 1972/73.

[12] Vgl. *Dando*, GA 1959, 357ff.

[13] *Hirano*, Kritik des Reformentwurfs zum StGB in Japan, ZStW 85 (1973), S. 503ff.

[14] *Hirano*, Persönlichkeitsschuld und Tatschuld, Keijiho-koza, Bd. 3 (1973), S. 1ff.

[15] *Hirano*, Willensfreiheit und strafrechtliche Schuld, 1963; wieder abgedruckt in: *ders.*, Grundlagen des Strafrechts, 1966, S. 3ff.

wickeln; dazu benutzte ich nur Schriften anglo-amerikanischer Philosophen. Später beschäftigte ich mich mit dem Buch von *Engisch*[16] und fand, daß die Meinungen fast übereinstimmen. Doch scheint mir *Engischs* Meinung ergänzungsbedürftig.

Wenn die Willensfreiheit nur mit der „Freiheit der Spontaneität" begründet werden kann, wird *Engischs* Ansicht hinreichend sein. Aber für die Willensfreiheit ist auch die „Freiheit der Indifferenz" nötig, mit anderen Worten, es muß auch das „Anders-handeln-können" existieren. Vom Standpunkt des Kompatibilismus ist dieses Anders-handeln-können hypothetisch: Er hätte anders gehandelt, wenn er anders gewollt hätte. Diese hypothetische Alternative muß aber innerhalb der generellen Fähigkeit des Täters bleiben[17].

4. Folgerichtig tritt als Zweck der Strafe die Prävention in den Vordergrund. Es stellt sich jedoch sogleich die Frage des Verhältnisses von Prävention, und zwar Generalprävention, zum Schuldvorwurf. Man könnte dieses Verhältnis zweispurig verstehen und dem Schuldvorwurf nur eine die Generalprävention begrenzende Funktion zuerkennen. Aber meiner Meinung nach sollen und können Generalprävention und Schuldvorwurf inhaltlich integriert werden. Denn der Schuldvorwurf hat selber generalpräventive Funktion: Die Institution oder das System, wonach gegen den Täter die seiner Schuld entsprechende Strafe verhängt wird, hat die Funktion, allgemein das Verhalten des Bürgers, einschließlich des Täters, zu kontrollieren. Man kann diese Funktion Regelutilitarismus nennen.

In diesem System hat der Schuldvorwurf keinen Eigenwert, sondern nur Wert als - wenn auch notwendiges - Mittel; und weil er bloß als Mittel einen Wert besitzt, kann man auf ihn verzichten, falls das generalpräventive Bedürfnis nicht existiert oder gering ist. Schuldvorwurf durch Strafe ist bloß eines der zahlreichen Mittel der „social control", und zwar unter allen rationes die ultima.

In Japan spricht man oft von der „Gesamtsanktion". Wenn der Täter schon soziale Sanktionen, einschließlich des Schadensersatzes an den Verletzten, erlitten hat, wird der Schuldvorwurf dadurch ermäßigt. Diese Praxis spielt in Japan eine große Rolle.

Kurz gesagt läßt sich dieser Gedanke als „Vereinigungstheorie" oder „relative Vergeltungstheorie" bezeichnen. Die Struktur dieser „Vereinigung" oder der Inhalt der „Relativität" ist jedoch in Japan noch nicht genügend untersucht worden. Wir hoffen, daß wir von der weiteren und vertieften Diskussion in Deutschland viel lernen können.

---

[16] Die Lehre von der Willensfreiheit in der strafrechtsphilosophischen Doktrin der Gegenwart, 1. Aufl. 1963.

[17] Vgl. *Kenny*, Free Will and Responsibility, 1978.

IV.

Es fragt sich, warum zwischen Deutschland und Japan die erwähnten grundsätzlichen Differenzen im strafrechtlichen Denken bestehen. Diese Frage ließe sich nur durch verstärkte Forschung zur Rechtskultur beider Länder beantworten. Hier seien nur einige Punkte angedeutet, die von japanischen Strafrechtlern gelegentlich erwähnt werden.

Zunächst wird in der deutschen Rechtskultur der Wille des Menschen hervorgehoben. Der Wille verwirkliche sich in der Außenwelt, der Erfolg sei die Realisation des Willens. Demgegenüber wird der Wille in Japan weniger stark betont.

In Deutschland sind die zwischenmenschlichen gesellschaftlichen Beziehungen durch staatliche Normen geregelt, und die Gerichte wenden diese Normen unmittelbar an. Das Recht wird als Summe von Handlungsnormen verstanden. Demgegenüber sind in Japan zwischenmenschliche Beziehungen hauptsächlich durch die soziale Moral geregelt. Obgleich auch das japanische Strafrecht Moralprinzipien deklariert, ist dessen Anwendung durch die Gerichte auf solche Ausnahmefälle begrenzt, in denen einem Individuum oder der Gesellschaft bedeutender Schaden zugefügt wurde. Das japanische Strafrecht hat also hauptsächlich den Charakter einer Entscheidungsnorm für das Gericht.

Deutsche Wissenschaftler interessieren sich vor allem für das „Wesen" der Gegenstände, Strafrechtswissenschaftler also für das Wesen der strafbaren Handlung. In Japan strebt man demgegenüber danach, zwischenmenschliche Konflikte situationsgemäß und pragmatisch zu lösen.

V.

In den vergangenen hundert Jahren haben wir vom deutschen Strafrecht und von der deutschen Strafrechtswissenschaft gelernt. Es ist mir eine Freude, bei dieser Gelegenheit stellvertretend für alle Japaner, die in Japan oder Deutschland die deutsche Strafrechtsdogmatik studiert haben, unseren herzlichen Dank auszudrücken.

Die japanischen Strafrechtler haben hauptsächlich die deutsche Strafrechtsdogmatik gelernt; dies beruht darauf, daß die deutsche Strafrechtsdogmatik sehr hoch entwickelt und vorbehaltlos als wissenschaftlich zu bezeichnen ist. Wir stellen jedoch fest, daß deutsche Strafrechtler nicht nur Dogmatik, sondern in großem Umfang auch problemlösende Forschung betrieben haben und betreiben. Es ist verhältnismäßig einfach, Dogmatik zu lernen, aber schwerer, problemlösende Forschung durchzuführen. Wir hoffen, daß wir Japaner in Zukunft auch von der problemlösenden Forschung der deutschen Strafrechtler viel lernen werden.

Versuchslehre

Der Strafgrund des Versuchs

Yoshikatsu Naka

I.

Man sagt, der Strafgrund des Versuchs liege in der Gefährdung eines Rechtsguts. Es ist jedoch eine formale Frage, ob eine Handlung Vollendung oder Versuch ist, und es ist eine materielle Frage, ob die Verletzung eines Rechtsguts oder dessen Gefährdung vorliegt. Das eine deckt sich nicht immer mit dem anderen. So enthalten beispielsweise Gefährdungsdelikte zwar Gefährdungen eines bestimmten Rechtsguts, sind aber formal Vollendungsdelikte, und es ist möglich, den Versuch eines Gefährdungsdelikts unter Strafe zu stellen (siehe z. B. § 267 Abs. 1 S. 1 und Abs. 2 dt. StGB). Vollendung bedeutet deshalb nicht immer die Verletzung eines Rechtsguts, und es wird nach formalen Gesichtspunkten entschieden, was der Gesetzgeber als Tatbestandsverwirklichung ansieht; also hängt es nicht von dem Vorhandensein einer Rechtsgutsverletzung ab, ob ein Vollendungsdelikt oder ein Versuchsdelikt vorliegt. In Japan[1] ist z. B. die Geldfälschung eine Art von Gefährdungsdelikt für das Inverkehrbringen von Falschgeld, formal aber ein Vollendungsdelikt (§ 148 Abs. 1, 2 jap. StGB).

Es scheint somit, daß der Strafgrund des Versuchs in der Gefahr der jeweiligen Tatbestandsverwirklichung liege, doch wäre dies eine zu formale Antwort auf die Frage, was der *materielle* Strafgrund des Versuchs sei. Es ist daher besser, zu formulieren, der Strafgrund des Versuchs liege in der Gefährdung eines Rechtsguts, natürlich mit Ausnahme der Gefährdungsdelikte. Dies wird im folgenden vorausgesetzt.

II.

Wann tritt die Gefährdung eines Rechtsguts in diesem Sinne ein? Darüber streiten verschiedene Meinungen:

---

[1] Das japanische Strafgesetzbuch hat nur zwei Paragraphen über die Versuchsdelikte. § 43 S. 1 jap. StGB bestimmt: „Die Strafe dessen, der die Ausführung eines Verbrechens anfängt und nicht vollendet, kann gemildert werden." § 44 jap. StGB lautet: „Der Versuch einer Straftat ist strafbar, wenn die Vorschrift über diese Straftat dies anordnet." Die japanischen Versuchsvorschriften sind deshalb nicht nur in der Begriffsbestimmung verschieden von den §§ 22, 23 dt. StGB, sondern es fehlt auch eine Regelung wie in § 23 Abs. 3 dt. StGB. Diese Fragen bleiben daher der Auslegung überlassen.

1. Die ältere objektive Lehre[2]: Sie unterscheidet zwischen absoluter und relativer Untauglichkeit. Sie betrachtet den Schuß auf den Verstorbenen oder mit ungeladenem Gewehr als absolut untauglichen Versuch (Versuch am absolut untauglichen Objekt, Versuch mit einem absolut untauglichen Mittel), dagegen den Schuß auf einen Menschen mit kugelsicherer Weste oder mit einem nicht so weit tragenden Gewehr oder mit einem Gewehr, das einen erheblich verzogenen Schußwinkel hat, als relativ untauglichen Versuch (relative Untauglichkeit des Objekts, relative Untauglichkeit des Mittels). Absolute Untauglichkeit bedeutet Straflosigkeit, relative Untauglichkeit Strafbarkeit. Wenn man die Dinge ex post betrachtet, sind die Erfolge jedoch in allen diesen Fällen von vornherein zum Ausbleiben bestimmt, also insofern auch von vornherein nicht gefährlich. Trotzdem werden nur der Verstorbene oder das ungeladene Gewehr in den Fällen absoluter Untauglichkeit vollständig in die Grundlage des Gefährdungsurteils aufgenommen. Dagegen wird in den relativen Fällen von den Umständen „mit kugelsicherer Weste“, „mit unzulänglicher Schußweite“ oder „mit erheblich verzogenem Schußwinkel“ abstrahiert, und nur der „Mensch“ oder das „Gewehr“ wird in die Grundlage des Gefährdungsurteils aufgenommen. Würde man aber z.B. von dem Umstand „ungeladen“ abstrahieren und nur das „Gewehr“ in die Grundlage des Gefährdungsurteils aufnehmen, so wäre auch in diesem Fall ein relativ untauglicher und damit strafbarer Versuch anzunehmen. Somit läßt sich die absolute Untauglichkeit leicht in relative Untauglichkeit verändern und umgekehrt, je nachdem, ob und von welcher Eigenschaft, die im Objekt oder Mittel enthalten ist, man abstrahiert. Zudem sind auch der Maßstab und der Grund dafür unklar, wann und weshalb man abstrahieren soll.

Wenn man hingegen gar nicht abstrahieren will, muß man jeden Versuch straflos lassen, da jeder Versuch von vornherein zum untauglichen Versuch bestimmt ist, auch wenn es den strafbaren Versuch im geltenden Recht gibt. Das kann nicht richtig sein.

2. Die Lehre vom Mangel am Tatbestand: Nach dieser Lehre liegt ein Versuch nur dann vor, wenn von den zu einem Tatbestand gehörenden Tatumständen ein Umstand (Erfolg) fehlt, der in einem Kausalzusammenhang mit der Ausführungshandlung steht; dagegen besteht ein zur Straflosigkeit führender Mangel am Tatbestand, wenn ein sonstiger Tatumstand (gesetzliches Subjekt, Objekt, Mittel, zeitliches oder räumliches Verhältnis) fehlt. Ein Versuch wird also nur dann bejaht, wenn die Ausführungshandlung unter der Voraussetzung vollständig gegebener Tatumstände begangen wird und nur der Erfolg fehlt. Dabei sind

---

[2] Anhänger dieser Lehre in Japan sind: *Katsumoto*, Grundriß des Strafrechts, Allgemeiner Teil, 1927, S. 177; *Oba*, Allgemeiner Teil des Strafrechts, Bd. 2, 1927-1931, S. 844. Jüngst erklärte *Nakayama*, Allgemeiner Teil des Strafrechts, 1982, S. 426, die Betrachtungsweise der älteren objektiven Lehre werde grundsätzlich erneut abgesichert, obwohl die Frage offen bleibe, wo man die Grenze der Abstrahierung ziehen soll. Auch manche Entscheidungen japanischer Gerichte greifen diese Lehre auf.

die sonstigen Tatumstände zur Zeit der Tat feststehende Tatsachen, während es eine offene Frage ist, ob der Erfolg eintritt oder nicht.

So ist nach dieser Lehre der Schuß auf einen Verstorbenen kein Versuch, sondern ein Fall des Mangels am Tatbestand, denn es fehlt zur Zeit der Tat das gesetzliche Tatobjekt des lebendigen Menschen. Ebenso müßte man eigentlich beim Schuß ins leere Bett oder beim Griff in die leere Tasche einen Mangel am Tatbestand annehmen, da auch dort das angegriffene Objekt fehlt. Hier bejahen jedoch die Anhänger dieser Lehre einen Versuch[3]. Obwohl das Vorhandensein der sonstigen Tatumstände ex post und objektiv festgestellt werden müßte, wird der Umstand berücksichtigt, daß sich das Objekt *irgendwo* befindet, daß also z. B. das Opfer im Nebenzimmer steht oder nachts einen Spaziergang macht. Es ist jedoch nicht erheblich, ob sich das Objekt irgendwo aufhält, sondern daß es sich nicht in dem fraglichen Bett oder in der Tasche befindet. Wenn man deshalb die Lehre vom Mangel am Tatbestand konsequent durchführt, kann man auch in diesen Fällen keinen Versuch, sondern nur einen straflosen Mangel am Tatbestand annehmen[4]. Der Grund dafür, daß die Vertreter dieser Lehre in diesen Fällen einen strafbaren Versuch annehmen, liegt darin, daß sie von der Eigenschaft „leer" abstrahieren und den Umstand, daß der Feind normalerweise in dem fraglichen Bett liegt, in die Grundlage des Gefährdungsurteils aufnehmen. Dann müßte es aber auch gleichgültig sein, ob der Mensch, der auf dem Bett vermutet wird, zur Zeit der Tat im Nebenzimmer bereits an einer Hirnblutung verstorben ist.

Max Ernst *Mayer* meinte dagegen, diese Fälle nicht durch ein Abstraktions-, sondern durch ein Subsumtionsverfahren lösen zu können. „Von den gegebenen Umständen darf kein einziger ausgeschieden werden, vielmehr ist der konkrete Tatbestand in seiner ganzen Fülle mit dem gesetzlichen zu vergleichen." Danach ist der Schuß auf den schon Verstorbenen nicht als Tötungsversuch tatbestandsmäßig, wohl aber der Schuß auf den Menschen, der durch eine dicke Mauer geschützt war; und der Schuß mit einem Gewehr, das nur als Spielzeug für Kinder taugt, ist kein Tötungsversuch, wohl aber der Schuß mit einem Gewehr,

---

[3] *Frank*, StGB, 18. Aufl. 1931, § 43 Anm. III 2; Graf zu *Dohna*, Der Mangel am Tatbestand, 1910, S. 61 ff. (nach seiner Meinung gilt der Mangel am Tatbestand hier als Versuch); *Allfeld*, Lehrbuch des deutschen Strafrechts, 8. Aufl. 1922, S. 195; *von Liszt / Schmidt*, Lehrbuch des deutschen Strafrechts, 25. Aufl. 1927, S. 301 Fn. 3.

[4] *Hirano*, Das rechtswissenschaftliche Seminar, 1967, S.49, meint, diese Fälle seien straflose untaugliche Versuche, wenn er auch grundsätzlich auf dem Boden der konkreten Gefährdungslehre steht. *Takikawa*, Einleitung in die Verbrechenslehre, 10. Aufl. 1955, S. 196, meint, es sei „unlogisch", wenn man den Schuß mit einem ungeladenen Gewehr als Tötungsversuch bestraft. *Nakayama*, Grundprobleme des Allgemeinen Teils des Strafrechts, 1974, S. 236, erklärt, man müsse aufgrund einer ex-post-Betrachtung entscheiden, wie weit sich die Möglichkeit materieller Schäden erstreckt. Aber wenn man nicht zeigt, nach welchem Maßstab welche Umstände in welchem Fall in die ex-post-Betrachtung eingeführt werden, bleiben die Ergebnisse willkürlich.

das ungeladen ist oder eine unzulängliche Reichweite hat[5]. Aber unter den gegebenen Umständen, d. h. unter allen Umständen, die ex post zutage treten, ist der Schuß auf den von einer dicken Mauer geschützten Menschen ebenso wie der Schuß mit dem ungeladenen Gewehr oder der Waffe mit einer unzulänglichen Schußweite von vornherein zur Untauglichkeit bestimmt; also lassen sich diese Fälle von dem Schuß auf den schon Verstorbenen oder dem Schuß mit einer Spielzeugpistole nicht unterscheiden. Trotzdem meint *M. E. Mayer*, daß jene Fälle als Versuch tatbestandsmäßig sind. Der Grund liegt darin, daß *Mayer* in Wirklichkeit davon abstrahiert, daß nicht jedes Geschoß eine dicke Mauer durchbohren kann oder daß das Gewehr ungeladen ist bzw. eine unzulängliche Schußweite hat[6].

Auch nach *Spendel* beruht das Gefahrurteil grundsätzlich auf einer ex-ante-Betrachtung; diese bedarf jedoch zu ihrer Ergänzung einer ex-post-Betrachtung[7]. Die Fälle des Mangels am Tatbestand hält *Spendel* allerdings von vornherein für ungefährlich. Deswegen wählt er für die zur Zeit der Tat gegebenen Umstände die ex-post-Betrachtung zur Grundlage des Gefahrurteils und stellt erst unter dieser Voraussetzung die ex-ante-Betrachtung an. Trotzdem betrachtet er den Fall, daß ein Dieb in der Straßenbahn im Gedränge einem Fahrgast, der normalerweise eine Geldbörse bei sich trägt, in die leere Anzugtasche greift, als strafbaren Versuch[8]. Der Umstand, daß die Tasche leer ist, ist aber schon zur Zeit der Tat gegeben. Also entspricht die Lehre *Spendels* der Lehre vom Mangel am Tatbestand.

3. Die neuere objektive Lehre: Die bisher genannten Lehren wollen zwar grundsätzlich alle Tatumstände, die zur Zeit der Tat vorliegen, als Grundlage des Gefahrurteils verwenden, können dies jedoch nicht konsequent durchführen; sie versuchen befriedigende Lösungen dadurch zu gewinnen, daß sie ausnahmsweise von bestimmten Umständen abstrahieren. Entgegen *M. E. Mayer* ist dies jedoch nicht möglich, es sei denn, man bildet das Gefahrurteil aufgrund eines Abstraktionsverfahrens. Ein solches Abstraktionsverfahren kann sich nicht auf die subjektiven Vorstellungen des Täters zur Zeit der Tat stützen; es führt sonst ohne weiteres zur subjektiven Lehre, denn auch deren Begriff der Gefährlichkeit wird anhand des subjektiven Urteils des Täters bestimmt. Also meine ich im Anschluß an *von Liszt* und *von Hippel*, daß man beim Gefahrurteil sowohl die ex ante allgemein erkennbaren Tatumstände wie die nur dem Täter bekannten

---

[5] *M. E. Mayer*, Der Allgemeine Teil des Deutschen Strafrechts, 1915, S. 358-360.

[6] Nach *M. E. Mayer* (Anm. 5), S. 360f., ist es möglich, bei dem auf das leere Bett gerichteten Schuß oder bei dem Griff in die leere Tasche das Objekt unter „Mensch" oder „Sache" zu subsumieren, sofern das Objekt sich irgendwo anders befindet. Dies ist jedoch nur dann richtig, wenn man von dem Umstand „leeres" Bett und „leere" Tasche abstrahiert und diesen durch eine allgemeine ex-ante-Betrachtung ersetzt.

[7] *Spendel*, Festschrift für Stock, 1966, S. 107.

[8] *Spendel*, Festschrift für Stock, 1966, S. 104.

Umstände zur Grundlage der Beurteilung machen muß (sog. nachträgliche Prognose)[9].

Im folgenden Beispielsfall ist die Handlung nach der ex-post-Betrachtung ein untauglicher Versuch, enthält jedoch eine Gefährdung, die in einer Kausalbeziehung zum Erfolg steht: A zielt auf X mit Tötungsvorsatz; X läuft in der Hoffnung, sich zu retten, davon, gleitet aus und stirbt dadurch, daß er mit dem Kopf an die Wand stößt. Der Kausalverlauf zwischen der Handlung und X' Tod ist hier anders als von A vorhergeplant, die Handlung führt aber zu dem beabsichtigten Erfolg. Solange es nicht zufällig sondern vielmehr adäquat ist, daß X beim Davonlaufen ausgleitet, mit dem Kopf gegen die Wand stößt und stirbt, wäre vollendeter Totschlag zu bejahen. Wie ist aber dann der Fall zu beurteilen, daß die Pistole, mit der A auf X zielt, ungeladen ist, A aber irrtümlich annimmt, die Pistole sei geladen, und daß diese Annahme auch nach der allgemeinen ex-ante-Betrachtung naheliegt? Auch bei dieser Variante sei X' Verhalten dasselbe wie im Ausgangsfall. Also muß die Handlung (A richtet die Pistole auf X), gleichgültig, ob die Pistole geladen ist oder nicht, immer die Gefahr begründen, daß X in Verwirrung gerät, mit dem Kopf gegen die Wand stößt und stirbt. Wenn man bei einer ex-post-Betrachtung die Gefahr deswegen verneint, weil man mit einer ungeladenen Pistole absolut nicht schießen und daher auch niemanden töten könne, so übersieht man eine andere Gefahr, die zu X' Tod führt und in einem adäquaten Kausalzusammenhang mit A's Verhalten steht. Es ist deshalb nicht richtig, schon deshalb eine absolute Untauglichkeit des Mittels festzustellen, weil das Gewehr ungeladen ist. Vielmehr sollte man bedenken, daß die Handlung noch eine andere Gefahr enthält, die für die Herbeiführung von X' Tod adäquat ist[10].

Dies ist nur ein Beispiel, in dem eine Handlung die adäquate Gefahr enthält, den Tod des Angegriffenen herbeizuführen, auch wenn man Umstände zur Grundlage des Gefahrurteils hinzunimmt, die sich erst ex post enthüllen, wie daß das Gewehr ungeladen ist. Weil aber eine Handlung objektiv das Objekt nicht gefährden könne, wenn das Objekt fehlt, soll diese Handlung immer straflos sein. Im Hinblick darauf bedeutet es keinen Unterschied, ob man auf einen Verstorbenen oder in ein leeres Bett schießt oder auch aus einer leeren Tasche zu stehlen versucht. Trotzdem erkennen die meisten Vertreter der ex-post-Betrachtung in den Fällen des leeren Bettes und der leeren Tasche ausnahmsweise einen strafbaren Versuch an. Wenn das Kriterium jedoch nicht angegeben ist, wonach Grundsatz und Ausnahme unterschieden werden,

---

[9] *von Liszt*, Lehrbuch des Deutschen Strafrechts, 21./22. Aufl. 1919, S. 200; *von Hippel*, Deutsches Strafrecht, Bd. 2, 1930, S. 425ff.

[10] Auch *Nakayama* (Anm. 2), S. 427 Fn. 5, sagt zum Fall der leeren Pistole: „Wenn der Angegriffene überrascht ist, davonlaufen will und sich aufgrund der Überstürzung verletzt, ist die Drohung eine adäquate Ursache für den Erfolg der Verletzung." Erkennt er die Drohung deshalb an, weil er eine allgemeine ex-ante-Betrachtung voraussetzt, wonach die Pistole geladen ist?

bedeutet dies entweder die Aufgabe des Prinzips oder eine willkürliche Entscheidung. Daher ist es geboten, an die Stelle der ex-post-Betrachtung eine allgemeine ex-ante-Betrachtung zu setzen, wie dies schon *von Liszt* und *von Hippel* gefordert haben.

III.

Aus der japanischen Rechtsprechung:

1. *Mangel am Mittel*: Der Angeklagte wollte seine Nichte töten, indem er Luft in ihre Vene injizierte und eine Luftembolie verursachte; er injizierte insgesamt 30-40 c^3 Luft zusammen mit destilliertem Wasser. Es sind aber 70-300 c^3 nötig, um einen Menschen durch eine Luftembolie zu töten. In diesem Fall bejahte der Oberste Gerichtshof einen strafbaren Versuch der Tötung mit dem Argument: „Es ist die allgemeine Vorstellung der Gesellschaft, daß die Injektion von Luft in die Venen des menschlichen Körpers eine sehr gefährliche Handlung ist, die den Tod eines Menschen herbeiführen kann, gleichgültig ob die Menge größer oder kleiner ist.“[11] Somit steht der Gerichtshof auf dem Boden der neueren objektiven Lehre.

In einem anderen Fall nahm der Täter einem Polizisten die Pistole weg und drückte auf ihn ab; die Pistole feuerte jedoch nicht, weil sie zufällig ungeladen war. Der Obere Gerichtshof Fukuoka bejahte in diesem Fall, der wie ein typisches Lehrbuchbeispiel anmutet, strafbaren Versuch: „Es ist die allgemeine Vorstellung der Gesellschaft, daß die Pistole, die ein Polizist im Dienst bei sich trägt, immer geladen ist.“[12] Im Gegensatz dazu verneinte der Obere Gerichtshof Tokyo im folgenden Fall den Versuch einer Tötung und der Sprengstoffverwendung: Der Angeklagte schleuderte eine Handgranate auf einen Menschen, aber sie explodierte nicht, weil die Verbindung zwischen Zündhütchen und Zündschnur schlecht und die Zündschnur außerdem feucht war. Auch dieser Fall wirkt wie ein Schulbeispiel eines absolut untauglichen Mittels oder eines Mangels am Tatbestand. Aber abgesehen davon, daß die Handgranate auch äußerlich verrottet war und offensichtlich nicht mehr explodieren konnte, da sie lange Zeit in der Erde gelegen hatte, könnte die Handlung als Versuch betrachtet werden, solange der Täter eine Sache verwendet, die äußerlich wie eine Handgranate aussieht[13].

2. *Mangel am Objekt*: Der Angeklagte beging mit Tötungsvorsatz eine Handlung, die zur Tötung eines Menschen geeignet war, unter Umständen,

---

[11] Entscheidung vom 23.3.1962; Urteile des Obersten Gerichtshofs in Strafsachen 16, 305.

[12] Entscheidung vom 10.2.1953; Sondermitteilungen der Rechtsprechung, Heft 26, S. 58.

[13] Entscheidung vom 16.6.1954; Zeitung der Rechtsprechung des Oberen Gerichtshofs Tokyo in Strafsachen 5, 236. Siehe auch *Hirano* (Anm. 4), S. 48.

unter denen nicht nur er an das Überleben des Opfers glaubte, sondern man dies auch allgemein erwartet hätte. Nach einem später erstatteten Gutachten war das Opfer schon vor der Handlung des Täters gestorben. Der Obere Gerichtshof Hiroshima sah die Handlung des Angeklagten nicht als untauglichen, sondern als strafbaren Versuch an, weil der Täter den Umstand, daß das Opfer vor seiner Handlung gestorben war, nicht vorhergesehen hatte und weil die Handlung geeignet war, den Todeserfolg herbeizuführen[14]. Es ist offensichtlich, daß hier über die Gefährlichkeit der Rechtsgutsverletzung nicht durch objektive ex-post-Betrachtung, sondern durch allgemeine ex-ante-Betrachtung entschieden wurde.

Im Jahre 1914 entschied das japanische Reichsgericht, daß der Fall der „leeren Tasche" ein strafbarer Versuch sei. Normalerweise werde erwartet, daß ein Passant in seiner Tasche irgendwelche Sachen mitführt; deshalb enthalte der Griff in die Tasche die Möglichkeit und die Gefahr des Diebstahlserfolgs. Es sei also nur ein unerwartetes Hindernis, daß das Opfer zur Zeit der Tat nichts in seiner Tasche hat und der Täter seine Absicht nicht verwirklichen kann[15].

3. Die japanische Rechtsprechung steht allerdings grundsätzlich auf dem Boden der älteren objektiven Lehre und erklärt auch im oben erwähnten Luftinjektionsfall: „Wenn auch die Menge an Luft, die in die Vene injiziert wurde, geringer als die tödliche Dosis war, so ist die Gefahr des Todeserfolgs nicht absolut zu bestimmen, sondern je nach der körperlichen Konstitution des Opfers und nach den sonstigen Umständen."[16] Daher wurde der Fall nicht als absolut untauglicher, sondern als (strafbarer) relativ untauglicher Versuch behandelt. Der Gerichtshof beurteilte die Gefährlichkeit der Handlung des Täters mithin nicht aufgrund der konkret gegebenen Umstände — da der Tod des Opfers nicht eintrat, konnte der Erfolg unter diesen konkreten Umständen nicht eintreten —, sondern bezog in das Gefahrurteil die körperliche Konstitution aller denkbaren Opfer mit ein. Das Gericht nahm also keine ex-post-Betrachtung der Gefährlichkeit des Versuchs vor. Bei dieser Betrachtungsweise kann auch die Verabreichung von Zucker in Tötungsabsicht als lebensgefährlich angesehen werden, da unter bestimmten Umständen (z. B. bei schwer Zuckerkranken) auch die Einnahme von Zucker tödliche Wirkung haben kann. Somit stimmen die vom Gerichtshof vertretene objektive Theorie und die subjektive Theorie hier im Ergebnis überein[17]. Sämtliche Entscheidungen der japanischen Obergerichte, in denen Versuch angenommen wurde, gehen jedoch von der neueren objektiven Lehre aus.

---

[14] Entscheidung vom 10.7.1961; Urteile des Oberen Gerichtshofs Hiroshima 14, 310.

[15] Entscheidung vom 24.7.1914; Urteile des japanischen Reichsgerichts 20, 1546.

[16] Entscheidung des Oberen Gerichtshofs Tokyo (als Berufungsinstanz) vom 18.7.1961; Zeitung der Rechtsprechung des Oberen Gerichtshofs Tokyo 14, 250.

[17] *Uematsu*, Die gesamten Untersuchungen über die japanische Rechtsprechung, Strafsachen (3), 1956, S. 136.

Zum Problem des untauglichen Subjekts gibt es in Japan keine Entscheidungen. Man kann hierzu folgendes Beispiel konstruieren: Ein Witwer schließt eine neue Ehe, obwohl er sich noch als „verheiratet“ ansieht. Dabei handelt es sich um eine Art von umgekehrtem Subsumtionsirrtum. Also gilt, daß der Täter dann strafbar ist, wenn er die ihm zutreffend bekannten Tatsachen in der Laiensphäre zutreffend bewertet hat; anderenfalls ist er straflos[18]. Eine unzutreffende Annahme der Strafbarkeit eines Verhaltens ist nämlich ebenso unerheblich wie ein Subsumtionsirrtum; erheblich ist nur die Parallelwertung von Tatsachen. Auch wenn sich der Täter irrtümlich für verheiratet hält, obwohl er es nicht ist, geht dieser Irrtum nicht in das Gefahrurteil ein. Bei einem derartigen Irrtum besteht nach allgemeiner Ansicht keine Gefährdung des Rechtsguts Ehe.

IV.

Die Probleme des untauglichen Versuchs sind also nach der neueren objektiven Lehre zu lösen. Der Grund der Strafbarkeit des Versuchs liegt danach in der Gefahr für das Rechtsgut; diese Gefahr wird aufgrund der zur Zeit der Tat allgemein erkennbaren Umstände und derjenigen Tatsachen, die gerade dem Täter bekannt waren, beurteilt. Es wird also eine ex-ante-Betrachtung nach dem Eindruck des Durchschnittsmenschen angestellt; bei objektiver ex-post-Betrachtung wäre niemals eine Gefahr für das Rechtsgut festzustellen. In diesem Sinne stimmt die neuere objektive Lehre mit der sog. Eindruckstheorie überein.

---

[18] *Naka*, Der untaugliche Versuch, in: *ders.* (Hrsg.), Polemiken zum Strafrecht, 1976, S. 127.

Zum Beginn der Tatausführung im japanischen Strafrecht

Keiichi Yamanaka

Einleitung

Im Anschluß an das Referat von *Naka* über den Strafgrund des Versuchs und den untauglichen Versuch möchte ich über den Beginn der Tatausführung, ein weiteres wichtiges Thema aus der Versuchsproblematik, referieren. Um die Frage, wann der strafbare Versuch beginnt, wird in der neueren japanischen Strafrechtswissenschaft wieder heftig gestritten[1]. Die Diskussionen sind dadurch ausgelöst worden, daß man sich im Lichte der Unrechtslehre den Strafgrund des Versuchs bewußt zu machen versucht[2]. Die Auseinandersetzungen entzünden sich vor allem an den Distanzdelikten, an den Fällen der actio libera in causa und an denen der mittelbaren Täterschaft[3].

§ 43 jap. StGB sagt zur Frage des Versuchsbeginns einfach: „Wenn jemand die Ausführung einer Straftat begonnen, aber nicht vollendet hat, so kann Strafmilderung eintreten." Anders als im deutschen Recht (§ 22 dt. StGB) enthält das japanische Strafgesetzbuch also keine Begriffsbestimmung des Versuchs. Der Gesetzgeber hat den Inhalt dieses Begriffs vielmehr vollständig der Auslegung überlassen.

Die Frage, bei welchen Tatbeständen der Versuch bestraft werden soll, ist für jedes Delikt gesondert im Besonderen Teil geregelt (§ 44 jap. StGB). Eine pauschale Regelung für Verbrechen wie in § 23 Abs. 1 dt. StGB gibt es bei uns nicht. Da der Versuch aber bei relativ zahlreichen Tatbeständen unter Strafe gestellt ist, ist es von großer praktischer Bedeutung, den Beginn des Versuchs klar festzulegen[4].

---

[1] Vgl. hierzu den Streit zwischen *Naka*, Hogaku Ronshu 35 (1985), Heft 2, S. 1; *ders.*, Hogaku Ronshu 36 (1986), Heft 6, S. 99, und Nakayama, Keisatsu Kenkyu 57, Heft 7, S. 15.

[2] Viele Autoren weisen darauf hin, daß die Lehre vom Versuchsbeginn unter dem Aspekt von Handlungs- und Erfolgsunwert hinterfragt werden müßte; so z. B. *Nomura*, Studien zum Versuch, 1984, S. 1f.

[3] Ein Eingehen auf das Problem des Versuchsbeginns bei den Unterlassungsdelikten ist hier nicht möglich; s. hierzu *Saito*, Seikei Daigaku Seijikeizai Ronso, 1968, S. 262ff.; *Muneoka*, Kyudai Hogaku 39 (1980), S. 133; *Kato*, Hogaku Ronshu 32 (1982), Heft 1, S. 146; *Nomura* (Anm. 2), S. 310ff.

[4] Bei einigen Tatbeständen der Schwerkriminalität ist auch die Vorbereitung unter Strafe gestellt.

I. Lehrmeinungen

In der japanischen Strafrechtswissenschaft wurden bisher zur Frage des Versuchsbeginns drei Hauptrichtungen unterschieden: die subjektive Theorie, die objektive Theorie und die sogenannte vermittelnde (subjektiv-objektive) Theorie. Bis in die 50er Jahre hinein konnte man sagen, daß die subjektive Theorie von den Anhängern der modernen Schule, die objektive Theorie dagegen von der klassischen Schule vertreten wurde[5]. Unter dem Einfluß der deutschen Strafrechtswissenschaft hat sich jedoch etwa seit den 60er Jahren die vermittelnde Theorie in den Vordergrund geschoben[6], während die Anhänger der modernen Schule kaum noch hervortreten. Heute sind also nur noch zwei Theorien von aktueller Bedeutung. Der Fokus der Auseinandersetzung verschiebt sich jedoch in jüngster Zeit in eine neue Richtung.

1. Nach der subjektiven Theorie hat der Täter mit der Ausführung der Tat begonnen, „wenn das Vorhandensein der verbrecherischen Absicht durch die Ausführungshandlung deutlich wird"[7], „wenn die verbrecherische Absicht hervorspringt"[8] oder „wenn eine Handlung vorliegt, die das Vorhandensein des Vorsatzes nicht zweideutig, sondern eindeutig erkennen läßt"[9]. Auch die subjektive Theorie stellt demnach nicht allein auf subjektive Momente ab; sie verlangt vielmehr, wie man an diesen Zitaten erkennen kann, daß der Wille des Täters in einer äußerlichen Handlung zutage tritt. In dieser Hinsicht scheint kein großer Unterschied gegenüber der objektiven[10] oder subjektiv-objektiven Theorie zu bestehen, da auch diese das Internum des Täters als Urteilsbasis ansehen. Gleichwohl bleibt von theoretischer Bedeutung, daß das Internum des Täters nach der subjektiven Theorie letztlich den Ausschlag gibt. Außerdem tendiert diese Ansicht dazu, den Beginn des Versuchs, im Einklang mit den Gedanken der modernen Schule zum Charakterstrafrecht, vorzuverlagern[11].

2. Innerhalb der objektiven Theorie läßt sich ein formell-objektiver und ein materiell-objektiver Ansatz unterscheiden. Die formell-objektive Theorie steht auf dem Standpunkt, daß der Täter dann mit der Tatausführung beginnt, wenn

---

[5] Vgl. *Saito*, Keiho Koza 4 (1963), S. 3f.

[6] Vgl. *Nishihara*, Keiho Zasshi 12, Heft 1, S. 89.

[7] *Makino*, Nippon Keiho 1 (1938), S. 254.

[8] *Miyamoto*, Keiho Taiko, 1935, S. 179.

[9] *Kimura*, Shin Keiho Dokuhon, 1967, S. 242. Außerdem *Yoshida*, Keiho Sosoku, 1948, S. 100; *Koke*, Keiho (Soron), 1952, S. 156, und *Ichikawa*, Keiho Soron, 1955, S. 106, die die subjektive Theorie vertreten.

[10] Wie noch näher ausgeführt wird, berücksichtigt auch die objektive Theorie subjektive Umstände als Beurteilungskriterien. Einige Autoren weisen darauf hin, daß es zwischen der objektiven und der subjektiven Theorie keine großen Unterschiede gibt; so *Inoue*, Keihogaku Sosoku, 1951, S. 188; *Kusano*, Keiho Yoron, 1956, S. 102; *Uematsu*, Allg. Teil, Bd. I, 8. Aufl. 1974, S. 316.

[11] Vgl. *Nakayama*, Law School 51 (1982), S. 84f.

er anfängt, eine tatbestandsmäßige Handlung vorzunehmen. Repräsentativ für diese Theorie sind die Lehren von *Ono* und *Dando*[12]. Diese Auffassung stellt im Grunde auf die Alltagsbedeutung der in den Tatbeständen genannten Verben (z. B. „einen Menschen töten", „eine fremde Sache wegnehmen" oder „in Brand setzen") ab.

Teilweise wird auch die Ansicht vertreten, der Beginn des Versuchs lasse sich in jene Handlung hinein erweitern, „die infolge ihres direkten Zusammenhanges mit der tatbestandsmäßigen Tat bei natürlicher Betrachtung als ein Teil dieser Tat anzusehen ist"[13]. Diese Auffassung, die von *Takigawa* vertreten wurde, steht unter dem Einfluß der Lehre *Franks*[14]. In der deutschen Literatur wird diese Auffassung als materiell-objektiv klassifiziert[15], in der japanischen Strafrechtswissenschaft wird sie dagegen als eine bloße Modifikation der formell-objektiven Theorie verstanden[16]. Ebenso wird zur formell-objektiven Theorie die Meinung gerechnet, daß auch eine eng und unmittelbar mit der tatbestandsmäßigen Handlung verbundene Handlung bereits als Tatbeginn zu werten sei[17]. Gegen derartige Formeln wird allerdings eingewandt, daß sie den Zeitpunkt des Versuchsbeginns auf ein vortatbestandliches Verhalten verlegen und damit den Begriff der „Tatausführung" aufweichen und unsicher machen[18].

Nach der eigentlichen materiell-objektiven Theorie wird der Beginn der Ausführung definiert als der Anfang jener Handlung, die eine materielle oder wirkliche Gefahr der Rechtsgutsverletzung bzw. Tatbestandsverwirklichung enthält[19]. Die Gedanken, die dieser Theorie zugrunde liegen, sind heute entsprechend der Entwicklung der Diskussion zum Strafgrund des Versuchs weitgehend anerkannt. Die entscheidende Differenzierung innerhalb dieser Theorie betrifft jedoch die Frage, ob bei der Beurteilung, ob eine reale Gefahr

---

[12] *Ono*, Keiho Kogi Soron, 1948, S. 182; *Dando*, Keiho Koyo Soron, 1979, S. 329.

[13] *Takigawa*, Hanzairon Josetsu, 1947, S. 185.

[14] *Frank*, StGB, 18. Aufl. 1931, § 43 Anm. II 2 d.

[15] Vgl. *Eser*, in: *Schönke/Schröder*, StGB, 23. Aufl. 1988, § 22 Rdn. 27f.

[16] *Saito* (Anm. 5), S. 4f.; *Nakayama* (Anm. 11), S. 85.

[17] So *Sase*, Keiho Taii, 1937, S. 206; *Uematsu*, Keiho Soron, 1957, S. 231. Auch in der jüngeren Generation der Strafrechtler ist diese Meinung zu finden; so bei *Shiomi*, Hogaku Ronso 121, Heft 6, S. 16. Es gibt auch eine Entscheidung, die dieser Theorie folgt und nur „die mit der Ausführung unmittelbar benachbarte Handlung" verlangt; Urteil des Reichsgerichts vom 19.10.1934, Keishu Bd. 13, S. 1473.

[18] *Dando* (Anm. 12), S. 330. Aber selbst *Dando* ist der Meinung, daß man die Taten solange als Ausführungshandlungen ansehen darf, wie sie als Ganzes unter den Typus des einschlägigen Verbrechens subsumiert werden können, auch wenn einzelne Taten keine tatbestandlichen Züge zeigen. Diese Meinung enthält schon die Möglichkeit, den Ausführungsbegriff bis zum Vorfeld der tatbestandsmäßigen Tat zu erweitern; vgl. *Hirano*, Keiho (Soron), Bd. II, S. 313; *Nakayama* (Anm. 11), S. 85.

[19] Vgl. *Hirano* (Anm. 18), S. 313f.; *Naka*, Kojutsu Hanzai Soron, 1980, S. 192ff.; *Nakayama*, Keiho Soron, 1982, S. 411.

des Erfolgseintritts vorliegt, auch das Vorstellungsbild des Täters zu berücksichtigen ist.

3. Die vermittelnde Theorie versucht eine Synthese aus objektivem und subjektivem Standpunkt. Sie fragt danach, ob angesichts des Gesamtplans des Täters eine aktuelle Gefahr der Rechtsgutsverletzung gegeben ist. Diese Auffassung ist eindeutig durch die deutsche Rechtsprechung sowie die Lehren von *Welzel*[20] und *Schönke/Schröder*[21] beeinflußt; sie wird vor allem von *Kimura*[22] und *Nishihara*[23] vertreten. Während § 22 dt. StGB dieser Auffassung entspricht, stellt sie in Japan eine, wenn auch einflußreiche Mindermeinung dar[24].

II. Die aktuelle Streitfrage

In Japan benutzt man das Begriffspaar „Handlungsunwert" und „Erfolgsunwert" nicht nur als analytisches Instrument, sondern diese beiden Begriffe spalten die japanische Unrechtslehre, ja sogar das gesamte Strafrechtssystem in zwei Lager. Vor allem der Begriff des Handlungsunwerts scheint die Rolle eines Schlagworts zu spielen, mit dem man die jeweils entgegengesetzte Unrechtslehre kritisiert[25]. Die Auseinandersetzung hat inzwischen von der Unrechtslehre auf das Problem des materiellen Strafgrundes des Versuchs übergegriffen. Damit gewinnt sie auch für die Diskussion um den Versuchsbeginn Bedeutung. Auch für diese Frage wendet man sich einer materiellen Betrachtungsweise zu und damit von der formell-objektiven Theorie ab.

In diesem Sinne ist auch die Differenzierung innerhalb der materiell-objektiven Theorie zu verstehen, das heißt die Unterscheidung danach, ob man die notwendige reale Gefahr für das Schutzobjekt unter Berücksichtigung des Tätervorsatzes oder rein objektiv bestimmt. Wenn man der ersten Auffassung[26] folgt, so unterscheidet sich die materiell-objektive Theorie nur noch dadurch von der vermittelnden Theorie, daß diese den Begriff des Tatplans verwendet,

---

20 *Welzel*, Das Deutsche Strafrecht, 11. Aufl. 1969, S. 190.

21 *Schönke/Schröder*, StGB, 17. Aufl. 1974, § 43 Rdn. 10; *Eser*, in: *Schönke/Schröder*, § 22 Rdn. 31 ff.

22 *Kimura*, Keiho Soron, S. 345.

23 *Nishihara*, Die Lehre von der mittelbaren Täterschaft, 1962, S. 149 ff.; *ders.*, Keiho Soron, 1978, S. 281.

24 Vgl. *Nomura* (Anm. 2), S. 298 ff.

25 Zum Verständnis des Begriffspaares „Erfolgs"- und „Handlungsunwert" in Japan vgl. *Naito*, Keiho Kogi Soron, Bd. 2, 1986, S. 317 ff.

26 Außer den in Anm. 19 genannten Autoren noch *Ohtsuka*, Keiho Gaisetsu (Soron), 1975, S. 134, und *Fujiki*, Allg. Teil, 1975, S. 257. Diese beiden Autoren tendieren im Prinzip allerdings mehr zur Handlungsunwerttheorie als die in Fn. 19 genannten. *Nakayama* (Anm. 11), S. 85, zählt die Lehre *Ohtsukas* zur formell-objektiven Theorie. Dagegen *Nishihara*, Keiho Soron, S. 279; *Nomura* (Anm. 2), S. 296 Fn. 8.

der etwas anderes als „Vorsatz" bedeutet. Eine rein objektive Auffassung wird von denjenigen Autoren vertreten, die den Handlungsunwert gänzlich aus der Strafrechtsdogmatik ausschließen und das Strafrechtssystem so aufbauen wollen, daß nur noch der Erfolgsunwert von Bedeutung ist[27]. Sie sehen den Strafgrund des Versuchs darin, daß - unter Ausschluß jeden subjektiven Moments - eine rein objektive Gefahr der Rechtsgutsverletzung herbeigeführt wird. Der Versuchsbeginn liegt daher in dem Zeitpunkt, in dem die Gefahr des Erfolgseintritts konkret wird.

Diese Auseinandersetzung ist heute wichtiger als der Gegensatz zwischen der objektiven und vermittelnden Theorie[28] geworden. Die Fragen werden jedoch noch komplizierter, wenn man die Ergebnisse jeder Theorie in die Betrachtung einbeziehen würde. Die rein objektive Theorie neigt dazu, den Versuchsbeginn spät festzusetzen, während die formell-objektive und die materiell-objektive Theorie, die die Vorstellung des Täters berücksichtigen, zu einem relativ frühen Versuchsbeginn gelangen.

Diese Auseinandersetzung soll zunächst am Beispiel der Distanzdelikte veranschaulicht werden.

III. Der Versuchsbeginn bei den Distanzdelikten

Als typisches Beispiel eines Distanzdelikts soll der Fall gelten, daß A dem B mit der Post ein Paket mit vergiftetem Kuchen schickt[29]. In Japan werden zu

---

[27] Ich nenne hier nur *Nakayama* (Anm. 19), S. 411; *ders.* (Anm. 11), S. 88. Dagegen berücksichtigen *Hirano* (Anm. 18), S. 314, und *Saeki*, Keiho Kogi (Soron), 1968, S. 188 ausnahmsweise auch die subjektiven Elemente bei der Gefahrbeurteilung. Aber sie stehen in der Nähe von *Nakayamas* Meinung, wenn man sie mit den in Anm. 26 aufgeführten Autoren vergleicht.

[28] Wie gesagt, gibt es keinen Unterschied zwischen der vermittelnden Theorie und der objektiven Theorie, deren Vertreter in Anm. 26 erwähnt wurden, außer, daß erstere den verbrecherischen Willen bzw. Plan begriffsnotwendig betonen.

[29] Ich nenne hier einen Fall, der in der japanischen Judikatur entschieden worden ist (Urteil des Landgerichts Utsunomiya vom 9.12.1965, Keishu Bd. 7, Heft 12, S. 2189) und Anlaß zur wissenschaftlichen Diskussion gegeben hat (sog. „Gift-Saft-Fall"): A will alle seine Familienmitglieder töten. Er hat deshalb sechs Saft-Packungen, in die er je eine Dosis Gift getan hat, in auffälliger Weise an drei verschiedenen Stellen an den Rand eines Feldwegs gelegt, der zum Haus seiner Familie führt. B fand zwei Packungen und nahm sie mit nach Hause. Danach fanden dessen drei Kinder noch zwei weitere Packungen und nahmen diese mit nach Hause. Die Kinder tranken sie dann aus und starben. Nach herrschender Lehre und Rechtsprechung (Abstrahierungstheorie beim Tatbestandsirrtum) ist es klar, daß A einen Mord an den Kindern des B begangen hat. Im Hinblick auf seine Familienmitglieder bleibt jedoch die Frage, ob A wegen der Vorbereitung eines Mordes (§ 201 jap. StGB) oder wegen Mordversuchs bestraft werden soll. Das Landgericht hat den Beginn der Tatausführung so verstanden: „Der Beginn der Tatausführung erfolgt dann, wenn die Tat einen solchen objektiven Zustand erreicht hat, in dem der Erfolgseintritt droht, mit anderen Worten, wenn sie von der wirklichen Gefahr der

dieser Fallgestaltung, grob gesprochen, zwei Auffassungen vertreten, nämlich die Theorie vom Absendungszeitpunkt und die Theorie vom Empfangszeitpunkt. Nach der ersten Theorie hat A schon in dem Zeitpunkt einen Versuch begangen, in dem er das Paket mit dem vergifteten Kuchen zur Post gegeben hat. Zu den Anhängern dieser Theorie gehören *Dando*[30], der von der formell-objektiven Theorie ausgeht, sowie *Ohtsuka*, *Fukuda* und *Naka*[31], die die materiell-objektive Theorie vertreten. Die Gegenmeinung nimmt Versuchsbeginn erst in dem Zeitpunkt an, in dem das Opfer das Paket in Empfang nimmt. Diese Auffassung vertreten u.a. *Saeki*, *Nakayama*, teilweise auch *Hirano*, *Nishihara* und *Nishida*[32]. Auch die japanische Rechtsprechung folgt der letztgenannten Auffassung[33].

Diese Verteilung im Meinungsstreit zeigt bereits, daß die früher erwähnten Differenzierungen der objektiven Theorie für die praktischen Fälle nicht zu den entsprechend unterschiedlichen Ergebnissen führen. Es dürfte vielmehr ein unterschiedliches Verständnis der Begriffe „Gefahr" und „Ausführung" hinter dem Gegensatz der Theorien vom Absendungs- und Empfangszeitpunkt stehen.

1. Nach der Theorie vom Absendungszeitpunkt wird der Gefahrbegriff ebenso wie nach der Theorie der konkreten Gefahr für den untauglichen Versuch verstanden[34], das heißt, die Gefahr ist von einem Standpunkt ex ante und aufgrund der Umstände zu beurteilen, die der Täter oder ein durchschnittlicher Mensch kannte oder hätte kennen können. Daher kann nach dieser Auffassung schon dann eine aktuelle Gefahr begründet sein, wenn A das Paket bei der Post deponiert hat, weil sich ein Paket normalerweise ohne Hindernis auf den Empfänger zubewegt, so als ob ein Gegenstand auf einem Fließband läge.

Für die Anhänger dieser Theorie ist darüber hinaus das als unverzichtbar angesehene Dogma von Bedeutung, daß der Beginn der Ausführung mit dem Beginn der tatbestandsmäßigen Handlung gleichbedeutend sein muß. In dem Zeitpunkt, in dem das Opfer das Paket in Empfang nimmt, ist die Handlung des Täters im natürlichen Sinne bereits beendet. Es erscheint als unsinnig, den

---

Rechtsgutsverletzung, die das Schutzobjekt unmittelbar der Gefahr aussetzt, herrührt." Von dieser Voraussetzung leitet es die Lösung ab, daß das bloße Auslegen der Saft-Packungen auf dem Feldweg noch kein Anfang der Mordausführung ist.

[30] *Dando* (Anm. 18), S. 330.

[31] *Ohtsuka* (Anm. 26), S. 135; *Fukuda*, Keiho Soron, 1976, S. 170; *Naka* (Anm. 19), S. 193f.; *ders.*, Hogaku Ronshu 35, Heft 2, S. 21ff.

[32] *Saeki* (Anm. 27), S. 306; *Hirano* (Anm. 18), S. 320, der anerkennt, daß es beim Distanzdelikt auch Fälle gibt, bei denen sich der Versuchsbeginn schon im Absendungszeitpunkt finden läßt. *Nishihara*, Hogaku Kyoshitsu 25 (1982), S. 32ff.; aber vgl. auch *Nishihara* (Anm. 26), S. 317; *Nakayama* (Anm. 1), S. 29f.; *Nishida*, Law School 48, S. 39.

[33] Vgl. das Urteil des Reichsgerichts vom 16.11.1918, Keiroku (Sammlung der strafrechtlichen Entscheidungen) 24, 1352.

[34] Vgl. *Dando* (Anm. 18), S. 151; *Ohtsuka* (Anm. 26), S. 182; *Fukuda* (Anm. 31), S. 181; *Naka* (Anm. 31), S. 202.

Beginn der Ausführung später anzusetzen als die Ausführungshandlung des Täters selbst.

2. Nach der Theorie vom Empfangszeitpunkt ist „Gefahr" gleichbedeutend mit einem objektiv-nachträglichen Gefahrenzustand[35]. Diese Gefahr ist unabhängig von der kausalen Herbeiführung des tatbestandlichen Erfolges. Wenn beispielsweise ein Asteroid nach astronomischen Berechnungen notwendig irgendwann mit der Erde zusammenstoßen muß, so bestünde nach dieser Auffassung solange noch keine „Gefahr", wie der Asteroid noch weit von der Erde entfernt ist. Daher ist auch in dem Paket-Beispiel mit der Aufgabe des Paketes bei der Post noch kein „Gefahrzustand" geschaffen, da noch eine erhebliche zeitlich-räumliche Distanz zum Erfolgseintritt besteht.

Die Schwierigkeit dieser Theorie liegt in dem logischen Widerspruch, daß der Versuchsbeginn erst nach Ende der tatbestandsmäßigen Handlung des Täters angesetzt wird. Die Vertreter dieser Theorie geben hierfür jedoch unterschiedliche Erklärungen:

a) Zunächst schlägt man vor, den Begriff der Tathandlung nicht im natürlichen, sondern im normativen Sinne aufzufassen[36]. Ausführungshandlung ist danach nicht die physische Handlung des Täters an sich, sondern auch deren Verlängerung in das Geschehen, das nach Beendigung der Handlung (im engeren Sinne) bis zum Erfolgseintritt fortdauert. Daher könne der Beginn der Ausführung auch im Verhalten des Opfers selbst oder im Verhalten eines Dritten liegen. Es sei also nicht widersprüchlich, im Entgegennehmen des Pakets durch das Opfer den Versuchsbeginn zu sehen.

b) *Hirano*[37] unterscheidet begrifflich die „Tatausführung" von der „Täterhandlung". Er meint, daß diese beiden Begriffe, entgegen dem traditionellen Verständnis, nicht identisch seien: „Da der Begriff ‚Beginn der Ausführung' derjenige ist, der die Stufen abgrenzt, gibt es keine logische Konsequenz, daß er mit dem Begriff der Täterhandlung identifiziert werden muß. Es ist sehr gut möglich, die Position einzunehmen, daß der Täter insofern nicht bestraft werden soll, als eine als Versuch strafbare Gefahr nicht eintritt, obwohl die Täterhandlung bereits begangen wurde." Nach dieser Auffassung begründet erst die sogenannte „Tathandlung" den Versuchsbeginn; die davor liegende „Täterhandlung" kann sich auch zur bloßen Vorbereitungshandlung oder zur Beihilfe wandeln[38].

---

[35] Man spricht von den Stufen der Gefahr oder von Stufenbegrifflichkeit des Versuchs; vgl. *Hirano*, Festschrift für Hiraba, Bd. 1, 1977, S. 456; *Nakayama* (Anm. 32), S. 29; *Nishida* (Anm. 35), S. 38f.

[36] Vgl. dazu *Nishihara*, Keisatsugaku Ronshu 38, Heft 3, S. 41.

[37] *Hirano* (Anm. 35), S. 455.

[38] Vgl. *Nishihara*, Hogaku Kyoshitsu 25, S. 39ff.

c) Nach Auffassung *Nishiharas*[39] ist im Anschluß an die positive Handlung des Täters dessen Unterlassen zu prüfen und sein weiteres Verhalten als unechtes Unterlassungsdelikt zu konstruieren. Hinter dieser Theorie steht die Absicht, den Zeitpunkt des Versuchsbeginns möglichst nahe an den Erfolgseintritt heranzurücken, und zwar nicht zuletzt für die Fälle der mittelbaren Täterschaft, in denen der Hintermann die Handlungen Dritter oder des Opfers für seine Zwecke ausnützt. Nach dieser Theorie kann der Hintermann aufgrund Ingerenz zur Erfolgsverhinderung verpflichtet sein, auch wenn seine Veranlassungshandlung lediglich als Vorbereitung zu qualifizieren ist.

Diese Auffassung vermag ihr eigentliches Ziel jedoch in unserem Beispielsfall nicht zu erreichen, da A seine Handlungsmöglichkeit bald, nachdem er den vergifteten Kuchen zur Post gebracht hat, verliert, so daß sich die Frage nach der strafrechtlichen Haftung wegen Unterlassens nicht stellt. Nach *Nishihara* ist auch der mittelbare Täter verpflichtet, den Erfolg zu verhindern. Folgerichtig müßte nach diesem Ansatz ebenfalls der Anstifter zur Erfolgsverhinderung verpflichtet sein. Es stellt sich dann die Frage, ob man auch „Anstiftung" als unterlassene Abstiftung zu konstruieren hätte — dies ist schwer vorstellbar. In Frage käme ferner, sie als unterlassene Beihilfe bzw. sogar als mittelbare Täterschaft durch Unterlassen anzusehen. Beide Konstruktionen führen zu ungerechten Ergebnissen[40].

IV. Der Beginn der Ausführung bei mittelbarer Täterschaft

Wir wollen nun unseren Blick auf die Probleme des Versuchsbeginns bei der mittelbaren Täterschaft lenken. Auch hier soll ein typisches Beispiel den Ausgangspunkt bilden: Arzt A spiegelt der Krankenschwester B vor, dem Patienten C sei eine medizinisch indizierte Injektion zu verabreichen, wobei A weiß, daß die Injektion den C töten wird. B gibt C die Injektion, sei es fahrlässig oder schuldlos. Bei dieser Fallgestaltung ist umstritten, ob der Versuchsbeginn in A's Veranlassungshandlung oder im Verabreichen der Injektion durch B liegt. Der Streit zwischen den Theorien läuft parallel zu demjenigen bei den Distanzdelikten.

Die Besonderheit der Fragestellung liegt jedoch darin, daß auch die Fragen der mittelbaren Täterschaft in Japan äußerst kontrovers sind. Immer wieder verschiebt sich die Grenzlinie zwischen mittelbarer Täterschaft und Anstiftung. Die Anhänger der Theorie vom Empfangszeitpunkt (bei den Distanzdelikten) neigen dazu, den Versuchsbeginn in unserem Ausgangsbeispiel erst in der Handlung des Tatmittlers zu sehen, wenn dieser doloses (aber qualifikationsloses) Werkzeug ist.

---

[39] *Nishihara* (Anm. 38), S. 39ff.; vgl. auch *Ohtsuka*, Grundfragen der Straftatlehre, 1982, S. 108ff.

[40] Ähnlich *Naka*, Hogaku Ronshu 35, Heft 2, S. 34.

1. Nach einer Auffassung liegt in unserem Beispielsfall immer Anstiftung vor, das heißt auch dann, wenn die Krankenschwester nicht fahrlässig handelt[41]. Mittelbare Täterschaft wird also ausnahmslos verneint.

2. Außerdem wird die Ansicht vertreten, der Hintermann sei dann als Anstifter zu bestrafen, wenn der Vordermann fahrlässig handelt[42]. Solange der Vordermann schuldhaft handle, sei er weniger Werkzeug des Hintermannes als „normatives Hindernis"; das Kausalgeschehen laufe nach dem Veranlassungsakt des Hintermannes nicht automatisch ab, sondern würde abbrechen, wenn der Vordermann normativ angemessen handelte. Diese Auffassung ist nur vor dem Hintergrund verständlich, daß das japanische Strafgesetzbuch Anstiftung zur fahrlässigen Täterschaft, anders als § 26 dt. StGB, nicht von vornherein ausschließt. Auch das Prinzip der Akzessorietät der Teilnahme steht dieser Theorie nicht im Wege.

3. Die in Japan herrschende Meinung nimmt jedoch für den Fall, daß der Vordermann fahrlässig handelt, mittelbare Täterschaft des Hintermannes an. Die Mehrheit bejaht auch den Versuchsbeginn des Hintermannes schon bei der Einwirkung auf den Vordermann. Dies würde jedoch bedeuten, daß man auch bei dolosem qualifikationslosem Werkzeug schon in diesem Zeitpunkt mittelbare Täterschaft annehmen müßte, obwohl man hier den Vordermann schlecht als „Werkzeug" bezeichnen kann. Neuerdings wird daher auch vielfach die Auffassung vertreten, der Beginn der Tatausführung liege erst in der Handlung des Vordermannes[43]. Dem wird wiederum entgegengehalten, es sei Anstiftung, wenn der Hintermann eine fahrlässige Handlung des Vordermannes ausnutze[44]; die Auffassung, nach der auch derjenige, der die Tat von einem anderen ausführen lasse, als Täter angesehen werden solle, ebne den Unterschied zwischen Täterschaft und Anstiftung ein.

V. Der Beginn der Ausführung bei der actio libera in causa

Dasselbe Problem tritt auch im Fall der actio libera in causa auf: A hat sich durch Alkohol in den Zustand der Schuldunfähigkeit versetzt, um in diesem Zustand den B mit einem Messer zu töten. Wenn man der Theorie vom Absendungszeitpunkt nahesteht, wird man dazu neigen, den Versuchsbeginn schon im Sich-Betrinken zu sehen[45]. Selbst der Hauptvertreter dieser Theorie

---

[41] *Saeki* (Anm. 27), S. 355; *Nakayama* (Anm. 19), S. 475.

[42] *Ueda*, Probleme der Teilnahmetheorie, 1985, S. 25ff.; *Naka* (Anm. 19), S. 235. *Saeki* und *Nakayama* bejahen hierbei erst recht die Anstiftung.

[43] *Hirano* (Anm. 18), S. 319; *Nishihara*, Hogaku Seminar 360, S. 35f.; *Nishida* (Anm. 32), S. 38.

[44] *Naka*, Hogaku Ronshu 34 (1984), Heft 3-4, S. 181; *ders.*, Hogaku Ronshu 35, Heft 2, S. 1; *Nakayama* (Anm. 1), S. 16.

[45] *Dando* (Anm. 12), S. 146; *Ohtsuka* (Anm. 31), S. 136; *Fukuda* (Anm. 31), S. 171.

hat jedoch Zweifel, ob das Sich-Betrinken schon der Beginn des Tötungsversuchs sein kann[46], da das Trinken noch keine „typische" Tötungshandlung sei. Andererseits sieht sich die Auffassung, die den Versuchsbeginn erst in dem Zeitpunkt annimmt, in dem der A auf den B einzustechen beginnt, dem Problem gegenüber, daß A während der gesamten Tatausführung schuldunfähig ist[47]. Auch die Anhänger dieser Theorie bejahen jedoch letztlich die Schuld des Täters.

1. Daß man den Tatbeginn erst in dem konkret gefährlichen Akt des Zustechens sieht und auf das Koinzidenz-Prinzip zwischen Tatausführung und Schuldfähigkeit verzichtet, wird von *Saeki* folgendermaßen gerechtfertigt: „Gibt es neben der zeitlichen Vorverlagerung des Beginns der Ausführung in eine frühere Phase keinen Raum für den Gedanken, daß die Koinzidenz zwischen Tatausführung und Schuldfähigkeit im Fall der actio libera in causa nicht unbedingt erforderlich ist? Schuld ist Vorwerfbarkeit der Tat. Schuldfähigkeit, Vorsatz und Fahrlässigkeit sind nur Vermutungsgründe prima facie, sie sind nicht Schuld an sich. Somit scheint es nichts auszumachen, wenn man auf der einen Seite unter Berücksichtigung der Willenshaltung des Täters im Zustand der Schuldfähigkeit das Ob der Vorwerfbarkeit in Betracht zieht, auf der anderen Seite jedoch das Täterverhalten im Zustand der Schuldunfähigkeit für den Beginn der Tatausführung hält. Ist die Koinzidenz von Schuld und Tat ein absolutes Postulat des Schuldprinzips? Kann es auch zulässig sein, daß man einmal daran zweifelt?"[48]

Diese Auffassung ist jedoch Zweifeln ausgesetzt. Wie soll die Vorwerfbarkeit einer Willenshaltung des Täters, die *vor* der schuldbegründenden Handlung vorlag, die Verantwortlichkeit zur Zeit der Tathandlung begründen? Entscheidend bleibt doch die Vorwerfbarkeit im Zeitpunkt der Tatausführung; Vorwerfbarkeit zu einem früheren Zeitpunkt ist mit dem Tatschuldprinzip des modernen Strafrechts nicht vereinbar.

2. Einige Autoren beschreiten daher andere Wege: *Naka*[49] sucht den Anknüpfungspunkt im früheren Verhalten des Täters, das im Gegensatz zu seiner unmittelbaren Tathandlung willensbeherrscht ist. Solange das frühere Verhalten des Täters seinen Willen zur späteren Ausführung beherrscht, läßt sich nach *Naka* der Schuldvorwurf auf dieses frühere Verhalten zurückführen. Ein anderer Autor ersetzt den Begriff „Willensbeherrschbarkeit" durch den

---

[46] *Dando* (Anm. 12), S. 146.

[47] *Saeki* (Anm. 27), S. 235f.; *Hirano* (Anm. 18), S. 302; *Naka* (Anm. 19), S. 171; *Nakayama* (Anm. 19), S. 344; *Nishihara* (Anm. 26), S. 412f.

[48] *Saeki*, Keijiho Koza 2 (1952), S. 308.

[49] *Naka*, Hogaku Ronshu, Sonderheft zum 70-jährigen Bestehen der Kansai-Universität 1955, S. 153, besonders S. 160ff.; *ders.* (Anm. 19), S. 171ff. Man kann hierzu auch die Meinung *Nomuras* (Anm. 2), S. 327, zählen.

„adäquaten Kausalzusammenhang“[50]. Es vermag jedoch kaum zu überzeugen, die Schuld des Täters allein mit der subjektiven oder objektiven Zurechenbarkeit der tatbestandsmäßigen Handlung zum vortatbestandlichen Verhalten zu begründen. Willensbeherrschbarkeit oder adäquater Kausalzusammenhang begründen meines Erachtens in der Regel nur den Vorwurf der Fahrlässigkeit, nicht des Vorsatzes.

Nishihara[51] versucht zwei Thesen zu beweisen: zunächst, daß es auch bei der Koinzidenz zwischen „Tatausführung“ und Schuldfähigkeit auf die Koinzidenz zwischen der „Handlung“ und der Schuldfähigkeit ankomme; zweitens die These der Einheit von Tatausführung und früherer Handlung. Nach *Nishihara* ist nur die These der Koinzidenz zwischen Handlung und Schuldfähigkeit wichtig. Und diese Handlung liege schon vor der Tatausführung vor und halte bis zu ihrer Ausführung an, wenn sie von einer einzigen Willensentscheidung getragen wird. Daher sei das Koinzidenzprinzip schon dann gewahrt, wenn diese Einheit der Handlung (also Einheit zwischen der vortatbestandlichen Handlung und der Tatausführung) nachgewiesen werden kann.

Dieser Theorie hält man jedoch entgegen, daß der Kernpunkt des Koinzidenzprinzips in der Forderung nach „koinzidentaler Kontrollierbarkeit“ der Handlung liege; diese Forderung könne nicht erfüllt werden, es sei denn, die Schuldfähigkeit des Täters ist im Zeitpunkt der Tatausführung vorhanden[52].

VI. Lösungsvorschlag

Abschließend möchte ich noch kurz meine eigene Meinung skizzieren. Ihr Ausgangspunkt ist die These, daß nicht schon die Gefahr, daß der Täter eine Handlung vornehmen wird, sondern erst der Eintritt eines „Gefahrzustandes“ die Strafbarkeit des Versuchs begründet. Dieser Gefahrzustand kann auch erst nach Beendigung der Ausführungshandlung eintreten.

---

[50] *Yamaguchi*, Festschrift für Dando, Bd. 2, 1984, S. 174. Er verlangt den Verschuldenszusammenhang zwischen dem actu in causa und der Tat auch während der Schuldunfähigkeit sowie dem Erfolg. Seine Theorie beruht auf der *Hiranos*, nach der zwischen der „Tatausführung“ (= Täterhandlung) und „Anfang der Tatausführung“ zu trennen ist. Aber dieser Gedanke führt zu einer begrifflichen Verwirrung. Es ist logisch, daß die „Ausführung“ zuerst „anfangen“ muß, wenn sie überhaupt entstehen soll. Diese Theorie sieht aber gerade das, was man nicht als „Ausführung“ bezeichnen kann, als solche an. Diese Theorie erweitert den Bereich der Bestrafung: Wenn beispielsweise A vorbereitet, den B mit einer Bombe zu töten, aber die Bombe vorher explodiert, während A schuldunfähig ist und B infolgedessen stirbt, dann muß A wegen vorsätzlicher Tötung bestraft werden, weil seine Vorbereitung in adäquatem Zusammenhang mit dem Erfolg steht und er Vorsatz hat. Der adäquate Kausalzusammenhang begrenzt hier nicht die Haftung.

[51] *Nishihara*, Festschrift für Saeki, 1968, S. 404.

[52] *Dando*, Festschrift für Uematsu, Band für die Rechtswissenschaft 1971, S. 253; *Hirakawa*, Gendai Keiho Koza Bd. 2, 1979, S. 283.

Die bisherigen Versuche, das Paradoxon eines Tatbeginns nach Beendigung der Tathandlung aufzulösen, sind daran gescheitert, daß sie eine Verlängerung des Tathandlungsbegriffs in Richtung auf den Erfolg verlangten. Man sagt z. B., der Beginn der Ausführung liege in der Handlung des Vordermannes; demgegenüber kann meines Erachtens die Tatausführung nur in der persönlichen Handlung des Täters liegen.

Zunächst möchte ich darauf hinweisen, daß die Beurteilung des Gefahrzustandes im Gegensatz zur Beurteilung der Gefährdungshandlung nachträglich, also ex post vorgenommen werden muß. Erst nach Eintritt des Gefahrzustandes kann man feststellen, wann der Versuch begonnen hat. Wenn man diesem Gedankengang folgt, so müssen wir das bisherige Verständnis vom Beginn der Tatausführung als eines tatsächlichen zeitlichen Entwicklungsvorgangs aufgeben. Die Gefährdungshandlung kann vielmehr erst nachträglich als Versuch festgestellt werden, wenn der Gefahrzustand später eingetreten ist. Erst danach kann daher die Gefährdungshandlung des Täters als Beginn der Tatausführung bewertet werden. Die Tatbegehung beginnt nicht mit der Handlung des Vordermannes, sondern die ex ante schwebende Gefährdungshandlung des Täters wird nachträglich als Anfangspunkt der Ausführung beurteilt. Dieser Gedankengang bezieht sich allerdings nicht auf die normalen Delikte (Nicht-Distanzdelikte), wobei freilich im Ergebnis beide Beurteilungen zum gleichen Zeitpunkt des Versuchsbeginns gelangen würden[53]. Eine ausführliche Begründung dieser Theorie und ihre konkrete Anwendung muß ich bei anderer Gelegenheit nachholen[54].

VII. Schlußwort

Ich komme hiermit zum Schluß meines Überblicks über die japanischen Lehrmeinungen zum Beginn der Tatausführung. Aus zeitlichen Gründen konnte ich auf die japanische Rechtsprechung zu diesem Problem nicht näher eingehen. Auch die nähere Auseinandersetzung mit den deutschen Auffassungen muß ich der Diskussion überlassen.

---

[53] Ich muß nochmals den Unterschied zwischen der Meinung der sog. *Hirano*-Schule und meiner Meinung betonen: Im Gegensatz zu der ersteren geraten „Ausführungshandlung" und „Beginn der Tatausführung" nicht in Diskrepanz. Meiner Meinung nach ist der „Beginn" der Tatausführung nicht von der natürlichen Handlung zu trennen. Es ändert sich nur die Bewertung der natürlichen Handlung.

[54] Bezüglich des Beginns der Tatausführung bei der actio libera in causa ist der actus in causa nicht die letzte kausale Handlung vor dem Erfolgseintritt. Deswegen erlangt diese Handlung aber keineswegs die Eigenschaft einer vorsätzlichen „Ausführung". Man könnte jedoch in dieser Handlung eine „fahrlässige" Ausführung sehen. Auch wenn sie vorsätzlich begangen wäre, kann man dem Täter nur den Vorwurf der Fahrlässigkeit machen, weil der Vorsatz nicht durch die als „Ausführung" bezeichnete Handlung getragen wird.

Die Entwicklung der deutschen Versuchslehre

Thomas Weigend

Die Entwicklung der deutschen Versuchslehre in ihrer Gesamtheit zu entfalten, wäre angesichts ihrer engen Akzessorietät zu Grundfragen der Strafzweck- und Unrechtslehre ein allzu umfangreiches Programm[1]. Der Beitrag soll sich deshalb darauf beschränken, Momentaufnahmen vom Stand der Diskussion in Vergangenheit und Gegenwart zu entwerfen, und so versuchen, die eingetretenen Veränderungen sichtbar zu machen. Der Beitrag schließt mit Spekulationen über die mögliche Weiterentwicklung der Versuchslehre.

I.

Blicken wir zunächst etwa 60 Jahre zurück. Um 1930 vertrat die deutsche Strafrechtswissenschaft fast einhellig die Auffassung, daß der Rechtsgrund für die Strafbarkeit des Versuchs in dessen Gefährlichkeit für das tatbestandlich geschützte Rechtsgut liege[2]. In dieser objektivistischen Versuchstheorie spiegelte sich die objektive Unrechtsauffassung des beginnenden 20. Jahrhunderts wider: Als die Rechtsgüter, die durch einen strafbaren Versuch in Gefahr gebracht wurden, verstand man die verdinglichten subjektiven Rechte des Individuums oder auch des Staates — seine Existenz, seine materiellen und immateriellen Güter.

Aus der vorherrschenden Begründung für die Strafbarkeit des Versuchs ergaben sich Folgerungen für die Grenzen der Pönalisierung im Vorfeld der Tatbestandsverwirklichung: Verhaltensweisen, die nicht wenigstens in unmittelbarem Zusammenhang mit der tatbestandsmäßigen Handlung stehen, sind nicht Versuch, sondern straflose Vorbereitung[3]; Handlungen, die bei verständiger Beurteilung nicht zum deliktischen Erfolg führen können, fallen als untaugliche Versuche aus der ratio der Versuchsstrafbarkeit heraus und sind deshalb straflos[4]; und der Versuch ist entsprechend dem Stufenverhältnis

[1] Ein ausführlicher und instruktiver Überblick über die Entwicklung der Versuchslehre im einzelnen findet sich bei *Albrecht*, Der untaugliche Versuch, 1973, S. 6-42.

[2] Repräsentativ Franz *von Liszt*, Das Deutsche Reichsstrafrecht, 1881, S. 137; Robert *von Hippel*, Deutsches Strafrecht, Bd. II, 1930, S. 403, 405; Richard *Schmidt*, Grundriß des deutschen Strafrechts, 2. Aufl. 1931, S. 147-149.

[3] *von Hippel* (Anm. 2), S. 398, 402.

[4] *von Hippel* (Anm. 2), S. 418f.; Richard *Schmidt* (Anm. 2), S. 156f.; *Gerland*, Deutsches Reichsstrafrecht, 2. Aufl. 1932, S. 173.

zwischen Gefährdung und Verletzung eines Rechtsguts milder zu bestrafen als die Vollendung.

Als eine Spielart der objektivistischen Theorie begegnet uns in dieser Zeit die Lehre vom Mangel am Tatbestand, die aus dem Normbereich des strafbaren Versuchs von vornherein diejenigen Fälle herausdefiniert, in denen es nicht am (naturalistisch verstandenen) „Erfolg" der Täterhandlung, sondern an einem sonstigen vom Tatbestand als existent vorausgesetzten Merkmal, etwa der Fremdheit der weggenommenen Sache beim Diebstahl, fehlt[5].

In diametralem Gegensatz zur Strafrechtslehre befindet sich schon seit Beginn seiner Spruchtätigkeit in Strafsachen das Reichsgericht. In einer 1880 getroffenen Grundsatzentscheidung zu einem untauglichen Abtreibungsversuch stellte sich das Gericht auf den Standpunkt, „daß im Versuche der verbrecherische *Wille* diejenige Erscheinung ist, gegen welche das Strafgesetz sich richtet, im Gegensatz zu dem in der Vollendung zutage tretenden aus dem verbrecherischen Willen hervorgegangenen rechtswidrigen *Erfolge*"[6]. Diese klare Entscheidung für eine subjektivistische Versuchstheorie begründete das Reichsgericht mit der Überlegung, daß jedenfalls bei rückschauender Betrachtung jeder Versuch in concreto gleichermaßen ungefährlich sei, so daß eine Trennung zwischen strafbaren gefährlichen und straflosen untauglichen Versuchen illusorisch sei[7]. Aus dieser Weichenstellung folgerte die Rechtsprechung nicht nur die Strafbarkeit des untauglichen Versuchs, sondern auch — mit erheblich bedeutsameren Konsequenzen für die Praxis — eine tendenzielle, teilweise extrem weit getriebene Ausdehnung des Versuchsbereichs in das Vorfeld des eigentlichen tatbestandlichen Geschehens[8]. Wenn der rechtsfeindliche *Wille* die Essenz des strafbaren Versuchs ist[9], dann kann es ja nicht darauf ankommen, ob der Täter bereits eine tatbestandsmäßige Handlung vorgenommen hat, sondern es ist nur aus Gründen der Rechtssicherheit zu verlangen — so das Reichsgericht in jener

---

[5] Graf *zu Dohna*, Festschrift für Güterbock, 1910, S. 35; *Gerland* (Anm. 4), S. 171 f.; *von Liszt / Schmidt*, Lehrbuch des Deutschen Strafrechts, Bd. I, 26. Aufl. 1932, S. 298-301; ablehnend z. B. *von Hippel* (Anm. 2), S. 431-436. Diese Lehre wird heute allgemein als verfehlt angesehen, da sie die rechtliche Gleichwertigkeit aller Tatbestandsmerkmale mißachtet; vgl. nur *Eser*, in: *Schönke / Schröder*, 23. Aufl. 1988, vor § 22 Rdn. 19. Siehe aber die Anklänge an diese Auffassung bei *Jakobs*, ZStW 97 (1985), S. 751, 763 f.

[6] RGSt. 1, 439, 441 (Hervorhebungen nicht im Original).

[7] RGSt. 1, 439, 442; zustimmend *von Bar*, Gesetz und Schuld im Strafrecht, Bd. II, 1907, S. 492, 525.

[8] Bekanntes Beispiel etwa BGHSt. 6, 302, 304 (Versuch des Verleitens zur Unzucht schon bei Verabredung eines Rendezvous für den Abend). Kritisch zu dieser Tendenz z. B. *Maurach / Gössel*, Strafrecht Allgemeiner Teil 2, 7. Aufl. 1989, S. 20 f. mit vielen Beispielen aus der Rechtsprechung.

[9] So deutlich *von Buri*, GS 32 (1880), S. 321, 322: „Sonach ist die Strafbarkeit hier lediglich in dem Dolus des Willens zu suchen; die bewiesene offene Feindschaft gegen das Gesetz, welche der dolose Wille zu erkennen gibt, soll bestraft werden."

Leitentscheidung von 1880 —, „daß der verbrecherische Gedanke sich in äußeren Handlungen kundgegeben habe“[10].

Der Gesetzgeber von 1871 hatte in dem schon das 19. Jahrhundert durchziehenden Streit zwischen objektivistischer und subjektivistischer Begründung der Versuchsstrafbarkeit[11] nicht explizit Stellung bezogen. Die Regelung der damaligen §§ 43 und 44 StGB verriet aber in der Sache eine deutliche Bevorzugung der objektivistischen Versuchslehre[12]: Die Strafbarkeit wegen Versuchs setzte einen „Anfang der Ausführung“ voraus — eine Formulierung, die eine Deutung im Sinne der materiell-objektiven Abgrenzung zwischen Vorbereitung und Versuch nahelegte; beim Versuch war eine Milderung der Strafe gegenüber der Vollendungsstrafe zwingend vorgeschrieben (§ 44 StGB a. F.); und über die Strafbarkeit des untauglichen Versuchs hatte sich der Gesetzgeber bewußt jeder Aussage enthalten[13].

II.

Machen wir nun einen großen zeitlichen Sprung in die Gegenwart, so bietet sich uns — 60 Jahre und eine Strafrechtsreform später — ein deutlich verändertes Bild. Die neugefaßten gesetzlichen Vorschriften enthalten zwar ebensowenig wie ihre Vorgänger eine klare theoretische Positionsbestimmung, doch hat sich der Akzent deutlich — und nach den Materialien der Strafrechtsreform: bewußt[14] — zu einer subjektivistisch geprägten Auffassung der Versuchsstrafbarkeit verlagert. Zwar ersetzte man für die Frage der Grenzziehung zwischen strafloser Vorbereitung und strafbarem Versuch die Worte „Anfang der Ausführung“, die die Rechtsprechung zu einer starken Vorverlagerung des Versuchsbereichs benutzt hatte, durch die engere Formel vom „unmittelbaren Ansetzen“ und suchte so das Versuchsstadium wieder bis hart an die Grenze der Tatbestandsverwirklichung heranzurücken[15]. Dies war jedoch nicht viel mehr als eine — praktisch allerdings bedeutsame — Randkorrektur innerhalb einer der subjektivistischen Auffassung verpflichteten Gesamtregelung[16].

Bezeichnend für den Ansatz, der hinter der Formulierung der §§ 22, 23 StGB im Strafrechtsreformgesetz von 1969 steht, sind die folgenden Neuerungen: Ob zur Tat unmittelbar angesetzt wird, bestimmt sich nach der Vorstellung des

---

[10] RGSt. 1, 439, 442.

[11] Überblick z. B. bei *Frank*, Das Strafgesetzbuch für das Deutsche Reich, 18. Aufl. 1931, § 43 Anm. III.

[12] *von Bar* (Anm. 7), S. 505.

[13] Siehe hierzu *von Hippel* (Anm. 2), S. 416; *Albrecht* (Anm. 1), S. 8 f.

[14] Vgl. *J. Meyer*, ZStW 87 (1975), S. 598, 601-603; *Vogler*, in: Leipziger Kommentar, 10. Aufl. 1983, vor § 22 (Entstehungsgeschichte).

[15] *Kratzsch*, JA 1983, 420 f.; *Vogler*, in: LK, § 22 Rdn. 29.

[16] Zur inneren Dissonanz des § 22 StGB siehe auch *Schünemann*, GA 1986, 293, 311.

Täters; die Strafmilderung gegenüber der vollendeten Tat ist, entsprechend einer schon 1943 vorgenommenen Gesetzesänderung, nur noch fakultativ[17]; und die leider wenig geglückte, fragmentarische Regelung über den aufgrund „groben Unverstands" erfolglosen Versuch in § 23 Abs. 3 StGB zwingt zu dem Schluß, daß auch der untaugliche Versuch mit Strafe bedroht ist[18]. Die 1975 in Kraft getretene Neufassung der Bestimmungen über den Versuch ist mithin weit mehr als eine bloß modernere Neuformulierung; die wichtigsten Prüfsteine, an denen sich die prinzipielle Orientierung hinsichtlich des Strafgrundes des Versuchs erweist, zeigen vielmehr, daß der Gesetzgeber in dieser Frage grundsätzlich neu, und zwar im Sinne der subjektivistischen Versuchsauffassung entschieden hat.

Die Rechtsprechung sieht sich durch die Reform also in ihrer seit jeher vertretenen Haltung bestätigt. In der Frage der Strafbarkeit des untauglichen Versuchs können sich die Gerichte nunmehr auf eine unmißverständliche Aussage des Gesetzes stützen. Für die im Alltag wichtigere Frage, wann die Strafbarkeit des Versuchs einsetzt, ist der Bundesgerichtshof der Intention des Gesetzgebers gefolgt und hat die extensive Ausdehnung der Versuchsstrafbarkeit auf Kosten der straflosen Vorbereitungsphase tendenziell zurückgenommen[19].

Freilich sind die höchstrichterlichen Entscheidungen zu diesem Problemkreis nicht leichter prognostizierbar geworden. Der Bundesgerichtshof hat die früher vielfach zur Abgrenzung verwendete Formel, wonach beim Versuch eine unmittelbare Gefährdung des geschützten Rechtsguts eingetreten sein muß[20], nunmehr aufgegeben[21] und gebraucht stattdessen nebeneinander oder einzeln unterschiedliche Formulierungen. Danach kommt es darauf an, ob der Täter subjektiv die Schwelle zum „jetzt geht es los" überschritten und objektiv Handlungen vorgenommen hat, die ohne Zwischenakte in die Tatbestandsverwirklichung einmünden sollen[22]. Teilweise wird daneben noch auf die zeitliche Nähe zwischen Handlung und Erfolgseintritt abgestellt[23].

---

[17] Siehe hierzu *Rudolphi*, in: Systematischer Kommentar zum StGB, § 23 Rdn. 2; *Maurach/Gössel* (Anm. 8), S. 52.

[18] Zur Kritik an § 23 Abs. 3 StGB siehe nur *Stratenwerth*, Strafrecht Allgemeiner Teil, 3. Aufl. 1981, S. 200; *Maurach/Gössel* (Anm. 8), S. 38f.

[19] Vgl. etwa die Rechtsprechungsübersichten bei *Vogler*, in: LK, § 22 Rdn. 67-70, 132; *Eser*, in: *Schönke/Schröder*, § 22 Rdn. 39-45. Symptomatisch für die neue Linie etwa die (sehr restriktive) Entscheidung BGHSt. 35, 6 zum Versuch bei § 176 StGB — das Reichsgericht und auch der BGH in früheren Jahren hätten hier gewiß anders entschieden.

[20] Siehe z. B. BGHSt. 20, 150; für diese Abgrenzungsformel auch *J. Meyer*, ZStW 87 (1975), S. 598, 605; *Eser*, in: *Schönke/Schröder*, § 22 Rdn. 31 (der die Gefährdung allerdings zu eng auf das „geschützte Handlungs*objekt*" bezieht).

[21] Ausdrücklich in BGHSt. 35, 6, 9; ebenso im Schrifttum *Stratenwerth* (Anm. 18), S. 196; *Jakobs*, Strafrecht Allgemeiner Teil, 1983, S. 600; *Kratzsch*, JA 1983, 420, 423, 579; *Maurach/Gössel* (Anm. 8), S. 23.

[22] Siehe z. B. BGHSt. 26, 201, 203f.; BGH NJW 1980, 1759; BGH StV 1984, 420; BGH StV 1987, 528, 529. Überblick bei *Berz*, Jura 1984, 514-516.

Die Bezeichnung solcher Umschreibungen als „Zwischenaktstheorie“[24] greift sicher zu hoch. Wie immer man zum Inhalt der verwendeten Abgrenzungsformeln stehen mag[25] — sie beschreiben nicht die Lösung des Problems, sondern formulieren lediglich die Fragestellung neu, so daß es auch nicht überrascht, daß man bei Verwendung derselben „Kriterien“ zu entgegengesetzten Ergebnissen für konkrete Fallgestaltungen gelangen kann, und das jeweils mit guten Gründen[26]. Letztlich wird man sich wohl damit abfinden müssen, daß der Anfang des strafbaren Versuchs nicht mit einer zugleich abstrakt-griffigen und problemlos in praktische Lösungen umsetzbaren Formel einzufangen ist; zu sehr spielen bei der Frage, ob ein Verhalten noch sozial tolerierbare Vorbereitung oder bereits inkriminierter Rechtsgutsangriff ist, Elemente des Rechtsgefühls und der rechtspolitischen Weichenstellung mit[27].

Die erstaunlichste Wandlung hat sich in den letzten 60 Jahren in der Strafrechtslehre vollzogen. Die objektivistische Auffassung des Versuchs mit ihren Konsequenzen wird seit den sechziger Jahren nur noch ganz vereinzelt vertreten[28]. *Spendel*, der zuletzt noch Rettungsversuche für diese früher ganz herrschende Lehre unternommen hat, bezeichnet sich selbst als „einsamen Rufer in der Wüste“[29]. Angesichts der heutigen Fassung der §§ 22 und 23 StGB ist die Meinung, Strafgrund und Grenzen der Versuchsstrafbarkeit entsprächen der objektiven Gefährlichkeit des Täterverhaltens, mit der lex positiva allerdings auch schwerlich in Übereinstimmung zu bringen.

---

[23] Z. B. BGHSt. 28, 162, 163; dezidiert für dieses Kriterium, kombiniert mit demjenigen des „Zugriffs auf die Opfersphäre“, *Roxin*, JuS 1979, 1, 4; ablehnend *Vogler*, in: LK, § 22 Rdn. 48-53; kritisch auch *J. Meyer*, ZStW 87 (1975), S. 598, 607; *Kratzsch*, JA 1983, 420, 424; *Berz*, Jura 1984, 511, 516f.; *Lackner*, StGB, 17. Aufl. 1987, § 22 Anm. 1 b.

[24] Mißverständlich auch „Teilaktstheorie“ genannt; *Vogler*, in: LK, § 22 Rdn. 39.

[25] An den Abgrenzungsformeln des BGH wird beispielsweise mit Recht kritisiert, daß die Meinung des Täters, jetzt gehe es los, mehr mit der Festigkeit seines Tatentschlusses als mit dem Ansetzen zur Tatbestandsverwirklichung zu tun hat; *Eser*, in: *Schönke / Schröder*, § 22 Rdn. 41. Auch die „Zwischenakts“-Formulierung ist beliebig dehnbar, je nachdem wieviel Phantasie man bei der Kreation noch möglicher Zwischenakte walten läßt; *Roxin*, JuS 1979, 1, 4; *Stratenwerth* (Anm. 18), S. 196; *Jakobs* (Anm. 21), S. 602; *Kratzsch*, JA 1983, 420, 422. Zustimmend zur Zwischenaktsformel aber z. B. *Vogler*, in: LK, § 22 Rdn. 39; *Berz*, Jura 1984, 517; *Rudolphi*, SK StGB, § 22 Rdn. 9; *Jescheck*, Lehrbuch des Strafrechts, Allgemeiner Teil, 4. Aufl. 1988, S. 468; *Maurach / Gössel* (Anm. 8), S. 24.

[26] Vgl. etwa die kontroverse Beurteilung der Fälle, in denen das vom Täter ins Auge gefaßte Opfer nicht am „Tatort“ ist, wie in BGH NJW 1952, 514 und in BGHSt. 26, 201; Darstellung und Nachweise zu diesen „Auflauerungs- und Erwartungsfällen“ bei *Roxin*, JuS 1979, 1, 5f.

[27] Siehe auch *Stratenwerth* (Anm. 18), S. 198; *Haft*, Strafrecht Allgemeiner Teil, 3. Aufl. 1987, S. 229. Offen für eine nicht näher strukturierte „ganzheitliche Betrachtung“ daher auch *Schmidhäuser*, Strafrecht Allgemeiner Teil, Studienbuch, 1982, S. 350-354.

[28] *Treplin*, ZStW 76 (1964), S. 441; *Spendel*, NJW 1965, 1881; *ders.*, Festschrift für Stock, 1966, S. 89, 93; *Dicke*, JuS 1968, 157, 161 (Versuch als abstraktes Gefährdungsdelikt).

[29] *Spendel*, Festschrift für Stock, 1966, S. 89.

Der entscheidende Umschwung in der deutschen Strafrechtslehre datiert jedoch weit früher als 1975. Gelegentlich findet man den etwas maliziösen Hinweis, daß die Abkehr von der objektiven Versuchstheorie durch die Wendung der nationalsozialistischen Doktrin zum „Willensstrafrecht" veranlaßt worden sei, die das Verbrechen in erster Linie als Pflichtverletzung auffaßte[30]. Doch ist dies zumindest nicht die ganze Wahrheit[31]. Ein älterer Zweig der subjektivistischen Versuchslehre läßt sich zu ganz anderen Wurzeln zurückverfolgen, nämlich zu der spezialpräventiven Orientierung an der Gefährlichkeit des Täters: Bestraft werden soll nach dieser Auffassung derjenige, der durch den Versuch der Deliktsbegehung seine rechtsfeindliche Einstellung demonstriert hat und von dem daher weitere, möglicherweise erfolgreiche Straftaten zu befürchten sind. Während Franz *von Liszt*, mit dessen Namen die individualpräventive Orientierung des Strafrechts in Deutschland verbunden ist, den Ausdehnungstendenzen seiner Strafzwecktheorie bekanntlich durch eine betont rechtsstaatlich-objektivistische Interpretation der Strafbarkeitsvoraussetzungen entgegengewirkt hat[32], haben andere eine unmittelbare Verbindung zwischen der Tätergefährlichkeit und dem Bedürfnis, Versuchsstrafe zu verhängen, hergestellt, indem sie die Intensität des verbrecherischen Willens (und damit die Wiederholungswahrscheinlichkeit) zum Maßstab nahmen[33].

Begünstigt wurde das Vordringen der subjektivistischen Versuchslehre außerdem durch Wandlungen in der Rechtsgutsauffassung. Je stärker sich der Rechtsgutsbegriff vergeistigte, je deutlicher als vom Strafrecht zu schützende Rechtsgüter nicht mehr Leben, Gesundheit, Eigentum oder Vermögen als konkrete Besitzstände eines Individuums, sondern die dahinter stehenden

---

[30] *Engisch*, in: Hundert Jahre Deutsches Rechtsleben, Bd. I, 1960, S. 401, 433 Fn. 68; *Spendel*, Festschrift für Stock, 1966, S. 89.

[31] Auffällig ist allerdings der Wandel der Auffassung etwa bei *Mezger*. Dieser hatte in seinem 1931 erschienenen „Strafrecht", S. 386-391, eindeutig die objektivistische Lehre verfochten. In: Deutsches Strafrecht, 1938, S. 107f., bejaht er dann jedoch den inzwischen eingetretenen „Wandel der Rechtsanschauungen" „im Hinblick auf den Übergang des kommenden deutschen Strafrechts zum Willensstrafrecht". Standhaft für die objektivistische Theorie unter ausdrücklicher Zurückweisung der „Ideologie des einseitigen Willensstrafrechts" dagegen *Nagler*, GS 115 (1941), S. 24, 32f., 36.

[32] Gerade Franz *von Liszt* ist einer der „Väter" der objektivistischen Versuchstheorie; siehe *F. von Liszt*, Lehrbuch des deutschen Strafrechts, 21./22. Aufl. 1919, § 47.

[33] So schon *E. von Liszt*, ZStW 25 (1905), S. 24, 27, 36 (Strafgrund des Versuchs sei der „einmal bewiesene und aller Wahrscheinlichkeit nach fortdauernde böse Wille, der noch Tausende neue gefährliche Handlungen erzeugen kann"); ähnlich *Engisch* (Anm. 30), S. 401, 435; *Kohlrausch / Lange*, StGB, 43. Aufl. 1961, § 43 Anm. III 3 (S. 146); auch *Waiblinger*, ZStW 69 (1957), S. 189, 190, 220f. Anklänge heute noch bei *Schmidhäuser* (Anm. 27), S. 339; *Alwart*, Strafwürdiges Versuchen, 1982, S. 170f.; mit Recht ablehnend z.B. *Spendel*, NJW 1965, 1881, 1884f.; *Stratenwerth*, Festgabe zum Schweizerischen Juristentag 1963, 1963, S. 247, 265; *Albrecht* (Anm. 1), S. 36. Daß diese Auffassung auch bei der Strafrechtsreform von großer Bedeutung war, zeigt anhand der Materialien J. *Meyer*, ZStW 87 (1975), S. 598, 603.

sozialen Werte[34] bzw. deren Achtungsanspruch[35] verstanden wurden, desto weniger konnte es darauf ankommen, ob es dem Täter gelungen war, ein bestimmtes Rechtsgutsobjekt in Mitleidenschaft zu ziehen. Für das Strafrecht entscheidend konnte nach dieser Auffassung vielmehr allein die betätigte Mißachtung des Rechtsguts als eines sozialen Werts sein[36].

Für den Siegeszug der subjektivistischen Auffassung entscheidend waren jedoch die Umbrüche in der deutschen Unrechtslehre. Solange Unrecht als schädliche und daher verbotene Veränderung eines Zustandes in der Außenwelt verstanden wurde, war der vom Reichsgericht zugrunde gelegte Versuchsbegriff ein Fremdkörper — die vergeblich ins Werk gesetzte bloße Absicht des Täters, den Tatbestand zu erfüllen, bewirkte ja gerade *keinen* Unrechtserfolg im objektiven Sinne und konnte daher schwerlich eine Bewertung des Verhaltens als Unrecht begründen. Erst durch die auf *Welzel* zurückführende Lehre vom Handlungsunrecht bekam die subjektivistische Versuchsauffassung dogmatischen Boden unter die Füße; und innerhalb kurzer Zeit gelang ihr dann auch die Metamorphose von einer nur kriminalpolitisch begründeten Notlösung zu einem integralen Bestandteil des strafrechtsdogmatischen Lehrgebäudes. Bekanntlich lag ein wesentliches Argument für die Anerkennung subjektiver Tatbestandselemente immer schon in der Struktur des Versuchsunrechts[37]. Ob sich der für die Strafwürdigkeit eines Verhaltens maßgebliche Handlungsunwert in der bloßen rechtsgutsfeindlichen Intention erschöpft, ob er darüber hinaus auch die Handlung selbst bis zum letzten vom Täter für notwendig gehaltenen Schritt oder sogar noch den Eintritt des Erfolges umfaßt, ist auch noch innerhalb der heutigen deutschen Unrechtslehre umstritten[38]. Für die Entwicklung der Versuchstheorie kam es auf diesen Disput aber nicht entscheidend an; ausschlaggebend war allein, daß es die Lehre vom Handlungsunrecht ermöglichte, schon in der finalen Betätigung des auf die Tatbestandsverwirklichung gerichteten Willens strafbares Unrecht zu sehen, so daß die Frage der Erfolgsherbeiführung ihre unrechtskonstitutive Relevanz verlor.

---

[34] Siehe insbesondere *Welzel*, Das Deutsche Strafrecht, 11. Aufl. 1969, S. 1-5 (Rechtsgüterschutz durch Schutz der „elementaren sozialethischen Handlungswerte"); siehe dazu auch *Krauß*, ZStW 76 (1964), S. 19, 39, 45, 53f.

[35] *Schmidhäuser* (Anm. 27), S. 81f.

[36] Besonders deutlich etwa bei *Schmidhäuser*, Strafrecht Allgemeiner Teil, Lehrbuch, 2. Aufl. 1975, 2/31; *ders.* (Anm. 27), S. 338; *Sax*, JZ 1976, 429, 432f.; *Alwart* (Anm. 33), S. 175; auch *Berz*, Formelle Tatbestandsverwirklichung und materieller Rechtsgüterschutz, 1985, S. 44. *Welzel* (Anm. 34), S. 2, spricht in ähnlichem Sinne von der Aufgabe des Strafrechts, „die Geltung der positiven sozialethischen Aktwerte" zu sichern.

[37] Siehe nur *Welzel* (Anm. 34), S. 60f.; Armin *Kaufmann*, Festschrift für Welzel, 1974, S. 393, 402.

[38] Siehe den aktuellen Überblick bei *Lenckner*, in: *Schönke / Schröder*, vor § 13 Rdn. 56 m.w.N., sowie *Hirsch*, Festschrift Rechtswissenschaftliche Fakultät Köln, 1988, S. 399, 409f.; auch schon *Krauß*, ZStW 76 (1964), S. 19, 61-63.

Die subjektivistische Grundauffassung hat sich somit in Gesetzgebung, Rechtsprechung und Lehre gleichermaßen durchgesetzt. Allerdings gelang ihr das, so ist zu vermuten, nur deshalb so vollständig, weil sie Kompromisse eingegangen ist und so die Bedenken abgeschwächt hat, die der subjektivistischen Lehre seit jeher wegen ihrer Tendenz zur Expansion des Bereichs des Strafbaren entgegengebracht werden. Manche Beobachter sehen das Charakteristikum der heutigen Versuchslehre geradezu im Ausgleich der hergebrachten Gegensätze[39], in der Nivellierung des Kontrasts zwischen Objektiv und Subjektiv zu bloßen Aspekten einer übergreifenden Versuchsdoktrin[40].

Zu erwähnen ist in diesem Zusammenhang die von *Schmidhäuser* begründete und von seinem Schüler *Alwart* ausgebaute dualistische Theorie, nach der der Versuch, eine Straftat zu begehen, nur dann strafwürdig ist, wenn er entweder von der Absicht der Tatbestandsverwirklichung getragen ist oder in die gefährliche Nähe der Vollendung gelangt[41]. Hinsichtlich der Grundlegung der Versuchsstrafbarkeit weichen *Schmidhäuser* und *Alwart* insofern von der Mehrheitsmeinung ab, als sie sowohl die subjektive Auflehnung des Täters als auch die objektive Gefährlichkeit seines Tuns jeweils für sich allein prinzipiell zur Begründung des Unwerturteils ausreichen lassen. In den praktischen Ergebnissen unterscheidet sich ihre Auffassung dadurch von derjenigen der Mehrheit, daß ihr zufolge Handlungen, die mit „einfachem" dolus directus oder mit dolus eventualis ausgeführt werden und keine konkrete Gefährdung des Rechtsgutsobjekts bewirken, nicht als Versuch strafbar sind.

Eine von vielen Strafrechtslehrern vertretene Auffassung will demgegenüber subjektive und objektive Elemente nicht alternativ, sondern nur kumulativ zur Begründung der Versuchsstrafbarkeit genügen lassen. Diese Ansicht, die auf Ludwig *von Bar* zurückgeht[42], hält zwar am subjektivistischen Ausgangspunkt fest, verbindet ihn aber mit der Einschränkung, daß das Verhalten des Täters nur dann als Versuch strafbar sein soll, wenn es „das Vertrauen der Allgemeinheit in die Geltung der Rechtsordnung zu erschüttern geeignet ist"[43]. Nur in diesem Falle gefährde der Versuch den Rechtsfrieden und bedürfe deshalb der Sanktionierung[44]. Für diese Lehre wurde der Begriff „Eindruckstheorie"

---

[39] Siehe etwa die Lehre von der „sichtbar-eindrucksvollen, geltungserschütternden Willensgefahr" bei *Salm*, Das versuchte Verbrechen, 1957, S. 4, 38 u.ö.

[40] *Kühl*, JuS 1980, 506; *Stratenwerth* (Anm. 18), S. 191; *Vogler*, in: LK, vor § 22 Rdn. 37.

[41] Siehe im einzelnen *Schmidhäuser* (Anm. 27), S. 338 ff.; *Alwart* (Anm. 33), S. 122 ff.

[42] *von Bar* (Anm. 7), S. 488 f., 532-539.

[43] So die Formulierung bei *Eser*, in: *Schönke/Schröder*, vor § 22 Rdn. 23; ähnlich J. *Meyer*, ZStW 87 (1975), S. 598, 604; *Roxin*, JuS 1979, 1; *Rudolphi*, in: SK StGB, vor § 22 Rdn. 13 (der zusätzlich noch auf die Erschütterung des „Gefühls der Rechtssicherheit" abstellt); *Jescheck* (Anm. 25), S. 462 f.; *Maurach/Gössel* (Anm. 8), S. 22; siehe auch schon *von Gemmingen*, ZStW 52 (1932), S. 153, 164 f. (der diese Auffassung in Zusammenhang mit der Restitutionstheorie *Welckers* bringt).

[44] *Roxin*, JuS 1979, 1.

geprägt. *Schünemann* hat sie mit Recht eine „rationale Rekonstruktion des dem Gesetzgeber vorschwebenden Regelungsplanes“ genannt, läßt sich mit dem Erfordernis des rechtserschütternden Eindrucks doch sowohl die Forderung des § 22 StGB nach „unmittelbarem Ansetzen“ als auch die Möglichkeit des Absehens von Strafe beim grob unverständigen untauglichen Versuch (§ 23 Abs. 3 StGB) erklären.

Das Bild der Versuchslehre in der Gegenwart ist mithin von Konsens und friedlichem Ausgleich geprägt. Rechtsprechung und Wissenschaft sind sich auf der Basis der gesetzlichen Regelung weitgehend darin einig, daß Grund der Versuchsstrafbarkeit der betätigte rechtsfeindliche Wille des Täters ist, aber auch darin, daß nicht *jede* Art seiner Betätigung Strafe verdient.

III.

Wenn wir abschließend noch einen prophetischen Blick auf die weitere Entwicklung der deutschen Versuchslehre wagen, so können wir uns auf die Zukunftschancen der in der Lehre vertretenen Auffassungen beschränken. Was die Rechtsprechung betrifft, so spricht viel dafür, daß die Vernunft der Praxis sie an der seit 1880 verfolgten Linie auch weiterhin festhalten läßt.

Gering dürften die langfristigen Überlebensaussichten der *dualistischen* Versuchstheorie sein. Sie gelangt zwar für die bei *Schmidhäuser* diskutierten Fallgestaltungen zu durchaus plausiblen Lösungen, begründet diese jedoch eher mit dem allgemeinen Rechtsgefühl als durch Deduktion aus ihren theoretischen Prämissen[45]. Zudem ist sie allzu eng mit dem spezifischen von *Schmidhäuser* entwickelten Unrechtsbegriff[46] verknüpft, als daß sie auf allgemeine Anerkennung hoffen dürfte. Und überdies erscheint angesichts der Entwicklung der Diskussion um den Vorsatzbegriff wenig einleuchtend, daß die Grenze zwischen strafbarem und straflosem Verhalten gerade zwischen Absicht und direktem Vorsatz verlaufen soll[47].

Aber auch die heute favorisierte *Eindruckstheorie* dürfte keiner großen Zukunft entgegensehen. Sie hat zwar den Vorzug, einige, wenn auch nicht alle[48]

---

[45] Siehe die topische „ganzheitliche Betrachtung“ zur Abgrenzung zwischen Vorbereitung und Versuch bei *Schmidhäuser* (Anm. 27), S. 350-354; ebenso S. 348f. zu der Frage, ob der Täter die Tatsituation kennen muß.

[46] *Schmidhäuser* (Anm. 27), S. 85-88. In der vorgelegten Form nicht zwingend ist auch bei *Alwart* (Anm. 33) die Ableitung mancher rechtlicher Prämissen aus der Umgangssprache (S. 122-131) und dem „Phänomen alltäglichen Handelns“ (S. 173).

[47] Die Begründung bei *Schmidhäuser* (Anm. 27), S. 339, dem direkten oder bedingten Vorsatz fehle „die für eine (unwerte) Intention spezifische Bedrohlichkeit“, überzeugt nicht; denn auch derjenige Täter, der um die Erreichung anderer Ziele willen das Risiko der Verletzung fremder Rechtsgüter bewußt hinnimmt, erscheint durchaus (auch für die Zukunft) als „bedrohlich“; ebenso *Rudolphi*, in: SK StGB, vor § 22 Rdn. 14.

Regelungen des positiven Rechts widerzuspiegeln, und eignet sich deshalb gut für gesetzesapologetische oder didaktische Zwecke. Eben dieser Vorzug spricht jedoch gegen ihre Überzeugungskraft als Theorie, teilt sie doch den Kompromißcharakter der in den §§ 22 und 23 StGB getroffenen Regelung und vermag nur mittels relativ unpräziser Formulierungen zum Ausdruck zu bringen, *warum* der subjektivistische Ansatz gerade in dem vorhandenen Umfang mit objektiven Elementen angereichert werden soll[49].

Als Vorteil der Eindruckstheorie wird gelegentlich angeführt, daß sie „den allgemeinen Strafzweck der Bewährung der Rechtsordnung in den Vordergrund stellt"[50]. Damit begibt sich diese Theorie aber gleichzeitig in unmittelbare Abhängigkeit zu einer spezifischen Ausprägung *einer* Strafzwecklehre, die heute gewiß verbreitete Zustimmung erfährt, morgen jedoch schon wieder aus der Mode sein kann[51]. Außerdem hat sich die Strafrechtsdoktrin bisher mit gutem Grund davor gehütet, die Lösung dogmatischer Einzelfragen unmittelbar aus den postulierten „letzten Gründen" des Strafrechts als solchen herzuleiten[52].

Die Problematik wird noch durch die Unbestimmtheit der verwendeten Formulierungen und der hinter ihnen stehenden Konzepte gesteigert[53]. Wenn von einer Beeinträchtigung des Sicherheitsgefühls der Allgemeinheit die Rede ist, denkt man als unbefangener Leser zunächst an Befragungen derjenigen, die Zeugen des fraglichen Verhaltens geworden sind[54]. Demgegenüber betonen die

---

[48] So erklärt diese Lehre beispielsweise nicht präzise, warum die Strafe auch beim durchaus tauglichen Versuch gemildert werden kann (siehe die Formulierung bei *Roxin*, JuS 1979, 1, bei Ausbleiben des Erfolges werde „das allgemeine Gefühl der Rechtssicherheit meist weniger beeinträchtigt als bei vollendeter Tat") und warum Vorbereitungshandlungen auch dann generell straflos bleiben, wenn das eindeutig als rechtsgutfeindlich erkennbare Verhalten des Täters zur Erschütterung des Sicherheitsgefühls der Allgemeinheit durchaus geeignet ist. Wie hier die Kritik bei *Kühl*, JuS 1980, 506, 507; *Jakobs* (Anm. 21), S. 588f.

[49] Den ad-hoc-Charakter dieser Lehre betonen auch *Stratenwerth* (Anm. 18), S. 192; *Jakobs* (Anm. 21), S. 588.

[50] *Vogler*, in: LK, vor § 22 Rdn. 54; ähnlich *Schünemann*, GA 1986, 293, 311 („Hinwendung zu einer generalpräventiven Strafrechtsbegründung").

[51] Vgl. die Kritik bei *Alwart* (Anm. 33), S. 227, der „das Postulat, individuelle ‚Rechtstreue' zu zelebrieren", mit einem „ablehnungswürdigen reinen Gesinnungsstrafrecht" in Zusammenhang bringt.

[52] *Kühl*, JuS 1980, 506, 507; *Stratenwerth* (Anm. 18), S. 192; *Alwart* (Anm. 33), S. 210.

[53] Siehe *Roxin*, JuS 1979, 1, 5, 6; besonders deutlich *Schünemann*, GA 1986, 293, 312, 320f., 324-326, der mit der Eindruckstheorie beispielsweise die Straflosigkeit eines von einem polizeilichen agent provocateur angestifteten Rauschgifttäters begründet; *Timpe*, Strafmilderungen des Allgemeinen Teils des StGB und das Doppelverwertungsverbot, 1983, S. 99f., leitet aus dem Maß der „Geltungsschädigung für die Norm" sogar die Forderung nach obligatorischer Strafmilderung beim Versuch ab.

[54] So könnte *Schünemann*, GA 1986, 293, 316, zu verstehen sein, wenn er von einem intuitiven „Bedrohungserlebnis" spricht. Auch er legt jedoch letztlich einen normativen Begriff des „Sekuritätsgefühls" zugrunde. Tatsächlich würde ein empirisches Verständnis

meisten Vertreter der Eindruckstheorie, daß es keineswegs um derartige empirische Feststellungen der tatsächlichen Beeinträchtigung, sondern um normativ geleitete Entscheidungen darüber gehe, welches Verhalten zur Erschütterung des Rechtsgefühls *geeignet* sei[55]. Darüber aber läßt sich ohne empirische Basis und im luftleeren akademischen Raum trefflich streiten[56].

Sieht man näher hin, so bleibt im übrigen bei der Eindruckstheorie eine wesentliche Frage offen: Soll der rechtserschütternde Eindruck von der objektiv beobachtbaren Vorgehensweise des Täters oder — bei äußerlich neutralem Verhalten — von seiner innerlich gehegten rechtsgutsfeindlichen Absicht ausgehen? Die beiden möglichen Antworten auf diese ungeklärte Frage lassen die Eindruckstheorie in ihre Bestandteile zerfallen: in einen objektiven Zweig, bei dem es auf die äußerlich erkennbare Gefährdung des Rechtsgutsobjekts ankommt[57], und in eine subjektive Spielart, bei der letztlich doch wieder allein auf den rechtsfeindlichen Willen abgestellt und das fehlende objektive Element aus der unterstellten Kenntnis der Täterpsyche hinzugezaubert wird[58].

Die flüssigen Formulierungen der Eindruckstheorie spiegeln, so muß man befürchten, einen Kompromiß vor, der in der Sache nicht wirklich existiert — dies dürfte sich spätestens dann zeigen, wenn man darangeht, den Gehalt dieser Lehre zu spezifizieren und sie nicht nur als Notverband über die offenen Brüche der Versuchsdoktrin zu legen.

Ein streng *subjektivistischer* Ansatz ruht demgegenüber in einem widerspruchsfreien Konzept: Strafe wird verhängt, um die soziale Geltung des Wertes, den der Täter mißachtet hat, eindrücklich zu bestätigen. Die bewußte und ins Werk gesetzte Auflehnung gegen die Norm stellt beim vollendeten ebenso wie

---

der Eindruckstheorie einige schwer lösbare Fragen aufwerfen: Soll es auf die tatsächliche Kenntnisnahme eines Beobachters *bei* oder *nach* der Tat ankommen? Sollen die Absichten des Täters immer als bekannt unterstellt werden? Oder nur dann, wenn er sie vor oder bei der Tat geäußert hat? Eine „heroische" Lösung dieser Fragen enthält die gelegentlich diskutierte Möglichkeit, nur (äußerlich) „unzweideutig" auf die (oder: eine?) Deliktsbegehung gerichtete Handlungen als strafbare Versuche anzusehen; vgl. *J. Meyer*, ZStW 87 (1975), S. 598, 611 f.; *Jakobs*, ZStW 97 (1985), S. 751, 760-763. Von den meisten Vertretern der Eindruckstheorie werden dergleichen Überlegungen aber gar nicht angestellt; daher geht die verschiedentlich geäußerte Kritik an der mangelnden empirischen Fundierung des Modells ins Leere; siehe etwa *Stratenwerth* (Anm. 18), S. 192; *Alwart* (Anm. 33), S. 210; *Kratzsch*, JA 1983, 420, 424.

55 Vgl. *Alwart* (Anm. 33), S. 210; *Rudolphi*, in: SK StGB, vor § 22 Rdn. 13.

56 Siehe etwa die unterschiedliche Beurteilung des in BGHSt. 20, 150 entschiedenen Falles bei *J. Meyer*, ZStW 87 (1975), S. 598, 611, und *Roxin*, JuS 1979, 1, 5.

57 So ist wohl der „Vater" der Eindruckstheorie zu verstehen: *von Bar* (Anm. 7), S. 532-534; danach soll eine „unschuldig erscheinende Tätigkeit" auch nicht durch ein nachträgliches Geständnis zum strafbaren Versuch werden können.

58 *Roxin*, JuS 1979, 1, und *Vogler*, in: LK, vor § 22 Rdn. 54, stellen beide Möglichkeiten alternativ nebeneinander. Wenn danach die gefühlserschütternde Wirkung allein des bösen Willens ausreicht, bleibt unterm Strich eine rein subjektive Versuchstheorie übrig. Kritisch auch *Alwart* (Anm. 33), S. 210 f.

beim versuchten Delikt das Unrecht dar, auf das der Staat mit Schuldspruch und Strafe reagiert[59]. Da schon der vorsätzliche Angriff auf den sozialen Wert grundsätzlich strafwürdiges Unrecht ist, kann die Frage, ob der vom Täter ins Auge gefaßte Erfolg eingetreten ist, allenfalls für das Maß der Strafe von Bedeutung sein[60].

Trotz seiner inneren Geschlossenheit ist freilich auch dieses Konzept der Kritik ausgesetzt. Die Einwände richten sich zunächst gegen das Fundament des dogmatischen Gebäudes, also gegen die Ausrichtung des Strafzwecks an dem Ziel, bestimmten Werten Anerkennung zu verschaffen. Wenn das Strafrecht in erster Linie dazu dienen soll, die rechtstreue Gesinnung der Bürger zu stärken oder, moderner formuliert, die Normgeltung zu stabilisieren; wenn sich die vom Positivismus noch handfest-material verstandenen Rechtsgüter so weit vergeistigen, daß sie nur in einer allgemeinen „Störung der Rechtsordnung" wiederzufinden sind, dann muß dies das böse Wort vom „Gesinnungsstrafrecht" herausfordern[61] — nicht weil es nach der kritisierten Theorie auf die Umsetzung der Gesinnung in die Tat nicht mehr ankäme, sondern weil sie das Strafrecht insgesamt darauf ausrichtet, bestimmte („rechtliche") Gesinnungen zu fördern und andere zu unterdrücken[62].

Konkret auf den Bereich der Versuchsstrafbarkeit bezieht sich das aus jenem grundsätzlichen Einwand abgeleitete Monitum, der subjektivistische Ansatz begünstige eine theoretisch nicht begrenzbare Ausdehnung der Versuchsstraf-

---

[59] Für dieses Konzept grundlegend *Welzel* (Anm. 34), S. 193, nach dem die Rechtsordnung eine „das Volksleben gestaltende geistige Macht" ist: „Die Realität und Geltung dieser geistigen Macht wird aber schon durch einen Willen verletzt, der Handlungen vornimmt, die er für eine taugliche Ausführungshandlung eines Verbrechens hält." Ähnlich *Waiblinger*, ZStW 69 (1957), S. 189, 202; *Sax*, JZ 1976, 429, 433; am klarsten *Jakobs* (Anm. 21), S. 583, 589.

[60] Ob der Erfolg für das Unrecht ganz außer Betracht zu bleiben hat (so die wohl konsequente Lösung von Armin *Kaufmann*, ZStW 80 (1968), S. 50f.; *ders.*, Festschrift für Welzel, 1974, S. 393, 403; *Zielinski*, Handlungs- und Erfolgsunwert im Unrechtsbegriff, 1973, S. 214-216 u.ö.; *Welzel* (Anm. 34), S. 189, spricht von „tief verwurzelten irrationalen Anschauungen, daß zur vollen Tat doch auch der Erfolg gehört") oder ob er doch *ein* Element des Unrechts darstellt und deshalb bei der Rechtsfolgenbestimmung zu berücksichtigen ist (so z. B. *Stratenwerth*, Festgabe zum Schweizerischen Juristentag 1963, 1963, S. 247, 254-257; *ders.* (Anm. 18), S. 192; *Hirsch*, ZStW 94 (1982), S. 239, 242-248; *Lenckner*, in: *Schönke/Schröder*, vor § 13 Rdn. 56-59), ist für die Begründung der Versuchsstrafbarkeit unerheblich. Siehe zu dieser Frage auch die eingehende Untersuchung von *Rudolphi*, Festschrift für Maurach, 1972, S. 51.

[61] *Spendel*, NJW 1965, 1881, 1882, 1887; *ders.*, Festschrift für Stock, 1966, S. 89, 92, 97; *Vogler*, in: LK, vor §22 Rdn. 49; siehe auch *Schmidhäuser* (Anm. 27), S. 339; *Jakobs*, ZStW 97 (1985), S. 751, 759, die allerdings beide die gerügten *Prämissen* vertreten.

[62] *Rudolphi*, Festschrift für Maurach, 1972, S. 51, 71, bemerkt treffend, nach der subjektivistischen Versuchslehre sei der Rechtsgüterschutz nicht mehr Inhalt der Verhaltensnormen, sondern lediglich Motiv für Verhaltensnormen, deren Zielsetzung über den präventiven Rechtsgüterschutz hinausreicht. Ein solches reines Täterstrafrecht sei aber verfassungswidrig (a. a. O. S. 72).

barkeit, er führe — wie *Jakobs* formuliert — ins Uferlose[63]. Tatsächlich lassen sich die in §§ 22 und 23 StGB vorgesehenen Begrenzungen der Versuchsstrafbarkeit zwar als „Einschränkungen" mit dem subjektivistischen Ansatz irgendwie vereinbaren — aus ihm heraus begründen lassen sie sich jedoch kaum. Wenn das strafwürdige Unrecht in der aktiven Auflehnung gegen den strafrechtlich geschützten sozialen Wert liegt, dann fehlt es nicht nur an theoretisch begründbaren Kriterien für eine Grenzziehung zwischen Vorbereitung und Versuch[64], sondern selbst an einer Erklärung für die Tatsache, daß „eindeutige" Vorbereitungshandlungen überhaupt von der Strafbarkeit ausgenommen werden[65]. Ja, schon manifest rechtsfeindliche Äußerungen, die die Mißachtung der geschützten Werte durch den Täter nach außen demonstrieren, müßten, jedenfalls wenn sie aus dem Raum der engsten Privatsphäre hinausdringen, als ebenso gefährlich für die Normgeltung wie ein Versuch angesehen und bestraft werden[66]. Charakteristisch sind schließlich auch die Probleme, die die subjektivistische Auffassung seit jeher mit der Erklärung der milderen Bestrafung des Versuchs gegenüber der Vollendung[67] und auch mit der Straflosigkeit oder weitgehenden Strafmilderung beim sogenannten irrealen Versuch hat[68] — wenn der „normale" untaugliche Versuch wegen der in gutsfeindlicher Absicht unternommenen Handlung des Täters bestraft wird, dann müßte diese ratio der Strafbarkeit auch denjenigen, gleichermaßen rechtsgutverachtenden Täter

---

[63] *Jakobs*, ZStW 97 (1985), S. 751, 753.

[64] Das von *Jakobs* (Anm. 21), S. 590, eingeführte Abgrenzungskriterium der „Tatbestandsnähe" läßt sich zwar gut mit dem zu vernünftigen Ergebnissen führenden Topoi-Katalog (a. a. O. S. 603-606) vereinbaren, ist aber axiologisch nicht aus *Jakobs'* Versuchstheorie begründet. Die Unfähigkeit der subjektivistischen Theorie zur Grenzziehung beklagen auch *Vogler*, in: LK, § 22 Rdn. 41; *Maurach/Gössel* (Anm. 8), S. 21.

[65] So schon *von Hippel* (Anm. 2), S. 421; ähnlich *Kratzsch*, JA 1983, 420, 424, 426. Auch die Erklärung von *Stratenwerth* (Anm. 18), S. 188, Vorbereitungshandlungen würden deshalb nicht mit Strafe bedroht, weil sie „ihrem äußeren Erscheinungsbild nach zumeist mit der sozialen Ordnung völlig in Einklang stehen", ist nicht nur recht vage, sondern widerspricht auch dem subjektivistischen Ausgangspunkt: Auch der untaugliche Versuch kann äußerlich mit der sozialen Ordnung in Einklang stehen; dies spielt aber keine Rolle, weil es nur darauf ankommt, daß der verbrecherische Wille *irgendwie* betätigt wird; vgl. RGSt. 1, 439, 441 f.

[66] *Spendel*, NJW 1965, 1881, 1883. *von Buri*, GS 32 (1880), S. 321, 324, hatte demgegenüber behauptet, in einem Geständnis des Täters drücke sich noch nicht dessen „objectivierter Wille" aus; dies erscheint jedoch vom subjektivistischen Standpunkt aus als eine willkürliche Einschränkung.

[67] *Dicke*, JuS 1968, 157, 158.

[68] *Spendel*, NJW 1965, 1881, 1883; *Albrecht* (Anm. 1), S. 29-33. Die Behauptung *Alwarts* (Anm. 33), S. 206, beim irrealen Versuch fehle es an der Bedrohlichkeit der Intention, leuchtet dagegen wenig ein. *Jakobs* (Anm. 21), S. 594, versucht das Problem zu umgehen, indem er § 23 Abs. 3 StGB zur bloßen Strafzumessungsvorschrift herunterspielt. *Maurach/Gössel* (Anm. 8), S. 43, räumen dagegen ein, daß § 23 Abs. 3 StGB eine Konsequenz der objektiven Theorie darstelle. Folgerichtig für volle Strafbarkeit auch des abergläubischen Versuchs früher *von Buri*, GS 32 (1880), S. 321, 369-371.

erfassen, der sich zur Erreichung seiner Zwecke grob unvernünftiger Mittel bedient.

Will man der zunehmend erkannten[69] Gefahr der Ausuferung des vom Strafrecht erfaßten Bereichs entgehen, so bleibt nur die Rückbesinnung auf den anderen Ausgangspunkt der Versuchslehre, auf den *objektivistischen* Ansatz. Gewiß — „aktuell" ist diese Versuchsauffassung nicht, weil sie mit dem Wortlaut des geltenden Rechts nicht vereinbart werden kann[70]. Aber an die Einzelheiten der lex positiva sind wir bei unserem Blick in eine fernere Zukunft nicht gebunden. Wie steht es jedoch mit den übrigen Einwänden gegen die objektivistische Theorie, die ja seit langem bekannt sind? Ihr zentraler Begriff, die Gefährlichkeit des Versuchs, sei, wenn nicht schon logisch widersprüchlich[71], so doch vage und qualitativ nicht abgrenzbar[72]; außerdem führe diese Auffassung, sofern sie die Strafbarkeit auf Fälle konkreter Gefahr der Tatbestandsverwirklichung begrenzt, zu kriminalpolitisch unhaltbaren Ergebnissen[73].

Bevor wir die Stichhaltigkeit dieser Kritikpunkte erörtern, soll ein wesentlicher Vorzug der objektivistischen Versuchstheorie hervorgehoben werden: Sie beruht auf einem geschlossenen Konzept der Unrechtsbegründung, das gleichermaßen für das vollendete wie für das versuchte Delikt gilt[74]. Die subjektivistische Lehre muß sich dagegen entweder einen Bruch in ihrer Konzeption vorwerfen lassen, wenn sie den Schwerpunkt des Unrechtsvorwurfs bei der vollendeten Straftat auf die objektive Rechtsgutsverletzung, beim Versuch aber auf den Vorsatz des Täters legt[75]; oder sie vermeidet diesen Bruch um den Preis einer abstrahierenden Verflüchtigung des Rechtsgutsbegriffs[76]. Zwar ist nicht zu verkennen, daß auch zwischen der Gefährdung und der Verletzung des tatbestandlich geschützten Rechtsgutsobjekts ein qualitativer Schritt liegt, doch ist in den letzten Jahrzehnten — erinnert sei nur an das Straßenverkehrs- und Umweltstrafrecht — die Sensibilität dafür gewachsen, daß nicht nur akut schädigendes, sondern auch „nur" gefährliches Verhalten eine empfindliche Störung der Sozialordnung bedeuten kann[77].

---

[69] Siehe nur *Jakobs*, ZStW 97 (1985), S. 751.

[70] *Kratzsch*, JA 1983, 420, 425; *Vogler*, in: LK, vor § 22 Rdn. 45; *Eser*, in: *Schönke / Schröder*, vor § 22 Rdn. 20; *Jescheck* (Anm. 25), S. 462.

[71] So bekanntlich die Argumentation in RGSt. 1, 439; dagegen schon *von Hippel* (Anm. 2), S. 427.

[72] *Stratenwerth* (Anm. 18), S. 201; *Alwart* (Anm. 33), S. 223; *Jakobs* (Anm. 21), S. 587, 600.

[73] *Albrecht* (Anm. 1), S. 21.

[74] *Spendel*, Festschrift für Stock, 1966, S. 89, 90.

[75] Siehe die Kritik bei *Albrecht* (Anm. 1), S. 25; *Vogler*, in: LK, vor § 22 Rdn. 36.

[76] So *Jakobs* (Anm. 21), S. 586.

[77] Vgl. *Zielinski* (Anm. 60), S. 207 f.; *Berz* (Anm. 36), S. 55-58; *Tiedemann / Kindhäuser*, NStZ 1988, 337, 340.

Gleichzeitig hat sich auch die Dogmatik der Gefährdungsdelikte sprunghaft weiterentwickelt[78]. Konnte man vor einigen Jahren noch sagen, daß der Gefährdungsbegriff ein weißer Fleck auf der Landkarte der Strafrechtswissenschaft sei, so hat er heute, nicht zuletzt aufgrund der Existenz so vieler konkreter Gefährdungsdelikte im Strafgesetzbuch, relativ scharfe Konturen gewonnen und könnte durchaus auch zur Bewältigung der Versuchsproblematik taugen[79].

Die Frage, ob eine Handlung ein verbotenes Risiko für den Eintritt eines tatbestandsmäßigen Erfolges schafft, ist im übrigen heute bekanntlich nicht nur bei den Gefährdungsdelikten von Bedeutung, sondern hat sich zur Zentralfrage der Zurechnungslehre entwickelt[80]. Die neueren Überlegungen auf diesem Gebiet könnten einerseits dazu beitragen, das objektive Unrecht des Versuchs deutlicher als früher zu beschreiben; andererseits würde eine Versuchsauffassung, die nicht den rechtsfeindlichen Willen, sondern das bewußt geschaffene Risiko in den Mittelpunkt stellt, gut zu den Prämissen der Zurechnungslehre passen[81]. Als mögliches Schlußstück einer solchen Konzeption, das dann auch für die Versuchslehre die vollständige Harmonie zwischen objektiver und subjektiver Seite herstellen würde, könnte man sich schließlich eine Neuorientierung des Vorsatzbegriffs auf der Basis der von *Frisch* entwickelten Gedankengänge vorstellen[82].

Dies alles sind zunächst nicht mehr als Denkansätze. Wer sie für die Versuchslehre weiterverfolgen möchte, sieht sich allerdings dem obstinaten Einwand gegenüber, nur die gängige subjektivistische Theorie genüge dem kriminalpolitischen Bedürfnis nach Bestrafung auch aussichtsloser, d.h. konkret ungefährlicher Versuche[83]. Soll der Griff des Taschendiebs in die leere Tasche[84], der Versuch der Tötung mit ungeladenem Gewehr wirklich ungesühnt

---

[78] Siehe nur *Lackner*, Das konkrete Gefährdungsdelikt im Verkehrsstrafrecht, 1967; *Schröder*, ZStW 81 (1969), S. 7; *Gallas*, Festschrift für Heinitz, 1972, S. 171; *Brehm*, Zur Dogmatik des abstrakten Gefährdungsdelikts, 1973; *Horn*, Konkrete Gefährdungsdelikte, 1973; *Schünemann*, JA 1975, 787, 794-797; *Weber*, in: *Jescheck* (Hrsg.), Die Vorverlegung des Strafrechtsschutzes durch Gefährdungs- und Unternehmensdelikte (ZStW-Beiheft 1987), 1987, S. 1, 21 ff.; kritisch *Frisch*, Tatbestandsmäßiges Verhalten und Zurechnung des Erfolgs, 1989, S. 71-75.

[79] Siehe etwa die Anwendung des Gefährdungsbegriffs bei *Alwart* (Anm. 33), S. 176-180; siehe außerdem *Horn*, SK StGB, vor § 306 Rdn. 4-7.

[80] Siehe hierzu eingehend (und kritisch) *Frisch* (Anm. 78), S. 9-67.

[81] Über die in diesem Zusammenhang beklagten Unsicherheiten der Adäquanzlehre (siehe *Albrecht* [Anm. 1], S. 13; *Alwart* [Anm. 33], S. 225 f.) ist die Diskussion bereits ein gutes Stück hinausgelangt.

[82] *Frisch*, Vorsatz und Risiko, 1983, S. 118 ff.

[83] Auf die Gefahr für die „Autorität des Gesetzes“ bei Straflosigkeit ernstgemeinter, äußerlich kundgetaner Angriffe hat schon der Vater der subjektivistischen Theorie, *von Buri*, GS 32 (1880), S. 321, 349, verwiesen.

[84] Darüber, ob hier ex ante nicht bereits eine Rechtsgutsgefährdung gegeben ist, läßt sich im übrigen durchaus streiten; siehe einerseits *Treplin*, ZStW 76 (1964), S. 441, 460;

bleiben? Es ist einzuräumen, daß hier gravierende Probleme liegen, zumal bei einer streng auf die konkrete Gefahr abstellenden Betrachtungsweise auch viele Fälle des an sich tauglichen, aber unbeendeten Versuchs von vornherein straflos bleiben würden[85].

Trotzdem sollte man nicht aus kriminalpolitischer Zaghaftigkeit vor einer Rückführung der Strafbarkeit auf objektiv gefährliches Verhalten zurückscheuen. Zunächst ist festzustellen, daß das Bedürfnis, auch ungefährliche Versuche zu bestrafen, bisher zwar stets behauptet, aber noch nicht empirisch belegt worden ist. Die Tatsache, daß bei einer Reihe häufiger und auch relativ schwerwiegender Delikte der Versuch nach geltendem Recht insgesamt straflos ist, macht ebenso wie die Behandlung des irrealen Versuchs deutlich, daß wir uns hier in einer grauen Zone des Rechtsgefühls bewegen, innerhalb derer wir keine verläßlichen Aussagen darüber machen können, ob die Bestrafung von Angriffen, die nicht einmal in die Nähe des Erfolges gelangt sind, tatsächlich zur Wahrung der Normgeltung erforderlich ist[86]. Individualprävention kann man — auch diese Überlegung ist nicht neu — mit Hilfe der Versuchsstrafbarkeit ohnehin kaum treiben. Weiter ist zu bedenken, daß das Dunkelfeld bei kaum einer anderen Form strafbaren Verhaltens so groß sein dürfte wie bei den ungefährlichen Versuchen, deren Planung und Fehlschlag häufig weder vom intendierten Opfer noch von Dritten bemerkt wird. Bestraft wird heute also lediglich ein sehr kleiner Teil der Versuchstäter, und diese dürften sich von der Mehrheit eher durch besondere Ungeschicklichkeit oder Unvorsichtigkeit als durch exzessive Rechtsfeindlichkeit unterscheiden.

Man mag diese Fragen unterschiedlich beurteilen — der große Vorzug der objektivistischen Versuchsauffassung besteht darin, daß sie es erlaubt, diese Fragen *aufzuwerfen*. Die heute vorherrschende Versuchslehre schließt dagegen allzu rasch von dem (unbestreitbaren) Unrecht, das im Versuch der Tatbestandsverwirklichung liegt, auf dessen Strafwürdigkeit und von dieser wiederum auf die Strafbedürftigkeit fast aller Versuche. Diese Gedankenkette aufzubrechen und die Notwendigkeit der Versuchsbestrafung rational zu begründen — hierin dürfte die Herausforderung an eine moderne Versuchslehre auch für die nächsten Jahrzehnte liegen.

Spendel, Festschrift für Stock, 1966, S. 89, 107; andererseits *Albrecht* (Anm. 1), S. 92. Für Strafbarkeit dieser Fälle auf der Basis der objektivistischen Theorie auch schon *Mezger*, Strafrecht, 1931, S. 397.

[85] Hierauf weist richtig *Berz*, Jura 1984, 511, 513, hin; siehe auch schon *Bockelmann*, JZ 1954, 468, 471.

[86] Auch *Rudolphi*, Festschrift für Maurach, 1972, S. 51, 70, 72, betont, daß die Bestrafung untauglicher Versuche unter dem Aspekt des Rechtsgüterschutzes keineswegs zwingend geboten sei.

Schuldlehre

Entwicklung der Schuldlehre in Japan

Heikichi Ohno

I.

In einem Beitrag über die gegenwärtige Lage der japanischen Strafrechtswissenschaft hebt *Nishihara* hervor, daß die Strafrechtswissenschaft Japans nach dem Zweiten Weltkrieg davon ausgegangen sei, „daß das Erbe aus der Zeit vor dem Krieg zu übernehmen, der Schwerpunkt aber etwas stärker auf den Rechtsschutz des Staatsbürgers vor der staatlichen Gewalt zu legen sei. Dies kam zum Ausdruck im Rückgang der positivistischen und im Vordringen der klassischen Strafrechtslehre, aber auch in der Betonung der formalistischen Züge innerhalb der klassischen Auffassung."[1] Den Grund dafür, daß die japanische Strafrechtswissenschaft keine extreme Kritik an der vor dem Zweiten Weltkrieg herrschenden Strafrechtswissenschaft zu üben brauchte, sieht *Nishihara* darin, daß die japanische Strafrechtswissenschaft vor dem Weltkrieg im großen und ganzen nicht zu einem verschärften Nationalismus tendierte, zum anderen aber auch darin, daß in Japan keine so extrem unmenschliche Strafgesetzgebung und Strafjustiz herrschte wie in Deutschland unter dem Nationalsozialismus. „Es gab deshalb, abgesehen von formell-rechtlichen Problemen, nicht so viele materiell-rechtliche Aspekte, über die man reflektieren mußte."[2]

Es stellt sich allerdings die Frage, ob diese Ausführungen zutreffen. Die in Japan herrschende Meinung fordert nämlich eine gründliche Kritik der Strafrechtswissenschaft, die vor dem Zweiten Weltkrieg dominierte[3]. Hinter den Äußerungen der Strafrechtswissenschaft jener Zeit verbirgt sich nämlich die sogenannte „Tennosei-Ideologie", die Ausdruck des japanischen Totalitarismus und Nationalismus ist. Träger der Staatsgewalt war damals der Tenno, der seine Rechte aus der Autorität Gottes herleitete und an die Richter delegierte, die ihre Urteile folgerichtig „im Namen Gottes", also des Tennos, sprachen[4]. Das Recht des Richters zur schuldausgleichenden Vergeltung hatte somit staatsrechtliche

---

[1] *Nishihara*, Festschrift für Jescheck, Bd. 2, 1985, S. 1233.

[2] *Nishihara*, Festschrift für Jescheck, Bd. 2, 1985, S. 1233.

[3] Vgl. z. B. *Manabe*, Keiho-Zasshi 24 (1980), Heft 1, S. 57 f.; *Sawanobori*, Keiho-Zasshi 24 (1980), Heft 1, S. 74.

[4] *Kaino*, Tennosei, 1977; vgl. auch Gendai-Tennosei, The Hogaku-Seminar, Sonderheft 1 (1979), S. 260 ff.; Tokushu-Tennosei, Horitsu-Jiho 48 (1976), Heft 4, S. 8 ff.

Legitimation: Das Urteil war die stellvertretende Vollziehung des göttlichen Richteramtes und stellte die verletzte Gerechtigkeit wieder her.

Unter der heutigen demokratischen Staatsverfassung ist eine derartige Begründung selbstverständlich nicht mehr haltbar. In Japan herrscht jedoch noch immer eine gemeinschaftliche Staatsauffassung vor, wonach der Staat als Gesamtheit der Staatsbürger auf einem Staatsgebiet unter einer höchsten Gewalt anzusehen ist. Demgegenüber versteht die gesellschaftliche Staatsauffassung den Staat als eine Gesellschaft in der Gemeinschaft, deren Aufgabe in der politischen Kontrolle besteht[5].

II.

Das geltende japanische Strafgesetzbuch bekennt sich nicht ausdrücklich zum Schuldprinzip als dem höchsten kriminalpolitischen Grundsatz. Rechtsprechung und Lehre sind sich jedoch prinzipiell darüber einig, daß eine Strafe nur dann verhängt werden darf, wenn dem Täter wegen der Tat ein Schuldvorwurf gemacht werden kann. Bei der Diskussion um die Grundlage der Schuld geht es darum, ob die Willensfreiheit als Voraussetzung eines Schuldvorwurfs zu fordern ist. Während die sittliche Schuldlehre dies voraussetzt, sieht die konkurrierende soziale Schuldlehre die Gefährlichkeit des Täters als ausschlaggebendes Kriterium an und lehnt das Erfordernis der Willensfreiheit ab.

Der Streit zwischen sittlicher und sozialer Schuldlehre spielte sich vor dem Zweiten Weltkrieg zwischen den Anhängern einer Vergeltungsstrafe auf der einen und den Vertretern einer Zweckstrafe auf der anderen Seite ab[6]. Nach dem Zweiten Weltkrieg herrschte in der japanischen Strafrechtslehre der sittliche Schuldbegriff vor. Der Begriff der „Sittlichkeit" ist jedoch mehrdeutig, und gerade hieran setzt die Kritik an dieser Lehre an. Insbesondere *Ono*[7] und *Sawanobori*[8] haben die Betonung der staatlichen Sittlichkeit eingehend kritisiert.

Auch die japanische Rechtsprechung betont die staatliche Sittlichkeit. Dies ist jedoch problematisch, da die sittliche Schuldlehre dazu neigt, unethische Handlungen ohne weiteres zu bestrafen und somit die Tendenz zur Kriminalisierung zu verstärken. Dies zeigte sich auch im Besonderen Teil des Reformentwurfs von 1974, der den Katalog der strafbaren Handlungen vermehrt und erweitert hat.

---

[5] *Ohno*, Strafrecht, Allgemeiner Teil. Kurzlehrbuch, Bd. 1, 1987, S. 177 Fn. 5.

[6] *Makino*, Strafrecht, Allgemeiner Teil, Bd. 1, 1958, S. 21 ff., 170 ff.; Bd. 2, 1959, S. 497 ff.

[7] *Ono*, Über das Wesen der Strafe, 1955, S. 46 f., 60 ff.

[8] *Sawanobori* (Anm. 3), S. 71 ff.; *ders.*, Strafrecht. Grundriß, 1976, S. 66 ff.

Die Tendenz, jeden Verstoß gegen die Ethik zu kriminalisieren, knüpft an die Vorstellung an, die im Staat die oberste Verkörperung der Sittlichkeit sieht[9]. Dies widerspricht jedoch der gesellschaftlichen Staatsauffassung, derzufolge die Aufgabe des Staates lediglich in der politischen Kontrolle besteht.

Überdies ist strafrechtliche Schuld nicht sittliche Schuld, sondern Rechtsschuld. Die sittliche Schuld kann daher nicht der einzige Grund der Strafe sein, sondern es müssen zu deren Rechtfertigung pragmatische Notwendigkeiten hinzutreten. Die sittliche Schuld ist nur eine notwendige, aber keine hinreichende Bedingung für die Zurechnung zur strafrechtlichen Schuld. Pragmatische, strafzweckorientierte Überlegungen müssen im übrigen nicht nur der Begründung von Schuld, sondern auch der Begründung von Schuldausschließungsgründen zugrunde liegen. Aus dieser Theorie ergibt sich die Deliktskategorie „Kabatsuteki-Sekinin“[10] (strafbare und strafwürdige Schuld). Eine derartige Schuldkonzeption wurde bereits vor dem Zweiten Weltkrieg, zuerst von *Miyamoto*[11] und dann von *Saeki*[12] entwickelt. Sie ist in jüngster Zeit durch verschiedene japanische Strafrechtslehrer wieder aufgenommen worden[13].

Die heute in Japan überwiegende Ansicht verbindet Elemente beider Schuldlehren miteinander. Besondere Erwähnung verdient in diesem Zusammenhang zunächst die Auffassung *Dandos* zur Persönlichkeitsschuld[14]. In einem 1959 veröffentlichten Vortrag legt *Dando* dar, daß der Mensch weder eine unbedingt freiwillige, abstrakte Persönlichkeit sei, noch ein vollständig determiniertes schicksalhaftes, gegenständliches Dasein führe, sondern ein existenziales Dasein, und daß er, wenn auch innerhalb eines gewissen Spielraums, sein Verhalten selbst zu lenken und seine eigene Persönlichkeit spontan weiterzugestalten vermag[15]. Im Kern habe *Mezger* mit seiner Lehre von der Lebensführungsschuld[16] das Richtige getroffen; jedoch soll man nach *Dando* eher von „Persönlichkeitsgestaltungsschuld“ sprechen, da es sich nicht um die Lebens-

---

[9] *Sawanobori* (Anm. 3), S. 7; *Hirano*, ZStW 85 (1973), S. 503, 521.

[10] Vgl. *Nishihara*, Festschrift für Jescheck, Bd. 2, 1985, S. 1235f.; *Roxin*, Festschrift für Bockelmann, 1979, S. 279, 284.

[11] *Miyamoto*, Strafrecht. Grundriß, 1935, S. 105ff.

[12] *Saeki*, Strafrecht. Allgemeiner Teil, 2. Aufl. 1974, S. 122ff., 232ff., 236ff.

[13] *Asada*, Schuld und Verantwortlichkeit, Festschrift für Hiraba, 1977, S. 273, 288ff.; *ders.*, Grundprobleme der strafrechtlichen Schuldfähigkeit, Keiho-Riron no Gendaiteki-Tenkai, Soron 1 (1988), S. 208f.; *Nakayama*, Schuld und Wertung der Strafwürdigkeit, Festschrift für Hiraba, 1977, S. 252 ff.; *Yamanaka*, Der Rücktritt vom Versuch, Gendai-Keiho-Koza 5 (1982), S. 369f.; *Naito*, Grundprobleme der Schuldlehre, Hogaku-Kyoshitsu 66 (1986), S. 42.

[14] *Dando*, Strafrecht, Allgemeiner Teil. Lehrbuch, 2. Aufl. 1979, S. 238ff.

[15] *Dando*, GA 1959, 357, 358; vgl. dazu auch *Maurach/Zipf*, Strafrecht, Allgemeiner Teil, Teilbd. 1, 7. Aufl. 1987, S. 469f.

[16] *Mezger*, ZStW 57 (1938), S. 675, 689; vgl. dazu auch *Maurach/Zipf* (Anm. 15), S. 457ff.; *Jescheck*, Lehrbuch des Strafrechts, Allgemeiner Teil, 4. Aufl. 1988, S. 380f.

führung als solche, sondern um die Gestaltung der Persönlichkeit handelt, die zu der betreffenden Straftat geführt hat[17]. *Dando* gelangt zu dem Schluß, daß sich die von ihm vertretene Auffassung von derjenigen der Modernen Schule grundlegend unterscheide, da sie nicht zur „responsabilité sociale", sondern notwendig zur „responsabilité morale" führe und da sie nicht zur Symptomatik[18], sondern zur Realistik gelange. Deshalb fordert *Dando* eine Betrachtung der Einzeltatschuld, soweit die dahinterliegende Persönlichkeit mit berücksichtigt wird. Dabei könne die Tatschuld theoretisch getrennt von der Persönlichkeitsgestaltungsschuld gefaßt werden, in der Lebenswirklichkeit seien jedoch beide untrennbar miteinander verknüpft („Persönlichkeitsschuld")[19].

Dandos Lehre will den Menschen in seiner Gesamtpersönlichkeit erfassen. Er hält die Reduktion des Schuldbegriffs auf die Tatschuld für zu eng, da die hiervon nicht erfaßte Persönlichkeitsgestaltung ein wesentliches Element der Schuld sei[20]. *Dandos* Theorie wird jedoch in Japan überwiegend abgelehnt, und dies mit Recht, da die Feststellung der Persönlichkeitsgestaltungsschuld dem forensischen Beweis kaum zugänglich ist und da außerdem die Ausdehnung des Gegenstands des Schuldvorwurfs Bedenken erweckt[21].

Die Problematik des Schuldprinzips wurde auch während der Arbeiten an der Strafrechtsreform diskutiert. In seiner Kritik des Reformentwurfs legte *Hirano* hierzu seinen eigenen Standpunkt, der auf einem „weichen" Determinismus basiert[22], dar: „Der Charakter des Entwurfs wird durch den Begriff ‚Schuldprinzip' ausgedrückt ... Das Schuldprinzip beschreibt gewöhnlich den Grundsatz ‚Ohne Schuld keine Strafe'. (Dieser Grundsatz) schränkt die Entstehung von Straftaten ein, ist also sozusagen ein restriktives Prinzip. Man kann es in diesem Sinne als ‚negatives Schuldprinzip' bezeichnen. Nun kann das Schuldprinzip aber auch den Grundsatz ‚Wenn Schuld, dann Strafe' enthalten. Das ließe sich ‚positives Schuldprinzip' nennen. Im Vergleich zum negativen Schuldprinzip erweitert das positive Schuldprinzip den Entstehungsbereich der Straftaten; es ist ein ‚extensives Prinzip'."[23] *Hirano* führt weiter aus, daß eine Schuldlehre, die Schuld als moralischen Begriff verstehe und unter Leugnung der Kausalität des

---

[17] *Dando*, GA 1959, 357, 359; *ders.* (Anm. 14), S. 242 Fn. 7.

[18] Vgl. *Makino* (Anm. 6), Bd. 1, S. 312ff.; *ders.*, Gesetzlichkeitsprinzip und Symptomatik, 1918; *Tesar*, Die symptomatische Bedeutung des verbrecherischen Verhaltens, 1907; *Kollmann*, Die Stellung des Handlungsbegriffs im Strafrechtssystem, 1908.

[19] *Dando*, GA 1959, 357, 359; *ders.* (Anm. 14), S. 241.

[20] *Dando*, GA 1959, 357, 361, 363; *ders.* (Anm. 14), S. 241; vgl. auch *Jescheck*, Allgemeiner Teil, 1988, S. 48, 380f.

[21] *Hirano*, Strafrecht, Allgemeiner Teil, Bd. 1, 1972, S. 62f.; *Fukuda*, Die Problematik der modernen Schuldlehre, Jurist 313 (1965), S. 61; siehe auch *Roxin*, ZStW 96 (1984), S. 641, 648.

[22] Vgl. *Hirano*, Grundlagen des Strafrechts, 1966, S. 19; *Ohno*, Strafrecht und Willensfreiheit, Gendai-Keiho-Koza 1 (1977), S. 50ff.

[23] *Hirano*, ZStW 85 (1973), S. 503, 509.

Willens einen metaphysisch „freien" Willen annehme, der positiven Schuldlehre zuneige; das positive Schuldprinzip entspreche der absoluten Vergeltungstheorie, die ein Verbrechen stets mit Strafe belegen wolle. Die negative Schuldlehre erfasse demgegenüber den freien Willen empirisch und verstehe die Strafe als „notwendiges Übel" zum Schutz des Zusammenlebens der Individuen. Werde die Schuld moralisch erfaßt, so könne sich die Schuldtheorie sogar gemäß dem Prinzip „Strafe auch ohne Schuld" ausweiten. Die positive Schuldlehre schließe an die absolute Vergeltungstheorie an, sei aber realiter durch ein starkes Interesse an der Aufrechterhaltung der öffentlichen Sicherheit motiviert. Folglich erlaube es die Auferlegung einer Strafe, die die Grenzen der realen Schuld überschreitet, wenn dies zur Aufrechterhaltung der öffentlichen Sicherheit erforderlich ist. *Hirano* nennt dies ein „pervertiertes Schuldprinzip".

Der japanische Reformentwurf unternimmt es, nach *Hirano*, „das positive und das pervertierte Schuldprinzip zu verwirklichen"[24]. Im folgenden unterscheidet *Hirano* zwischen einem Schuldprinzip im engeren Sinne (Vorsatz und Fahrlässigkeit), einem Schuldprinzip im weiteren Sinne (Verneinung der Schuldfähigkeit mit der Folge therapeutischer Behandlung) und einem Schuldprinzip im weitesten Sinne (Relation von Schuldmaß und Strafmaß)[25]. Unter diesen Gesichtspunkten untersucht *Hirano* kritisch den japanischen Reformentwurf[26]. Er geht dabei insbesondere auf § 48 des Entwurfs[27] ein. *Hirano* moniert vor allem, daß das Verhältnis der beiden Absätze zueinander nicht klar sei. Er meint, daß sich in dieser Regelung die Spielraum- oder Rahmentheorie niederschlage[28]. Nach der Begründung zum Entwurf solle das Strafmaß innerhalb des Schuldrahmens bestimmt werden und dabei die in Abs. 2 genannten Faktoren bei der endgültigen Festsetzung der Strafe berücksichtigt werden. Es dürfe also weder eine strengere noch eine mildere als die schuldadäquate Strafe festgesetzt werden. Dies bedeute nichts anderes als: „Wenn Schuld, dann Strafe". Außerdem wolle der Entwurf mit Hilfe der Rahmentheorie die unbestimmte Strafe für Gewohnheitstäter rechtfertigen[29]. Dies legt, so *Hirano*,

---

[24] *Hirano*, ZStW 85 (1973), S. 503, 510.

[25] *Hirano*, ZStW 85 (1973), S. 503, 510f.

[26] *Hirano*, ZStW 85 (1973), S. 503, 514f.

[27] In der Übersetzung *Hiranos* lautet § 48 des Entwurfs:
(1) Die Strafe ist entsprechend der Schuld des Täters zu bemessen.
(2) Bei der Bestimmung der Strafe sind das Alter des Täters, sein Charakter sowie seine Umwelt, das Motiv, die Methode, der Erfolg sowie die gesellschaftlichen Auswirkungen der Straftat, das Verhalten des Täters nach der Tatbegehung und andere Umstände zu berücksichtigen; es ist darauf abzuzielen, derartige Straftaten zu verhüten und den Täter zu bessern.
Vgl. auch die Übersetzung von *Nishihara*, Entwurf zu einem japanischen Strafgesetzbuch, 1974, S. 27.

[28] *Hirano*, ZStW 85 (1973), S. 503, 516; *ders.*, Entwurf und Schuldprinzip, Keiho-kaisei no Kenkyu, Bd. 1, 1972, S. 22.

[29] Vgl. Begründung zum Entwurf der Strafrechtsreform, 1974, S. 138f.

die Mängel der Rahmentheorie offen: „Eine Theorie, die es unternimmt, bei Gewohnheitstätern die unbestimmte Freiheitsstrafe aufgrund des Schuldprinzips zu rechtfertigen, ist die Theorie der Persönlichkeitsgestaltungsschuld oder Lebensführungsschuld, die auch in Japan Befürworter hat.“[30] Dieser Auffassung hält *Hirano* folgendes entgegen: „Diese Theorie mag wohl zur Rechtfertigung einer erhöhten Strafe für Gewohnheitstäter dienlich sein, weil sie das ‚So-geworden-Sein‘ vorwirft, sie rechtfertigt aber nicht ohne weiteres die unbestimmte Strafe. Dazu bedarf es einer ergänzenden Theorie, der sog. ‚dynamischen Theorie‘. Das bedeutet, nicht nur nach der Schuld, Gewohnheitstäter geworden zu sein, sei zu fragen, sondern weiter nach der fortdauernden Schuld, jenes einmal entstandene Persönlichkeitsbild ‚von selbst nicht wieder beseitigt zu haben‘ ... Schuldstrafe aufgrund dieser Theorie bedeutet letztlich doch ‚Strafe auch ohne Schuld‘.“[31]

III.

Im folgenden möchte ich auf die Möglichkeit eingehen, einen Ausgleich zwischen den unterschiedlichen Standpunkten zur Schuld zu erreichen. Ich selbst betrachte mich als Indeterministen, da ich meine, daß der Gedanke der Verantwortlichkeit des erwachsenen und seelisch gesunden Menschen eine unbezweifelbare Realität unseres sozialen und moralischen Bewußtseins ist[32]. *Nishihara* legt mit Recht dar, daß die Indeterminiertheit des Willens aus der täglichen Lebenserfahrung der Bevölkerung heraus anerkannt werde, allerdings nur solange nicht nachgewiesen sei, daß ein normwidriger Wille von einer anderen Ursache determiniert wurde, wie im Falle der Geisteskrankheit[33]. Erkennt man die Möglichkeit zur normgemäßen Willensentscheidung an, so knüpft hier der Vorwurf gegenüber dem Straftäter an. Hier scheint mir auch der Angelpunkt der gegenwärtigen japanischen Strafrechtspraxis zu liegen[34].

Grundlage meiner eigenen Schuldlehre ist die Unterscheidung zwischen „Kihanteki-sekinin“ (normative Schuld) und „Kabatsuteki-sekinin“ (strafbare und strafwürdige Schuld). Letztere setzt stets die normative Schuld voraus, geht aber über sie hinaus. Strafbarkeit darf nur an strafbare und strafwürdige Schuld anknüpfen. Nach dem in Japan herrschenden normativen Schuldbegriff gehört zur Schuld nicht nur die psychologische Beziehung des Täters zu seiner Tat,

---

30 *Hirano*, ZStW 85 (1973), S. 503, 517.

31 *Hirano*, ZStW 85 (1973), S. 503, 517.

32 Siehe *Ohno* (Anm. 22), S. 46, 50, 53, 56f., 58f.; *ders.*, Strafrecht, Allgemeiner Teil, Kurzlehrbuch, Bd. 1, 1987, S. 271 f., 274 Fn. 16, 17; vgl. auch *Jescheck* (Anm. 20), S. 370 Fn. 22.

33 *Nishihara*, Festschrift für Jescheck, Bd. 2, 1985, S. 1241 f.; vgl. auch *Maurach/Zipf* (Anm. 15), S. 470.

34 *Ohno* (Anm. 22), S. 46, 57; *Inoue*, Geistesgestörtheit und Struktur des Urteils über die Schuldfähigkeit, Keizai to Ho 22 (1985), S. 166.

sondern außerdem die Wertung dieser Beziehung als vorwerfbar. Die Schuld setzt sich also aus den Elementen Willensbeziehung des Täters (Vorsatz oder Fahrlässigkeit), Zurechnungsfähigkeit und Fehlen von Schuldausschließungsgründen zusammen. Vorrangiger Schuldausschließungsgrund ist hierbei die Unzumutbarkeit rechtmäßigen Verhaltens. Bei diesem Schuldbegriff sind also Vorsatz und Fahrlässigkeit Schuldelemente von besonders hervorgehobener Bedeutung. Daher ist es berechtigt, die Begriffe „Vorsatz" und „Fahrlässigkeit" stellvertretend für das Ganze, d.h. für die jeweilige Schuldform zu verwenden.

Die heutige japanische Strafrechtsdogmatik wird von der Auseinandersetzung zwischen dem oben beschriebenen normativen Schuldbegriff und der finalen Handlungslehre gekennzeichnet[35]. Auch die beiden rivalisierenden Lösungsvorschläge zur Irrtumsproblematik, nämlich die Vorsatz- und die Schuldtheorie, sind in Japan bekannt[36]. Die japanische Rechtsprechung vertritt auch heute noch den Satz, daß Unkenntnis der Rechtswidrigkeit nicht vor Strafe schütze[37]. Dem geltenden japanischen Strafgesetzbuch entspricht jedoch am ehesten die Schuldtheorie. Denn auch die Erkenntnis des Unrechts vermag die Vorwerfbarkeit der Willensbildung noch nicht vollständig zu begründen. Vorwerfbar ist dem Täter ein Verhalten nur dann, wenn er seinen Willen in der konkreten Entscheidungssituation tatsächlich nach der Unrechtseinsicht hätte bestimmen können.

Welzel hat zuletzt nur die Zurechnungsfähigkeit und die Möglichkeit der Unrechtseinsicht als Schuldelemente anerkannt[38]. Die Unzumutbarkeit rechtmäßigen Verhaltens in außergewöhnlichen Motivationslagen sei kein Schuldausschließungsgrund wie etwa die Zurechnungsunfähigkeit oder der unvermeidbare Verbotsirrtum, sondern nur ein faktischer Entschuldigungsgrund in dem Sinne, daß die Rechtsordnung trotz bestehender Schuld vom Schuldvorwurf absehe und dem Täter Nachsicht gewähre[39]. Dieser Auffassung vermag ich nicht zuzustimmen, da die konkrete Möglichkeit zu sinngemäßer Selbstbestimmung das wichtigste Moment der Vorwerfbarkeit ausmacht, dem gegenüber die intellektuellen Momente untergeordnet sind.

Da Strafe die öffentliche Mißbilligung einer Rechtsverletzung bedeutet und in der Auferlegung eines verdienten Übels besteht, müssen Unrecht und Schuld Wesensmerkmale des Verbrechens sein. Verschuldetes Unrecht wird jedoch keineswegs immer bestraft. Im übrigen läßt sich das Verbrechen von sonstigen Zuwiderhandlungen gegen das bürgerliche oder öffentliche Recht nicht qualita-

---

[35] *Ohno*, Die Schuldelemente im Strafrecht, in: *Madlener / Papenfuß / Schöne* (Hrsg.), Strafrecht und Strafrechtsreform, 1974, S. 293, 294.

[36] Vgl. *Ohno*, ZStW 79 (1967), S. 543, 557 Fn. 61, 62.

[37] Vgl. *Ohno*, ZStW 79 (1967), S. 543, 557 Fn. 63.

[38] *Welzel*, Das Deutsche Strafrecht, 11. Aufl. 1969, S. 138ff., 152ff., 157ff., 178ff.

[39] *Welzel* (Anm. 38), S. 178f.; vgl. Armin *Kaufmann*, Festschrift für Eberhard Schmidt, 1961, S. 319, 320 Fn. 7.

tiv, sondern nur quantitativ unterscheiden. Der Einsatz des Strafrechts erfordert ein gesteigertes Schutzbedürfnis der Allgemeinheit; das Verbrechen ist strafwürdiges Unrecht[40]. Dem entspricht die Lehre von der strafwürdigen Schuld. Für die Strafwürdigkeit ist zunächst der Wert des beeinträchtigten Rechtsguts maßgebend (Erfolgsunwert). In der Regel muß hierzu noch die besondere Gefährlichkeit des Angriffs treten, die das gesteigerte Schutzbedürfnis der Gemeinschaft auslöst (Handlungsunwert). Außerdem muß die Tat in besonderer Weise vorwerfbar sein. Die Elemente der Schuld im Sinne der von mir vertretenen Auffassung von „Kabatsuteki-sekinin" sind mithin die Schuldfähigkeit, die vorsätzliche oder fahrlässige Tatbestandsverwirklichung sowie die strafwürdige Zumutbarkeit rechtmäßigen Verhaltens.

[40] *Jescheck* (Anm. 20), S. 44f.

Zur Irrtumslehre in Japan

Noriyuki Nishida

I. Vorbemerkung

Im Anschluß an den Bericht von *Ohno* über die allgemeine Schuldlehre in Japan möchte ich kurz auf die Irrtumslehre eingehen. Die den Irrtum betreffende Vorschrift, § 38 jap. StGB[1], lautet:

„(1) Eine Handlung, bei welcher der Wille, eine Straftat zu begehen, fehlt, ist nicht strafbar; dies gilt jedoch nicht, wenn das Gesetz eine abweichende Vorschrift enthält.

(2) Wer bei Begehung einer Straftat von einem erschwerenden Umstand keine Kenntnis hatte, obwohl ein solcher vorlag, kann nicht wegen der schwereren Straftat bestraft werden.

(3) Unkenntnis des Gesetzes schließt den Vorsatz nicht aus; jedoch kann nach den Umständen des Falles die Strafe gemildert werden."

Auf der Grundlage dieser Vorschrift hat sich die japanische Irrtumslehre über Jahrzehnte lebhaft entwickelt[2].

II. Das Unrechtsbewußtsein

Zunächst gehe ich auf den Streit zwischen Vorsatztheorie und Schuldtheorie ein. Anders als in Deutschland, wo das Gesetz selbst zugunsten der Schuldtheorie entschieden hat, dauert dieser Streit in Japan noch an. Aufgrund der Fassung von § 38 Abs. 3 jap. StGB vertritt die überwiegende Meinung die Schuldtheorie. Diese Vorschrift spricht zwar von „Unkenntnis des Gesetzes". Es wäre aber sinnlos, die Strafe desjenigen zu mildern, der zwar das anzuwendende Strafgesetz nicht kennt, aber von der Rechtswidrigkeit seiner Tat ausgeht. Deshalb betrachtet die überwiegende Meinung § 38 Abs. 3 jap. StGB als eine Vorschrift über den Verbotsirrtum und bejaht außerdem den Ausschluß der Vorsatzschuld beim unvermeidbaren Verbotsirrtum[3]. Der unvermeidbare Verbotsirrtum stellt also einen übergesetzlichen Schuldausschließungsgrund dar.

---

[1] Nach der Übersetzung in *Saito / Nishihara*, Das abgeänderte japanische Strafgesetzbuch, 1954, S. 8; vgl. auch *Nishihara*, Entwurf zu einem japanischen Strafgesetzbuch vom 29. Mai 1974, 1986, S. 20f.

[2] Vgl. *Saito*, Das japanische Strafrecht, in: *Schönke / Mezger / Jescheck*, Das ausländische Strafrecht der Gegenwart, Bd. 1, 1955, S. 251; *Tjong / Eubel*, Strafrecht, in: *Eubel* u. a., Das japanische Rechtssystem, 1979, S. 223; *Nishida*, Recht in Japan 4 (1981), S. 42.

[3] Vgl. *Hirano*, Strafrecht, Allg. Teil, Bd. 2, 1975, S. 263ff.

Die Anhänger der Vorsatztheorie kritisieren diese Auffassung vom Standpunkt der sittlichen Schuldlehre aus. Sie meinen, daß das Unrechtsbewußtsein die „Wasserscheide“ zwischen Vorsatz und Fahrlässigkeit darstelle und daß nur das Unrechtsbewußtsein die schwerere Schuldstufe der Vorsatztat begründen könne. Nach *Ono*[4], dem Hauptvertreter jener Theorie, ließe sich eine Vorsatzstrafe trotz fehlenden Unrechtsbewußtseins nur aus dem Polizeistaatsgedanken und aus einem generalpräventiven Strafbegriff herleiten.

Die Rechtsprechung steht demgegenüber auf dem Standpunkt, daß Vorsatzschuld und Unrechtsbewußtsein voneinander unabhängig seien[5]. *Ono* hat darauf hingewiesen[6], daß diese Ansicht wohl auf der autoritären Rechtsauffassung der Vorkriegszeit beruht, wonach für jeden Bürger die Verpflichtung besteht, sich Kenntnis über die geltenden Strafgesetze zu verschaffen. Der Hauptgrund für die Auffassung der Rechtsprechung scheint mir jedoch in dem Bestreben zu liegen, Strafbarkeitslücken zu vermeiden, die durch Beweisschwierigkeiten verursacht werden können. Insbesondere bei Verwaltungsdelikten kann der Beweis, daß der Täter die konkret verletzte Strafvorschrift kannte, sehr schwer werden.

Die Vertreter der Vorsatztheorie schlagen zu diesem Problem zwei Lösungen vor: *Ono*[7] hat die Auffassung vertreten, bei Verwaltungsdelikten könne regelmäßig auch Fahrlässigkeit bestraft werden, wenn sich dies aus dem Zweck der jeweiligen Strafvorschrift ergebe und wenn lediglich Geldstrafe, Geldbuße oder Haft angedroht sei. Diese Auffassung postuliert einen allgemeinen Auffangtatbestand der Rechtsfahrlässigkeit. Diese Lösung verstößt aber gegen den Gesetzesvorbehalt des § 38 Abs. 1 jap. StGB. Der zweite Lösungsansatz[8] behauptet eine tatsächliche Vermutung für das Bestehen des Unrechtsbewußtseins, wenn der Täter eines Verwaltungsdelikts die Umstände kennt, die die Strafbarkeit begründen. In diesem Fall müsse der Angeklagte beweisen, daß er ohne Unrechtsbewußtsein gehandelt hat. Mir scheint jedoch, daß diese Lösung zur Schuldtheorie führt, da der Angeklagte die Unvermeidbarkeit seines Verbotsirrtums zu beweisen hätte.

Der strenge Standpunkt der Rechtsprechung wird in der Wissenschaft fast einmütig abgelehnt. Auch einige Obergerichte[9] haben einen Ausschluß des Vorsatzes nach § 38 Abs. 1 jap. StGB anerkannt, wenn ein ausreichender Grund

---

[4] *Ono*, Grundriß des Strafrechts, 1956, S. 133f.

[5] Entscheidung des japanischen Obersten Gerichtshofs (im folgenden: OGH) vom 30.1.1951, Keishu Bd. 5, S. 374.

[6] *Ono* (Anm. 4).

[7] *Ono*, Wirtschaftsstrafrecht und Unrechtsbewußtsein, in: *Ono*, Zum Wesen der Strafe, 1955, S. 240.

[8] Vgl. *Ohtsuka*, Grundprobleme der Verbrechenslehre, 1982, S. 274.

[9] Vgl. z. B. Entscheidung des Obergerichts (im folgenden: OG) Tokio vom 17.9.1969, Kokeishu Bd. 22, S. 595; OG Tokio vom 26.9.1980, Hanreijiho Nr. 983, S. 22.

für den Verbotsirrtum des Täters vorlag. Diese Lösung ist zwar theoretisch unbefriedigend, könnte aber eine für das geltende japanische Recht akzeptable Kompromißlösung darstellen. Neuerdings hat auch der Oberste Gerichtshof Japans die Möglichkeit einer Änderung seiner Rechtsprechung angedeutet[10]. Auch die Formulierung der entsprechenden Vorschrift (§ 21 Abs. 2) im Entwurf eines neuen Strafgesetzbuchs von 1974 würde für die Praxis wohl die Anwendung der Schuldtheorie bedeuten[11].

III. Rechtfertigungsirrtum

Behandlung und Rechtsfolgen des Irrtums über die Voraussetzungen eines Rechtfertigungsgrundes sind auch in Japan sehr umstritten. *Fukuda* hält diesen Irrtum vom Standpunkt des Finalismus aus für eine Form des Verbotsirrtums[12]. Andere Autoren vertreten die Ansicht, daß ein unvermeidbarer Verbotsirrtum die Tat nicht entschuldigt, sondern sogar rechtfertigt[13].

Die herrschende Meinung sowie die Rechtsprechung betrachten den Rechtfertigungsirrtum als einen Tatsachenirrtum, begründen dies jedoch mit sehr unterschiedlichen Konstruktionen. Wer sich irrtümlich angegriffen glaubt und den vermeintlichen Angreifer tötet, weiß immerhin, daß er tötet, und sollte deshalb die Voraussetzungen der Rechtfertigung besonders sorgfältig prüfen. Andererseits steht der Täter, der nicht alle Umstände kennt, die die Rechtswidrigkeit seiner Tat begründen, nicht der Frage gegenüber, ob sein Verhalten verboten ist[14].

Diese Lösung läßt sich für die japanische Lehre leichter als für die deutsche begründen. Da das japanische Strafgesetzbuch von dem Willen, eine *Straftat* zu begehen, spricht, kann sich der Vorsatz auch auf die Voraussetzungen der Rechtfertigung beziehen. Beschränkt man dagegen den vorsatzausschließenden Irrtum auf diejenigen Umstände, die zum gesetzlichen Tatbestand gehören, so kann man einen Tatbestandsirrtum in diesen Fällen nur mit Hilfe der — etwa von *Naka*[15] vertretenen — Lehre von den negativen Tatbestandsmerkmalen begründen.

---

[10] OGH vom 29.5.1978, Keishu Bd. 32, S. 967; OGH vom 16.7.1987, Keishu Bd. 41, S. 237.

[11] § 21 Abs. 2 des Enwurfs von 1974 lautet: „Wer bei Begehung der Straftat nicht weiß, daß seine Handlung rechtlich nicht erlaubt ist, ist nicht strafbar, wenn ein zureichender Grund für seine Unwissenheit vorliegt".

[12] *Fukuda*, Strafrecht, Allg. Teil, 1984, S. 196; *ders.*, JZ 1958, 143.

[13] Vgl. *Fujiki*, Strafrecht, Allg. Teil, 1975, S. 172; *Kawabata*, Irrtum über Rechtfertigungsgründe, 1988.

[14] *Hirano*, Strafrecht, Allg. Teil I, 1972, S. 164.

[15] *Naka*, Putativnotwehr, 1971; *ders.*, Strafrecht, Allg. Teil, 1971, S. 91.

IV. Probleme des Tatbestandsirrtums

Bei der Frage des Tatbestandsirrtums kann man die Besonderheit der japanischen Irrtumslehre sehr klar erkennen. Ich gehe zunächst auf die Fälle ein, bei denen der Täter irrtümlich die Voraussetzungen eines anderen als des verwirklichten Tatbestandes annimmt. Schießt beispielsweise A auf B, während er B für einen Hund hält, kommt dann eine Verurteilung wegen vorsätzlicher Tötung des B in Betracht? Nach in Japan herrschender Meinung ist A in diesem Fall nur wegen fahrlässiger Tötung zu bestrafen, da der Versuch der Sachbeschädigung in Japan nicht unter Strafe steht. *Makino*[16] hat demgegenüber vom Standpunkt des Subjektivismus aus die Meinung vertreten, daß A in diesem Fall wegen vollendeter Sachbeschädigung zu bestrafen sei, da er mit entsprechendem Vorsatz gehandelt habe. Auf der gleichen Grundlage vertrat *Miyamoto*[17] die Ansicht, daß der Täter wegen vollendeten Totschlags verurteilt werden solle, wegen der Beschränkung des § 38 Abs. 2 jap. StGB allerdings nur innerhalb des Strafrahmens der Sachbeschädigung bestraft werden könne. Diese sog. „abstrakte Übereinstimmungstheorie" dürfte auf die Lehre vom „versari in re illicita" zurückgehen, nach der demjenigen, der eine vorsätzliche Straftat begehen will, auch Vorsatzschuld zugerechnet wird.

Eine Verurteilung wegen vorsätzlicher Tötung ist im Ausgangsfall jedoch deshalb nicht haltbar, weil der Täter nicht wußte, daß er einen Menschen töten würde, so daß die entsprechende Verbotsnorm nicht auf ihn einwirken konnte. Andererseits ist auch eine Bestrafung wegen vollendeter Sachbeschädigung nicht zulässig, weil dieses Delikt objektiv nicht begangen wurde. Der herrschenden Meinung ist also zuzustimmen.

Die herrschende Meinung nimmt allerdings auch innerhalb des milderen Tatbestandes weitgehend die Schuld des vollendeten Vorsatzdelikts an, wenn das vorgestellte mit dem wirklich begangenen Delikt tatbestandlich übereinstimmt[18]. Das Problem liegt hier jedoch in der Frage, wann und inwieweit eine solche Übereinstimmung anerkannt werden kann. Unproblematisch sind die Fälle, in denen ein formelles Plus-Minus-Verhältnis besteht, wie etwa zwischen Totschlag und Kindestötung oder zwischen Totschlag und Tötung auf Verlangen. Die „tatbestandliche Übereinstimmungstheorie" bejaht eine Übereinstimmung zwischen zwei Tatbeständen jedoch auch dann, wenn diese einen gemeinsamen deliktischen Charakter oder eine gemeinsame Deliktsqualität besitzen, wie etwa bei Diebstahl und Raub oder bei Anstiftung zur Falschbeurkundung und Anstiftung zur Urkundenfälschung.

---

[16] *Makino*, Das japanische Strafrecht, Bd. 1, 1943, S. 231 ff.

[17] *Miyamoto*, Grundzüge des Strafrechts, 1930, S. 166.

[18] Vgl. *Dando*, Grundzüge des Strafrechts, Allg. Teil, 1979, S. 277.

In einer neueren Entscheidung[19] ist der Oberste Gerichtshof sogar noch einen Schritt weitergegangen. In dem zu entscheidenden Fall hatte der Täter Heroin eingeschmuggelt, das er für ein Stimulanzmittel gehalten hatte. Der verbotene Import sowohl von Heroin als auch von Stimulanzmitteln wird in Japan mit der gleichen Strafe bedroht, allerdings in verschiedenen Gesetzen. Der Oberste Gerichtshof bejahte vorsätzlichen vollendeten Heroinschmuggel. Er begründete dies damit, daß die beiden Tatbestände materiell vollkommen miteinander übereinstimmten, da die verbotene Verhaltensweise jeweils dieselbe sei und da außerdem Heroin und Stimulanzmittel als gleichermaßen gesundheitsschädlich angesehen werden könnten.

Diese Entscheidung ist im Schrifttum kritisiert worden. Nach einer Auffassung hätte der Täter nur wegen versuchten Schmuggels von Stimulanzmitteln verurteilt werden sollen, da sich Heroin und Stimulanzmittel deutlich voneinander unterschieden. Nach einer anderen Stellungnahme verstößt die Entscheidung gegen den Grundsatz „nullum crimen sine lege", da sie implizit den neuen Deliktstypus des gesundheitsschädlichen Betäubungsmittelschmuggels geschaffen habe.

Im allgemeinen ist die genannte Entscheidung jedoch auch in der Wissenschaft akzeptiert worden. Der Grund dafür mag darin liegen, daß das Urteil keine materielle Verletzung des Grundsatzes darstellt, daß der Täter die Strafbarkeit seines Verhaltens voraussehen können muß. Außerdem wird das kriminalpolitische Bedürfnis nach Bestrafung eines Täters befriedigt, der trotz seines Irrtums den gemeinsamen Unrechtsgehalt der beiden betroffenen Normen erfaßt hat.

Als zweiten Punkt möchte ich das Problem des Irrtums innerhalb desselben Tatbestandes ansprechen. Hier besteht ein deutlicher Unterschied zwischen der deutschen und der japanischen Irrtumslehre. Allerdings ist auch in Japan die Unbeachtlichkeit eines error in obiecto unbestritten, auch wenn hierfür unterschiedliche Begründungen angeboten werden. Hinsichtlich des Irrtums über den Kausalverlauf wird in Japan, anders als in Deutschland, überwiegend die Auffassung vertreten, daß diese Irrtumskategorie entbehrlich sei, wenn man für die Kausalitätsfrage die Adäquanztheorie anerkenne. Da sich der Vorsatz nach dieser Theorie auf den adäquaten Kausalverlauf richtet, schließe ein Irrtum den Vorsatz nicht aus, solange der tatsächliche Kausalverlauf innerhalb des Rahmens der Adäquanz bleibe. Nach dieser Auffassung stellt der Irrtum über den Kausalverlauf ein Scheinproblem dar, das die Schuldfrage nicht berührt[20].

---

[19] OGH vom 27.3.1979, Keishu Bd. 33, S. 140.

[20] Vgl. *Machino*, Die Lehre vom Kausalzusammenhang, in: *Nakayama* u. a., Vorlesungen über das Strafrecht der Gegenwart, Bd. 1, 1977, S. 341; *Yamanaka*, Hogaku Ronshu 29 (1979), Nr. 1, S. 59.

Sehr umstritten ist demgegenüber die Fallgruppe der aberratio ictus. Für den Fall, daß A mit Tötungsvorsatz auf B schießt, dabei aber C tödlich trifft, bejaht die in Japan herrschende Meinung vorsätzliche vollendete Tötung des C[21]. Dies entspricht der auch in Deutschland vertretenen „Äquivalenzlehre". Verschiedene japanische Autoren betrachten allerdings die aberratio ictus als einen Unterfall des Irrtums über den Kausalverlauf und fragen deshalb, ob und inwieweit der Tod des C noch dem von A bewußt in Gang gesetzten Kausalverlauf zugerechnet werden kann[22]. Diese Auffassung hat sich jedoch noch nicht allgemein durchgesetzt; die Fälle des Irrtums über den Kausalverlauf werden von der überwiegenden Meinung in Japan auf die Fallgestaltung beschränkt, daß anvisiertes und verletztes Objekt identisch sind.

Nach herrschender Auffassung ist die aberratio ictus unbeachtlich, weil der Täter einen Menschen töten wollte und im Ergebnis auch den Tod eines Menschen verursacht hat. Es bestehe also keine tatbestandliche Diskrepanz zwischen Vorstellung und Wirklichkeit. Diese Lösung entspricht auch kriminalpolitischen Bedürfnissen; nach der Gegenauffassung bliebe beispielsweise derjenige Täter straffrei, der den Wagen des B mit Steinen bewerfen will, aber statt dessen den Wagen des C trifft. (In Japan ist, wie erwähnt, die versuchte und die fahrlässige Sachbeschädigung straflos[23].)

Auch der Irrtum eines Teilnehmers soll ganz unbeachtlich sein. Wer einen anderen zur Tötung anstiftet, wird auch dann wegen Anstiftung zur vollendeten Tötung bestraft, wenn der Täter aufgrund eines error in persona oder einer aberratio ictus einen anderen als den vom Anstifter bezeichneten Menschen tötet. Diese Theorie führt jedoch dann zu Schwierigkeiten, wenn A mit Tötungsvorsatz auf B schießt, diesen jedoch nur verletzt und gleichzeitig den C tödlich trifft. Der japanische Oberste Gerichtshof bejaht für diesen Fall vollendete Tötung des C in Tateinheit mit versuchter Tötung des B[24]. Dies wird von der herrschenden Lehre mit der Begründung kritisiert, daß man, wenn der Vorsatz des Täters nur auf *ein* Objekt gerichtet sei, nicht wegen zweier vorsätzlicher Delikte bestrafen könne. Auf die Darstellung der von der Lehre entwickelten abweichenden Lösungsmöglichkeiten für diese Fallgestaltung muß hier verzichtet werden.

Die konkrete Übereinstimmungstheorie[25] nimmt im obigen Beispielsfall versuchte Tötung des B in Tateinheit mit fahrlässiger Tötung des C an. Da der Täter von C nichts wußte, habe er auch nicht vorsätzlich eine Gefahr für C

---

[21] Vgl. *Dando* (Anm. 18), S. 276.

[22] Vgl. *Fukuda*, Festschrift für Inoue, Bd. 1, 1981, S. 225f.; *Ida*, Hogaku Kenkyu 58 (1985), Nr. 11, S. 66ff.

[23] Vgl. *Ohtsuka* (Anm. 8), S. 243.

[24] OGH vom 28.7.1978, Keishu Bd. 32, S. 1068.

[25] Vgl. *Hirano*, Probleme der Verbrechenslehre, Bd. 1, 1981, S. 70ff.

begründet[26]. Diese Auffassung dürfte sich konsequent aus den Prämissen des Finalismus ableiten lassen. Dasselbe Ergebnis läßt sich jedoch auch auf der Grundlage eines Systems begründen, das dem Strafrecht die Aufgabe zuweist, menschliches Verhalten durch Kriminalsanktionen zu kontrollieren: Es läßt sich sagen, daß C in concreto außerhalb des Schutzbereichs der Tötungsverbotsnorm stand[27].

Zusammenfassend läßt sich sagen, daß die in Japan herrschende Lehre und Rechtsprechung die Irrtumslehre nicht als bloße Umkehrung der Vorsatzlehre auffaßt, sondern daß die Lösung von Irrtumsfragen auch das kriminalpolitische Bedürfnis nach Bestrafung befriedigen soll.

---

[26] Vgl. *Machino*, Keiho Zasshi 26 (1984), Nr. 2, S. 178.

[27] Vgl. *Nishida*, Festschrift für Dando, Bd. 3, 1984, S. 97.

Die Entwicklung der Schuldlehre in der Bundesrepublik Deutschland

Bernd Schünemann

I. Einleitung

1. Man kann ohne Übertreibung sagen, daß mein heutiges Thema selbst in mehreren Habilitationsschriften nicht erschöpfend abgehandelt werden könnte. Ich stehe deshalb vor dem Dilemma, mich entweder in einem Gestrüpp dogmatischer Einzelfragen zu verlieren oder aber, wenn ich nur die großen Linien gewissermaßen al fresco nachmalen wollte, durchweg an der Oberfläche haften zu bleiben und damit über die Unverbindlichkeit von Sonntagsreden nicht hinauszukommen. Lassen Sie mich einen Ausweg in der Weise suchen, daß ich die Lebens- und Überlebensfragen der Schulddogmatik etwas genauer betrachte, während ich mich dort, wo der Teufel im Detail steckt, auf eine exemplarische Erörterung beschränke.

2. Als erstes werde ich deshalb die Frage behandeln, ob die *Schuldidee* in ihrem traditionellen Verständnis überhaupt noch einen legitimen Platz in der modernen Strafrechtsdogmatik beanspruchen kann. Danach werde ich mich dem Verhältnis von *Schuld und Prävention* zuwenden, woran sich zwangsläufig als dritter Abschnitt die Bedeutung des Schuldprinzips für die *Strafzumessung* anschließt. Am Ende dieses ersten Hauptteils soll dann die Frage stehen, ob bzw. in welcher Weise sich die vom Schuldprinzip regierten Sanktionen und die schuldindifferenten Maßregeln zu einem rechtsstaatlich akzeptablen Gesamtsystem des Rechtsgüterschutzes zusammenfügen lassen.

3. Im zweiten Hauptteil will ich mich dann vier dogmatischen Einzelfragen zuwenden: erstens der Stellung der *Entschuldigungsgründe* im Strafrechtssystem, zweitens der Explikation des Begriffs der *Schuldunfähigkeit*, drittens der dogmatischen Bewältigung des *Vorverschuldens* und viertens den neuen Strömungen in der *Irrtumslehre*. Damit dürfte dann ausreichend Material zusammengetragen sein, damit ich zum Schluß eine Bilanz der Entwicklung der Schuldlehre in der Bundesrepublik Deutschland ziehen kann.

II. Die Wandlungen der Schuldidee

1. Das klassische Schuldverständnis

Nach klassischem Verständnis bildete die Schuldidee den Brennpunkt des Strafrechts schlechthin, weil sie als Vorwerfbarkeit der Tat und/oder der tatauslösenden Gesinnung gegenüber dem Täter die Strafe legitimierte und zugleich im Konzept der Schuldvergeltung notwendig machte. Diese sog. Zweiseitigkeit des Schuldprinzips entsprach in der Bundesrepublik jedenfalls bis Mitte der sechziger Jahre der völlig herrschenden Meinung und war in Arthur *Kaufmanns* Monographie aus dem Jahre 1961 mustergültig entwickelt und zusammengefaßt[1]. Ihre axiologische Heimstatt war die Philosophie des deutschen Idealismus, ihre ontologische Basis die menschliche Willensfreiheit.

2. Die Preisgabe der ontologischen Basis

Diese ontologische Basis soll nun allerdings nach heute nahezu einhelliger Auffassung die Achillesferse der klassischen Schuldkonzeption darstellen, weil die menschliche Willensfreiheit weder allgemein noch im Einzelfall nachweisbar sei, weshalb der darauf gestützte individuelle sittliche Vorwurf gegenüber dem Verbrecher kein tragfähiges Fundament der staatlichen Strafe, sondern nichts als schlechte Metaphysik sei. Weil man über die menschliche Willensfreiheit ja nicht erst seit 25 Jahren, sondern seit mehr als 25 Jahrhunderten nachgedacht hat, wirkt ein so totaler und radikaler Umschwung auf den ersten Blick eher verblüffend als überzeugend, beeindruckt auf den zweiten Blick aber dennoch gerade durch die Heterogenität der in der Phalanx der Indeterminismus-Kritik vorzufindenden Autoren. In der Psychiatrie herrscht der Agnostizismus seit Kurt *Schneider* bis heute[2]. In der Strafrechtsdogmatik hat man die individuelle Vorwerfbarkeit durch den sog. sozialen Schuldbegriff ersetzt[3], der lediglich

---

[1] Arthur *Kaufmann*, Das Schuldprinzip, 1961, 2. Aufl. 1976; zu der in *Kaufmanns* späteren Arbeiten dominierenden Ersetzung der Vergeltung durch die Sühne vgl. *ders.*, JZ 1967, 553, sowie *ders.*, Gedächtnisschrift für Hilde Kaufmann, 1986, S. 425; ferner zuletzt *ders.*, Jura 1986, 225.

[2] *Schneider*, Die Beurteilung der Zurechnungsunfähigkeit, 4. Aufl. 1961, S. 23ff.; *Haddenbrock*, in: *Göppinger/Witter*, Handbuch der forensischen Psychiatrie, Bd. II, 1972, S. 893ff.; *Langelüddecke/Bresser*, Gerichtliche Psychiatrie, 4. Aufl. 1976, S. 268f.; *Leferenz*, ZStW 88 (1976), S. 40f.; *Witter*, in: *Göppinger/Witter*, Bd. I, 1972, S. 447f.

[3] *Blei*, Strafrecht, Allg. Teil, 18. Aufl. 1983, S. 178f.; *Bockelmann/Volk*, Strafrecht, Allg. Teil, 4. Aufl. 1987, S. 110f.; *Jescheck*, Lehrbuch des Strafrechts, Allg. Teil, 4. Aufl. 1988, S. 368f.; *Krümpelmann*, ZStW 88 (1976), S. 6, 12, 32ff.; *ders.*, GA 1983, 337, 360; *Lackner*, StGB, 18. Aufl. 1989, vor § 13 Anm. III 4 a) aa); *Lange*, in: LK, 10. Aufl. 1978, § 21 Rdn. 6; *Lenckner*, in: *Göppinger/Witter* (Anm. 2), Bd. I, S. 98f.; *Mangakis*, ZStW 75 (1963), S. 499, 516f.; *Rudolphi*, in: SK StGB, § 20 Rdn. 25; *Lenckner*, in: *Schönke/Schröder*, 23. Aufl. 1988, vor §§ 13ff. Rdn. 110; *Schreiber*, Nervenarzt 1977, 242, 245; *ders.*, in: *Immenga* (Hrsg.), Rechtswissenschaft und Rechtsentwicklung, 1980, S. 281,

noch das Zurückbleiben des Täters hinter dem maßgerechten Durchschnittsmenschen ausdrückt, weil, wie *Roxin* es formuliert hat, die Unbeweisbarkeit des individuellen Andershandelnkönnens heute unumstritten und deshalb auch eine Schuld im traditionellen Sinne nicht feststellbar sei[4]. Und noch unverblümter formulieren die philosophischen und sozialwissenschaftlichen Kritiker, wenn *Pothast* erklärt, daß die klassische Willensfreiheit trotz der kämpferischen Arbeit ganzer Heerhaufen von Metaphysikern nicht als existent bewiesen sei[5], oder wenn *Baurmann* den seines Erachtens haltlosen Glauben des Indeterminismus geißelt, „in einer unergründlichen Weise der Welt der kausalen Zusammenhänge entschlüpft zu sein"[6].

Bei diesem Diskussionsstand muß es ebenso verwegen wie für einen kurzen Vortrag deplaziert erscheinen, den so eindrucksvoll herrschenden Agnostizismus seinerseits zu kritisieren; und doch kann ich darauf nicht verzichten, weil ich den heute herrschenden sozialen Schuldbegriff als Basis des Strafrechts für untauglich halte und mich über seine handgreiflichen Antinomien auch nicht mit dem von *Roxin* gewiesenen Ausweg zu beruhigen vermag, daß das Schuldprinzip nur in bonam partem wirke und deswegen im Vereinbarungswege kontrafaktisch oder jedenfalls auf bloßen Verdacht hin festgesetzt werden könne[7].

a) Der *soziale Schuldbegriff*, wie ihn mit nicht sonderlich ins Gewicht fallenden Detaildifferenzierungen heute die h.M. vertritt und wie wir ihn etwa nicht nur bei *Jescheck* und *Roxin*, *Lackner* und *Krümpelmann* beschrieben, sondern auch im sog. empirisch-pragmatischen Schuldbegriff von *Schreiber* und *Albrecht* wiederfinden[8], klammert die Frage des individuellen Andershandelnkönnens bewußt aus und reduziert das Schuldurteil auf die Feststellung, daß der Täter normativ ansprechbar, d. h. durch Normen in üblicher Weise motivierbar sei und daß ein maßgerechter Mensch in seiner Situation die Tat nicht begangen hätte. Wenn wir die darin liegende Reduktion gegenüber dem klassischen Schuldbegriff ernst nehmen und nicht nur, augurenhaft augenzwinkernd, als eine bloß verbale Konzession an die Kritiker ohne eigentlichen Sachgehalt keines weiteren Aufhebens wert finden, so bedeutet das, daß wir dem Täter zwar

---

289f.; *Stratenwerth*, Strafrecht, Allg. Teil I, 3. Aufl. 1981, Rdn. 13, 513; *Wolter*, GA 1980, 81, 86; w.N. b. *Lackner*, Festschrift für Kleinknecht, 1985, S. 245, 250ff., und *Maiwald*, Festschrift für Lackner, 1987, S. 149ff.

[4] *Roxin*, SchwZStr. 104 (1987), S. 356.

[5] *Pothast*, in: *Lampe*, Beiträge zur Rechtsanthropologie (ARSP-Beiheft 22), 1985, S. 40.

[6] *Baurmann*, Zweckrationalität und Strafrecht, 1987, S. 139; vgl. ferner *Kargl*, Kritik des Schuldprinzips, 1982; *Scheffler*, Kriminologische Kritik des Schuldstrafrechts, 1985.

[7] So zuerst *Roxin*, MschrKrim. 1973, 316, 320; fortgeführt *ders.*, Festschrift für Bockelmann, 1979, S. 279, 290ff.; *ders.*, JA 1980, 221, 224f.; *ders.*, ZStW 96 (1984), S. 641, 650ff.; *ders.*, SchwZStr. 104 (1987), S. 356ff., 372.

[8] Vgl. *P. A. Albrecht*, GA 1983, 193ff., sowie die Nachweise in Anm. 3 und 7.

generell, nicht aber in der speziellen Situation die Fähigkeit zu einem normgemäßen Verhalten zuerkennen, seine Bestrafung ihm gegenüber also nicht damit legitimieren können, daß er sie ja als angedrohte Konsequenz seines Tuns voraussehen und vermeiden konnte. Das schon von *Feuerbach* formulierte Kalkül der Androhungsgeneralprävention[9] hätte mithin gegenüber diesem Täter in dieser Situation nicht wirksam werden können, weshalb die Folgerung, daß die trotzdem begangene Tat nun aber auch bestraft werden müsse, damit die Drohung nicht nachträglich als leer entlarvt werde[10], anders als in einem indeterministischen Kontext plötzlich nicht mehr aufgeht: Die Drohung war dann eben nicht leer, d. h. nicht ernst gemeint, sondern gegenüber diesem Täter in dieser Situation einfach *sinnlos*[11]. Der soziale Schuldbegriff ist deshalb seinem eigenen Anspruch nach marginal, kann die Zufügung des Strafübels nicht legitimieren und führt sogar, wie mir scheint, in unauflösbare Aporien hinein: Die Bestrafung desjenigen, gegenüber dem die Strafdrohung in der konkreten Situation nicht wirken konnte, könnte nicht einmal mehr mit der Integrationsgeneralprävention, sondern nur noch mit der Abschreckungsgeneralprävention begründet und damit vollends kompromittiert werden, während die androhungsgeneralpräventive Wirkung gegenüber dem normtreuen Bürger ja gerade darin besteht, daß überhaupt nicht gestraft zu werden braucht, so daß — in Umkehrung von *Feuerbachs* Dictum — letztlich niemals gestraft werden könnte, die Drohung also doch leer und das generalpräventive Konzept ad absurdum geführt wäre.

b) Natürlich würde kein Vertreter des sozialen Schuldbegriffs diese reductio ad absurdum akzeptieren, aber ich möchte die Behauptung wagen, daß man an ihr nicht vorbeikommt, wenn man den Verzicht auf das individuelle Andershandelnkönnen (im Sinne nicht nur der „äußeren" Handlungsfreiheit, sondern auch der „inneren" Willensfreiheit) wirklich ernst nimmt[12]. Weitere Konsequenz

---

[9] *Feuerbach*, Lehrbuch des gemeinen in Deutschland gültigen peinlichen Rechts, 11. Aufl. 1832, S. 13ff.

[10] Vgl. *Feuerbach* (Anm. 9), S. 17, wörtlich: „Der Zweck der Zufügung derselben ist die Begründung der Wirksamkeit der gesetzlichen Drohung, in wiefern ohne sie diese Drohung leer (unwirksam) seyn würde."

[11] Zwar hat man ein generalpräventives Konzept immer wieder auch in einem deterministischen Bezugsrahmen zu etablieren versucht (beispielsweise schon *Hommel*, Über Belohnung und Strafe nach türkischen Gesetzen, 2. Ausgabe 1772, neu hrsg. von *Holzhauer*, 1970, S. 135), was aber jedenfalls im Kontext der Androhungsgeneralprävention in Aporien hineinführt: Wenn die Strafandrohung in concreto zwecklos war (wie in einem deterministischen System durch die Tatbegehung bewiesen wird!), kann die Zufügung des Strafübels nicht mehr mit Rücksicht auf die begangene Tat, sondern nur als erzieherische Maßnahme und damit spezialpräventiv oder aber als reine Abschreckungsdemonstration begründet werden.

[12] Bezeichnenderweise findet man bei keinem Vertreter des sozialen Schuldbegriffs eine nähere Analyse der Implikationen, die ihre Behauptung von der Unbeweisbarkeit des Andershandelnkönnens im individuellen Fall nach sich zieht. Weil der soziale Schuldbegriff an sich einen „weichen" Determinismus wiedergibt (d. h. einen an die Unbeweisbar-

wäre die Umwandlung des Strafrechts in ein spezialpräventives Maßnahmerecht, wie es unlängst wieder von *Baurmann* auf deterministischer Grundlage entwickelt und mit einem tatbezogenen Verantwortungsprinzip verknüpft worden ist, das ungeachtet seiner Ableitung aus der utilitaristischen Ethik und einem von *Rawls* entlehnten Modell des Gesellschaftsvertrages dem sozialen Schuldbegriff zum Verwechseln ähnlich sieht[13]. Im Unterschied zu unserem heutigen Strafrecht setzt eine Sanktionierung im spezialpräventiven Maßnahmerecht aber unbedingt die Gefahr eines künftigen Rückfalls voraus, so daß das heutige Schuldstrafrecht zwar nicht in allen, aber doch in einigen Fällen (nämlich bei Gelegenheitstaten ohne Rückfallgefahr) *geringere* Sanktionsvoraussetzungen vorsieht als ein schuldindifferentes Maßnahmerecht. Und daraus scheint mir wiederum zu folgen, daß die These von *Roxin*, das Schuldprinzip wirke nur in bonam partem und könne deshalb unbedenklich durch eine kontrafaktische normative Setzung eingeführt werden, zwar für viele, aber nicht für alle Fälle zutrifft und deshalb eine generelle Fiktion des Andershandelnkönnens nicht zu rechtfertigen vermöchte.

c) Die Schrumpfungsstrategie des sozialen Schuldbegriffs ist deshalb nach meinem Dafürhalten in theoretischer Hinsicht nicht geeignet, der Kritik an der indeterministischen Schuldidee zu begegnen. Ich halte sie darüber hinaus auch für unnötig, weil das Konzept der menschlichen Willensfreiheit ja nicht etwa von der Strafrechtsdogmatik *erfunden*, sondern *vorgefunden* worden ist, nämlich als Teil der kulturellen Wirklichkeit menschlicher Interaktionen und damit als Teil des dem Strafrecht vorgegebenen sozialen Substrats. Ich habe das an anderer Stelle unter Bezugnahme auf die Ethnomethodologie und auf die These von *Humboldt-Sapir-Whorf* über die Identität von Sprachstruktur und Weltsicht näher auszuführen versucht[14] und will das hier nicht wiederholen, sondern nur mit einigen ergänzenden Bemerkungen versehen.

Das jedenfalls die abendländische Kultur prägende und in den Strukturen der europäischen Sprachen greifbare Konzept des freien Subjekts ist vermutlich aus dem subjektiven Freiheitserlebnis jedes einzelnen hervorgegangen, das eine unausweichliche Konsequenz aus der notwendigen Unkenntnis der eigenen zukünftigen Handlungen darstellt, die schon *Wittgenstein* im Tractatus ange-

keit der Handlungsfreiheit anknüpfenden und damit „epistemischen" Determinismus), müßten seine Vertreter schon begründen, warum daraus nicht die Konstruktion des Strafrechts als spezialpräventives Maßnahmerecht folgt, was aber lediglich *Roxin* mit seiner im Text sogleich zu erörternden „Günstigkeitsthese" unternimmt. Im übrigen markiert der soziale Schuldbegriff einen willkürlichen Abbruch des analytischen Denkens und bedeutet damit den Versuch, ein unhaltbares Dogma (nämlich die Vereinbarkeit des Schuldstrafrechts mit einem weichen Determinismus) gegen Kritik zu immunisieren.

[13] Vgl. *Baurmann* (Anm. 6), S. 233, 249, 292ff. und passim. Zur Frage der utilitaristischen Herleitbarkeit des Schuldprinzips vgl. im übrigen (verneinend) *Burkhardt*, in: *Baumgartner/Eser* (Hrsg.), Schuld und Verantwortung, 1983, S. 51ff.

[14] *Schünemann*, in: *Schünemann* (Hrsg.), Grundfragen des modernen Strafrechtssystems, 1984, S. 163ff.

sprochen hat[15] und die heute unter dem Stichwort des epistemischen Indeterminismus weithin anerkannt ist[16]. Dieses Erlebnis prägte Weltsicht, Sprache und Kultur zumindest des europäischen Menschen, so daß das soziale Subjekt, mit dem wir es im Strafrecht zu tun haben, geradezu eine Inkarnation von Immanuel *Kants* transzendentalem Subjekt darstellt bzw. — anders gewendet — *Kants* Transzendentalphilosophie lediglich die Versöhnung einer gesellschaftlichen Wirklichkeitsrekonstruktion mit den kritischen Fragen eines beginnenden naturwissenschaftlichen Positivismus bedeutete[17]. In der Folgezeit hat der Siegeszug des materialistischen Weltbildes an dem Freiheitskonzept als der Basis aller gesellschaftlichen Beziehungen ebensowenig etwas zu ändern vermocht wie die zuvor von *Luther* und anderen formulierte Prädestinationslehre, die lediglich im theologischen Sprachspiel die These von der Allmacht Gottes abstützen sollte, kulturell aber folgenlos blieb[18].

---

[15] *Wittgenstein*, Tractatus logico-philosophicus (in: Werkausgabe, Bd. 1, 1989, S. 48), 5.1362: „Die Willensfreiheit besteht darin, daß zukünftige Handlungen jetzt nicht gewußt werden können."

[16] Vgl. dazu *Pothast* (Anm. 5), S. 38f.; *ders.*, Die Unzulänglichkeit der Freiheitsbeweise, 1980, S. 177ff.; *ders.*, Seminar: Freies Handeln und Determinismus, 1978, S. 21ff., und die dortigen Beiträge von *Planck* (S. 272-293), *Ginet* (S. 294-302) und *MacKay* (S. 303-321).

[17] Die von *Kant* postulierte Zugehörigkeit der Person zu einer intelligiblen Welt, für die die Gesetze der Sinnenwelt keine Geltung haben (vgl. *Kant*, Kritik der praktischen Vernunft, Akademie-Ausgabe, Bd. 5, S. 43; vgl. ferner *ders.*, Grundlegung zur Metaphysik der Sitten, a.a.O., Bd. 4, S. 453ff.), ist m.E. in dem Sinne empirisch faßbar, daß die Handlungsentscheidungen durch sprachliche Operationen zustandekommen, die die Freiheit des Subjekts voraussetzen und dadurch in dem allein durch Sprache beschreibbaren sozialen Kontext konstituieren. *Kants* berühmtes Dictum „Du kannst, denn du sollst" (dessen Kurzform allerdings nicht von ihm selbst geprägt worden ist; vgl. *Kant*, Kritik der praktischen Vernunft, a.a.O., S. 4 Anm., S. 31; *Beck*, Kants „Kritik der praktischen Vernunft", 1974, S. 292 Fn. 74) kann in diesem Sinne als die empirische Aussage verstanden werden, daß der bewußte Verzicht auf die Befriedigung eines Triebbedürfnisses deshalb möglich ist, weil die im Bewußtsein hergestellte Einsicht in das Verbot eine vom Bewußtsein gesteuerte Normbefolgungshandlung ermöglicht, die ohne diese Einsicht in das Verhaltensrepertoire des Individuums überhaupt keinen Eingang finden könnte. Damit beziehe ich wohlgemerkt noch keine „harte" indeterministische Position, sondern behaupte nur die Selbstdefinition des sprachgebundenen Bewußtseins durch Freiheit als nicht mehr hinterfragbare Prämisse aller hieraus entstandenen kulturellen Phänomene, zu denen auch das Recht zählt.

[18] Das übersieht *Tiemeyer*, GA 1986, 203, 205, der außerdem auch meine Konzeption mit seiner Kritik, sie würde überkommenen Denkgewohnheiten einen Wahrheitsgehalt schon kraft ihrer Existenz zumessen, mißversteht: Es geht gerade nicht um „Denkgewohnheiten", sondern um sprachlich konstituierte Lebensformen; und weil das Recht nicht die theoretischen Reflexionen, sondern das Handeln der Menschen regelt, ist es tatsächlich eine unsinnige Vorstellung, daß es die der Gesellschaft zugrunde liegenden Konstruktionsbedingungen ignorieren könne. Zwar lassen sich fundamental anders strukturierte Gesellschaften denken, in denen die Freiheitsvorstellung nicht zu den elementaren Strukturen des durch Sprache konstituierten Bewußtseins zählt, wie besonders eindrucksvoll durch die „paläopsychologische" Theorie von Julian *Jaynes* über die bikamerale

Daß man das über Jahrtausende festgefügte[19], in den elementaren Sprachstrukturen verankerte Konzept der Willensfreiheit bei der Regelung der gesellschaftlichen Beziehungen überhaupt noch preisgeben könnte, möchte ich deshalb bezweifeln. Daß man es versuchen sollte, fordern nicht einmal die Liebhaber deterministischer Sprachspiele, die — wie etwa *Baurmann* — viel Mühe auf eine utilitaristische oder vertragstheoretische Ableitung des dem sozialen Schuldbegriff entsprechenden Verantwortungsprinzips verwenden und also offenbar nicht die tradierte Lebensform ändern[20], sondern sie nur mit einer besseren Theorie versehen, d. h. das die gesellschaftlichen Interaktionen tatsächlich prägende indeterministische Sprachspiel auf eine deterministische Letztbegründung zurückführen wollen, die für die Strafrechtsdogmatik ebenso irrelevant wäre wie die Relativitätstheorie *Einsteins* oder der philosophische Solipsismus. Und nicht einmal dieser letzte, für mein Thema folgenlose Schritt ist wirklich zwingend, wie ich hier nur noch kurz andeuten möchte. Denn polemische Wendungen von der Art, daß der Mensch nicht in einer unergründlichen Weise der Welt der kausalen Zusammenhänge zu entschlüpfen vermöge[21], sind ja so lange nichts anderes als eine petitio principii, wie die Universalität des kausalen Erklärungsschemas der Welt nicht empirisch bewährt ist, woran es im psychisch vermittelten Bereich bis heute fehlt[22]. Und unabhängig davon wird der deterministische Allsatz für alle Zeiten sprachphilosophisch dubios bleiben, weil er ja letztlich auch die Determiniertheit menschlicher Erkenntnisvorgänge behaupten und damit ähnlich wie in dem bekannten Paradoxon „Alle Kreter

---

Psyche des archaischen Menschen demonstriert wird (in: Der Ursprung des Bewußtseins durch den Zusammenbruch der bikameralen Psyche, 1976, dt. 1988), wobei es für unsere Zwecke auf die umstrittene Frage der historischen Richtigkeit von *Jaynes'* Analyse (vgl. dazu *Dennett*, Canadian Psychology 27 (1986), Nr. 2, S. 149-154; *Miller*, ibid. S. 155-157) gar nicht ankommt; daß aber ausgerechnet das Recht als eine relativ „späte" Emanation der Kultur wieder in einer solchen anderen Bewußtseinsform realisiert werden können sollte, ist absurd und nicht einmal in Gedankenspielen von Deterministen konkret beschrieben worden, weil die Strafrechtspflege ja auch nach ihren Konzepten weiter unter Verwendung der traditionellen Sprachstrukturen betrieben werden soll.

19 Wobei es kaum möglich sein wird, die Entstehung dieser Sprachstrukturen im einzelnen mit Sicherheit zu rekonstruieren; zu der faszinierenden Theorie von J. *Jaynes* (Anm. 18) vgl. zuletzt *Jaynes*, *Dennett*, *Miller* und *Ojemann*, Canadian Psychology 27 (1986), Nr. 2, S. 128-173.

20 *Baurmann* (Anm. 6), S. 230ff.

21 *Baurmann* (Anm. 6), S. 139.

22 Zum Stand der Hirnphysiologie, die hier die letzte Antwort geben müßte und jedenfalls bis heute kein geschlossenes deterministisches Konzept vorweisen kann, vgl. nur *Eccles*, Gehirn und Seele, dt. Neuausgabe 1987, S. 163ff.; *ders.*, in: *Popper/Eccles*, Das Ich und sein Gehirn, dt. Neuausgabe 1989, S. 281ff.; *Kornhuber/Haiss*, in: *Heckhausen/Gollwitzer/Weinert* (Hrsg.), Jenseits des Rubikon: Der Wille in den Humanwissenschaften, 1987, S. 376ff., 402ff.; *Boeckh* und *Bierlein*, in: *Henrich* (Hrsg.), Aspekte der Freiheit, 1982, S. 9ff., 55ff.; *Jaynes* (Anm. 18), S. 128ff.; *Oeser/Seitelberger*, Gehirn, Bewußtsein und Erkenntnis, 1988, S. 87, 97ff., 116ff., 185ff.

sind Lügner" auf eine unzulässige Vermengung von Objekt- und Metaaussage hinauslaufen muß[23].

d) Wegen dieses philosophischen non liquet kann es dem Strafrecht nicht verwehrt sein, weiterhin die gesellschaftliche Wirklichkeitsrekonstruktion zugrunde zu legen, also vom Andershandelnkönnen des Durchschnittsmenschen in der Durchschnittssituation auszugehen. Aus der Beibehaltung dieser Prämisse ergibt sich dann ohne weiteres das Festhalten an zwei Implikationen der klassischen Schuldidee, nämlich der Vorwerfbarkeit der Tat und der Legitimation der Sanktion gegenüber dem Schuldigen, während die dritte Implikation, nämlich die Notwendigkeit der Vergeltung, hieraus keinesfalls folgt und auch sonst nicht plausibel zu machen ist.

(1) Wenn jemand eine verbotene Tat begeht, obwohl er anders handeln konnte, so ist die Aussage, daß ihm die Tat vorwerfbar ist, analytischer Natur, d.h. in den Prämissen implizit enthalten. Die Skrupulosität, mit der in der heutigen Strafrechtsdogmatik der Gedanke der Vorwerfbarkeit diskutiert und der Begriff des Vorwurfes durch das offenbar als weniger gravierend empfundene strafrechtliche Einstehenmüssen ersetzt wird[24], erscheint deshalb ebenso unbegründet, wie die insbesondere von *Hassemer* wiederholt erhobene Forderung nach einer „Strafe ohne Vorwurf"[25] als deplaziert und sogar fatal einzuschätzen ist. Denn weil der Vorwurf nichts anderes als die Feststellung voraussetzt, daß der Normunterworfene den Normappell hätte befolgen können, aber nicht befolgt hat, würde eine Verneinung des Vorwurfs die Verneinung des Freiheitskonzepts implizieren und damit jenes Sprachspiel

---

[23] Grundlegend dazu *Rickert*, System der Philosophie, erster Teil: Allgemeine Grundlegung der Philosophie, 1921, S. 302f.; aufgegriffen etwa von *Welzel*, Das Deutsche Strafrecht, 11. Aufl. 1969, S. 145ff.; Arthur *Kaufmann*, in: Fundamenta Psychiatrica, 1988, S. 147; sprachanalytisch ausgebaut vor allem von *Boyle / Grisez / Tollefsen*, Free choice, 1976. Die Paradoxie sehe ich darin, daß der deterministische Allsatz alle Handlungen, damit auch die Erkenntnis-Sprechakte und damit auch sein eigenes Aussprechen als Kausalprodukt definiert und damit selbst vom Wahrheitsanspruch freistellt — weshalb mich auch die Antikritik bei *Pothast*, Die Unzulänglichkeit der Freiheitsbeweise (Anm. 16), S. 252ff., 258ff., nicht überzeugt. Richtig ist freilich, daß diese Paradoxie nicht semantischer Natur ist (wie im Beispiel des lügenden Kreters), sondern erst auf der pragmatischen Ebene hervortritt.

[24] Vgl. etwa *Roxin*, SchwZStr. 101 (1984), S. 356ff., 371; *Tiemeyer*, GA 1986, 226f. Das „Einstehen-Müssen" deckt sich ungefähr mit dem von *Burkhardt*, GA 1976, 329ff., skizzierten emotivistischen Gebrauch des Ausdrucks „Vorwurf", in dem sich aber auch nach *Burkhardt*, a.a.O., S. 335ff., der strafrechtliche Schuldbegriff nicht erschöpft. Notabene bedarf der im Text explizierte Schuldbegriff keiner Unterfütterung durch die Idee des „sittlichen Vorwurfes", so daß die Trennung von Recht und Moral auch hier durchzuhalten und in der landläufigen gegenteiligen Annahme eine Hauptquelle für die vielen Irritationen im Bereich des Schuldbegriffs auszumachen ist.

[25] *Ellscheid / Hassemer*, in: Civitas — Jahrbuch für Sozialwissenschaften 9 (1970), S. 27ff.; *Hassemer*, in: *Baumgartner / Eser* (Hrsg.), Schuld und Verantwortung, 1983, S. 89, 107.

wieder zerstören, in dem der Gesetzgeber mit dem Bürger kommuniziert, nämlich durch den Appell an die beiderseits vorausgesetzte Einsicht, daß sich der Bürger normtreu verhalten kann, weil er es soll. Anerkennung des Verdienstes und Tadel des Versagens sind die entscheidenden Mechanismen zur normativen Steuerung des gesellschaftlichen Handelns, und es scheint mir keiner weiteren Darlegung zu bedürfen, daß wir im Falle ihrer Preisgabe den seit Jahrtausenden etablierten (über das sich auf Freiheit gründende Selbstbewußtsein stattfindenden) Prozeß der Enkulturation und Norminternalisierung zerstören und damit unserer Zivilisation den Lebensfaden abschneiden würden.

(2) Des weiteren wäre nicht mehr zu erkennen, wie man eine „Strafe ohne Vorwurf“ gegenüber dem davon Betroffenen legitimieren können sollte. Der Vorwurf als Synonym für mißbrauchte Freiheit macht deutlich, daß dem Betroffenen nur das widerfährt, was er voraussehen und vermeiden konnte, also sich selbst zuzuschreiben hat, so daß er durch die Bestrafung, um die pathetische Formulierung *Hegels* zu gebrauchen, als Vernünftiges geehrt wird. Wenn diese Legitimation aber fortfiele, so blieben nur noch die Bedürfnisse der Spezialprävention übrig, die aber nicht nur bei fehlender Rückfallgefahr von vornherein versagen, sondern auch im übrigen wegen der im Verhältnis zur Schwere des Eingriffs kümmerlichen Treffsicherheit der bis heute möglichen Prognosen[26] und der notorischen Entsozialisierung der meisten Betroffenen im Strafvollzug[27] eigentlich nur noch von weltfremden Theoretikern oder Zynikern als (scil. alleinige) Legitimationsbasis für alle Fälle der Strafvollstreckung angeführt werden könnten.

(3) Im Gegensatz zu diesen beiden ersten Implikationen der Vorwerfbarkeit der Tat und der Legitimation der Strafe kann die im klassischen Schuldverständnis hiermit ebenfalls verbundene dritte Implikation der Notwendigkeit der Vergeltung gar nicht energisch genug bestritten werden. Erst in dieser durch

---

[26] Vgl. dazu die skeptische Einschätzung der neueren Prognoseforschung durch *Kaiser*, Kriminologie, 2. Aufl. 1988, S. 887, und *Eisenberg*, Kriminologie, 2. Aufl. 1985, S. 159, sowie *Frisch*, Prognoseentscheidungen im Strafrecht, 1983, S. 34-44; *Jung*, Festschrift für Pongratz, 1986, S. 251, 256f.; *Kunz*, in: *Kielwein* (Hrsg.), Entwicklungslinien der Kriminologie, 1985, S. 29, 40; *Luthe*, SchwZStr. 103 (1986), S. 345, 356f.

[27] Vgl. P.A. *Albrecht*, ZStW 97 (1985), S. 831, 834ff.; *Feltes*, BewHi 33 (1986), S. 233, 245ff.; *Herrmann/Kerner*, KZfSS 1988, 485; *Voß*, Gefängnis — für wen?, 1979, S. 70ff.; *Kreissl/Ludwig*, in: *Brusten/Häußling/Malinowski*, Kriminologie im Spannungsfeld von Kriminalpolitik und Kriminalpraxis, 1986, S. 73, 76ff.; *Hinez*, in: *Kury* (Hrsg.), Ambulante Maßnahmen zwischen Hilfe und Kontrolle, 1984, S. 439, 443; *Lüderssen*, in: *Hassemer* (Hrsg.), Strafrechtspolitik, 1987, S. 87f. Bezeichnenderweise geht *Baurmann* (Anm. 6), S. 303f. et passim, auf die Erfolgsaussichten des von ihm anstelle des Schuldstrafrechts propagierten spezialpräventiven Maßnahmerechts überhaupt nicht ein. Mit der Aussage im Text soll notabene nicht bestritten werden, daß es Einzelfälle mit hinreichend sicherer Prognose und zuverlässigen Aussichten auf eine (Re-)Sozialisierung gibt, die aber mit Sicherheit nur einen geringen Bruchteil der vollstreckten Sanktionen ausmachen, so daß der spezialpräventive Ansatz als allgemeine Legitimationsbasis der Strafrechtspflege unzulänglich ist.

nichts begründeten Annahme lag der eigentliche Sündenfall des früheren Schuldstrafrechts, und die geradezu erbitterte Polemik, mit der etwa Kritiker wie *Pothast* und *Baurmann* gegen die klassische Schuldidee aufgetreten sind[28], dürfte so gut wie ausschließlich durch die atavistischen Züge des Vergeltungskonzepts herausgefordert worden sein. Leider verbietet es mir die knappe Zeit, auf die im deutschen Schrifttum in letzter Zeit wieder aufflammenden Versuche näher einzugehen, der absoluten Straftheorie durch neuartige Interpretationen von *Kant* und *Hegel* abermals neues Leben einzuhauchen, etwa indem *Kants* „Metaphysik der Sitten" durch seine „Kritik der praktischen Vernunft" interpretiert oder besser gesagt korrigiert wird[29]. Darunter finden sich zwar geistreiche Interpretationsversuche, aber keine weiterführenden Beiträge zur heutigen Strafzweckdiskussion, denn aus einem Vorwurf kann man auch unter pragmatischen Aspekten nur die Notwendigkeit einer Wiedergutmachung oder einer Besserung des Täters ableiten, nicht aber die rein destruktive Vergeltung, die ihre Herkunft aus der Rache[30] auch unter dem Aspekt der Sühne nicht verleugnen kann, weil es sich dabei, wenn man mit „Sühne" nicht bloß die schlichte Wiedergutmachung meint, um eine Autoaggression, d.h. um Rache des Täters an sich selbst handelt.

3. Ergebnis

Ich glaube deshalb, daß wir von dem klassischen Schuldbegriff nur die Idee der Vergeltung opfern müssen, den Rest dagegen zur Legitimation einer aus anderen, nämlich präventiven Gründen erforderlichen Strafe weiterhin einsetzen können, ohne ein schlechtes Gewissen haben oder den Vorwurf schlechter Metaphysik als berechtigt anerkennen zu müssen. Dieser Schuldbegriff knüpft auch durchaus und zu Recht an ontologische Gegebenheiten an, nämlich, wie schon bemerkt, an die dem Strafrecht vorgelagerte gesellschaftliche Rekonstruktion der Wirklichkeit. Es besteht auch kein Anlaß, die hierbei herauskommende Kategorie der Freiheit als etwas nur im Dialog Konstituierbares, d.h.

---

[28] Vgl. etwa die scharfe Kritik an *Welzels* Konzeption bei *Pothast*, Die Unzulänglichkeit der Freiheitsbeweise (Anm. 16), S. 346ff., sowie den verbissenen Versuch *Baurmanns* (Anm. 6), S. 259ff., dem Schuldprinzip eine semantische Unbestimmtheit nachzusagen, und sein wiederholtes offensichtliches Verständnis des Schuldprinzips im Sinne des Vergeltungsprinzips (a.a.O. S. 181ff., 273). Auch die tiefenpsychologische „Entzauberung" des Schuldprinzips hakt bei der Vergeltungsidee ein; vgl. *Haffke*, Tiefenpsychologie und Generalprävention, 1976; *Engelhardt*, Psychoanalyse der strafenden Gesellschaft, 1976; *Streng*, ZStW 92 (1980), S. 637ff., alle m.w.N.

[29] Vgl. E.A. *Wolff*, ZStW 97 (1985), S. 786, 806ff.; *Köhler*, Der Begriff der Strafe, 1986, S. 19ff.; *Schild*, ARSP 70 (1984), S. 71ff.; *Cattaneo*, *Höffe* und *Forschner*, in: *Brandt* (Hrsg.), Rechtsphilosophie der Aufklärung, 1982, S. 321ff., 364ff., 383ff.; *Neumann/Schroth*, Neuere Theorien von Kriminalität und Strafe, 1980, S. 11ff.; *Köhler*, Festschrift für Lackner, 1987, S. 11ff.; Armin *Kaufmann*, Strafrechtsdogmatik zwischen Sein und Wert, 1982, S. 266ff.

[30] Vgl. *Haffke*, *Engelhardt* und *Streng* (Anm. 28).

nicht vom einzelnen entscheidenden Subjekt allein Feststellbares zu deuten und dementsprechend die Schuldfeststellung nur noch als einen dialogischen Prozeß hinzustellen, wie das neuerdings von *Haft*, *Schild* und anderen propagiert wird[31] und worauf ich bei der Erörterung der actio libera in causa zurückkommen werde. Richtig ist lediglich, daß das zuvor skizzierte Schuldkonzept selbstverständlich noch weiterer Explikation bedarf, bevor es zur Beantwortung der praktisch wichtigsten Frage nach der Grenzziehung zwischen Schuld und Schuldunfähigkeit eingesetzt werden kann. Auch hierauf werde ich alsbald zurückkommen, nämlich bei der Erörterung des § 20 StGB.

III. Schuld und Prävention

1. Die Entwicklung der Strafrechtsdogmatik

a) Daß der klassische Schuldbegriff ohne Rücksicht auf kriminalpolitische Bedürfnisse konzipiert worden war, ergibt sich schon aus seiner Herkunft aus der Vergeltungstheorie. Die Vereinigungstheorie fügte zwar die Behauptung der kriminalpolitischen Nützlichkeit der Schuldstrafe hinzu, ließ den Schuldbegriff aber unangetastet, so daß dieser als Kernpunkt des Strafgesetzes die unübersteigbare Schranke der Kriminalpolitik bildete.

b) An dieser Situation ist durch die von *Roxin* geforderte Verbindung von Strafrechtssystem und Kriminalpolitik und die damit verbundene Anreicherung der Systemstufe „Schuld" mit präventiven Gesichtspunkten nichts Entscheidendes geändert worden, denn es geht *Roxin* gerade *nicht* um eine weitere Auflösung des auf seine Legitimationsfunktion zurückgeführten Schuldprinzips, sondern — genau umgekehrt — um die Berücksichtigung der in einem Präventionsstrafrecht *neben* der Vorwerfbarkeit zu fordernden, in der Kriminalpolitik verankerten Strafbarkeitsvoraussetzungen im Strafrechts*system*[32].

c) Die Axt an die Wurzel des zwar um die Vergeltungsdimension geschrumpften, im übrigen aber intakten Schuldbegriffs hat deshalb erst *Jakobs* mit seiner Theorie gelegt, daß schon der *Inhalt* des Schuldbegriffs vom Zweck der Generalprävention bestimmt werde und daß deshalb die Autonomie der Persönlichkeit als Fähigkeit nur zugeschrieben werde, falls das kriminalpolitisch zweckvoll sei, und nur fehlen dürfe, wenn die Möglichkeit anderweitiger Konfliktsverarbeitung etwa durch Behandlung des Täters anstelle seiner Bestrafung bestehe[33]. Daß in diesem Konzept das Konditionalprogramm des

[31] Vgl. vorerst *Haft*, Der Schulddialog, 1978, S. 28f.; *Schild*, Der Strafrichter in der Hauptverhandlung, 1983, S. 58f., 73ff.; *Neumann*, Zurechnung und Vorverschulden, 1985, S. 269ff.

[32] So (im Verhältnis zu seinem Beitrag in der Festschrift für Henkel, 1974, S. 171ff., klarstellend) *Roxin*, Festschrift für Bockelmann, 1979, S. 279, 284f.; *ders.*, ZStW 96 (1984), S. 650ff.; *ders.*, SchwZStr. 104 (1987), S. 368, 372ff.

klassischen Schuldbegriffs durch ein reines kriminalpolitisches Zweckprogramm ersetzt wird, könnte man hier noch als eine Anpassung an die allgemeine Tendenz zur Folgenberücksichtigung bei der Auslegung der Rechtsbegriffe und deshalb als eine Art Fortentwicklung des Schuldbegriffs ansehen[34]. *Jakobs* geht aber noch viel weiter, da er auch jede Brücke zu dem Alltagsverständnis der Schuldidee abbricht und nach der individuellen Vermeidbarkeit nicht einmal mehr fragen will, sondern die Qualifikation als schuldhaft von Umständen abhängig macht, auf die das Individuum mit Sicherheit keinerlei Einfluß hat, wie etwa die Entwicklung von therapeutischen Methoden gegenüber Sexualdelinquenten[35].

2. Zur Kritik an Jakobs

In der Kritik kann ich mich kurz fassen und auf die zahlreichen, ganz überwiegend ablehnenden Auseinandersetzungen mit der faszinierend konsistenten Konzeption von *Jakobs* verweisen, darunter auch auf meine eigenen[36]. Lediglich drei m.E. entscheidende Gesichtspunkte möchte ich nochmals herausstellen: Durch die vollständige Auflösung in Prävention verliert der Schuldbegriff jede Legitimations- und Limitationsfunktion und wird dadurch überflüssig, was deshalb fatal ist, weil es die von *Jakobs* reklamierte prästabilierte Identität in Wahrheit nicht gibt, wie etwa an den Fällen der strict liability unschwer demonstriert werden kann[37]. Die systemtheoretische Analyse verkennt, daß der reale gesellschaftliche Prozeß der Verantwortungszuschreibung gerade nicht an die Folgenberücksichtigung, sondern an die soziale Kognition von Freiheitsgraden geknüpft ist, also input- und nicht outputorientiert vorgeht. Das zeigt sich besonders deutlich an den Fällen schwerster Psychopathien, die bis heute als untherapierbar gelten und gleichwohl sowohl nach den gesellschaftlichen Auffassungen als auch nach der Praxis der Strafrechtsprechung exkulpieren, während dies für die leichteren und therapierbaren psychischen Störungen

---

[33] *Jakobs*, Schuld und Prävention, 1976, S. 17, 29 und passim; ähnlich *ders.*, Allg. Teil, 1983, S. 395ff.; *ders.*, in: *Göppinger / Bresser* (Hrsg.), Sozialtherapie — Grenzfragen bei der Beurteilung psychischer Auffälligkeiten im Strafrecht, 1982, S. 127ff.

[34] Zur Folgenberücksichtigung vgl. allgemein *Hassemer*, Festschrift für Coing, Bd. I, 1982, S. 493ff.

[35] Was *Jakobs* in: Schuld und Prävention, 1976, S. 17, als Grund für die sich im Laufe der Zeit wandelnde Interpretation der Schuldunfähigkeit namhaft macht.

[36] Vgl. *Stratenwerth*, Die Zukunft des strafrechtlichen Schuldprinzips, 1977, S. 29ff.; *Burkhardt*, GA 1976, 321, 335ff.; *Schmidhäuser*, Festschrift für Jescheck, Bd. I, 1985, S. 485, 501f.; *Schünemann* (Anm. 14), S. 170ff. m.w.N. in Fn. 34; *Roxin*, Festschrift für Bockelmann, 1979, S. 285 Fn. 22; Arthur *Kaufmann*, Festschrift für Wassermann, 1985, S. 889, 892ff.; *Landgraf*, Die „verschuldete" verminderte Zurechnungsfähigkeit, 1988, S. 112ff.

[37] Vgl. dazu bereits *Burkhardt*, GA 1976, 321, 337f.; *Schöneborn*, ZStW 92 (1980), S. 689; *Schünemann*, Unternehmenskriminalität und Strafrecht, 1979, S. 191f. m.w.N.

gerade *nicht* der Fall ist. Schließlich darf man auch nicht ignorieren, daß der Schuldgrundsatz im traditionellen Verständnis bei uns zugunsten des Beschuldigten mit Verfassungsrang ausgestattet ist[38] und deshalb nicht zur Disposition einer sozialtechnologischen Theorie steht. Und weil das Schuldprinzip, der ihm von *Baurmann* zu Unrecht nachgesagten Inhaltslosigkeit[39] zum Trotz, in der Idee der durchschnittlichen Entscheidungsfreiheit, Vorhersehbarkeit und Vermeidbarkeit sehr wohl einen für Normalsituationen klar angebbaren Bedeutungskern besitzt, fällt die Konzeption von *Jakobs* mit dem vollständigen Abbruch der semantischen Brücke zum traditionellen Schuldprinzip auch aus dem von der Verfassung vorgegebenen Rahmen des Strafrechts heraus.

IV. Schuld und Strafzumessung

1. Der cultural lag der herrschenden Strafzumessungsdoktrin

a) Obwohl es mir evident erscheint, daß die Rolle der Schuld seit der Preisgabe der Vergeltungskonzeption auch in der Strafzumessung neu definiert werden muß, finden wir die dogmatische Landschaft in diesem Punkt nahezu unverändert. Nach wie vor herrscht die Spielraumtheorie, die in den fünfziger Jahren vom Bundesgerichtshof anerkannt worden ist und auch heute noch unter dem Beifall der h.L. praktiziert wird[40], wonach es also ein dem Schuldausmaß korrespondierendes Strafquantum geben soll, das allerdings — sei es wegen der Unzulänglichkeit der menschlichen Erkenntnis, sei es wegen der Elastizität des Schuldgedankens selbst — nicht durch einen Punkt, sondern durch einen Spielraum markiert ist, der nach oben von der *noch* schuldangemessenen und nach unten von der *schon* schuldangemessenen Strafe begrenzt wird und innerhalb dessen der Richter die Strafe nach präventiven Gesichtspunkten präzisieren darf, während er zu einer Überschreitung der beiden Begrenzungslinien nicht befugt sein soll. An der Idee der schuldangemessenen Strafe halten auch die konkurrierenden Strafzumessungstheorien fest, so wenn etwa die Stellenwerttheorie die Rolle der Schuld bei der Findung des Strafquantums noch schärfer betont[41] und die Präventionseinflüsse auf eine zweite Stufe verweist oder wenn *Roxin* lediglich in krassen Fällen eine Unterschreitung der schuldangemessenen Strafe für zulässig erklärt[42].

---

[38] BVerfGE 6, 389, 439; 7, 305, 319; 9, 167, 169; 20, 323, 331; 25, 269, 285; 41, 121, 125; 45, 187, 228; 50, 125, 133.

[39] *Baurmann* (Anm. 6), S. 261 f.

[40] Grundlegend BGHSt. 7, 28; vgl. heute BGHSt. 20, 264, 266 f.; 24, 132, 133 f.; 29, 319, 321; zur Billigung durch die h.L. vgl. die zahlreichen Nachweise bei *Schünemann*, in: *Eser / Cornils* (Hrsg.), Neuere Tendenzen der Kriminalpolitik, 1987, S. 209 f., Fn. 2, 3.

[41] *Horn*, SK StGB, § 46 Rdn. 33 ff.; *ders.*, Festschrift für Schaffstein, 1975, S. 241; *ders.*, Festschrift für Bruns, 1978, S. 165.

[42] Vgl. *Roxin*, Festgabe für Schultz, 1977, S. 463, 476 ff.; *ders.*, ZStW 96 (1984), 641, 657; *ders.*, SchwZStr. 104 (1987), S. 356, 375

b) Ich halte diese Unempfindlichkeit der Strafzumessungstheorie gegenüber der Preisgabe des Vergeltungsprinzips als des für die Strafhöhe zentralen Dogmas der Schuldlehre für eine Art cultural lag, dessen umgehende Aufarbeitung geboten ist. Die zur Rechtfertigung angeführte Unterscheidung von Strafbegründungsschuld und Strafzumessungsschuld ist nämlich lediglich eine terminologische Differenzierung, deren dogmatischer Gehalt niemals genau analysiert worden ist, auch nicht von dem dafür gewöhnlich genannten Gewährsmann *Achenbach*, der damit einen eher beiläufigen und heuristischen Sinn verknüpft hat[43]. In Wahrheit besteht zwischen Straf*begründung* und Straf*höhe* ein durchgängiges Abhängigkeitsverhältnis[44], weshalb man nach Preisgabe des Vergeltungskonzepts in der Strafzumessung nicht einfach mehr so tun kann, als ob es noch einen logischen oder teleologischen Schluß von einem bestimmten Schuldquantum auf ein bestimmtes Strafquantum gäbe.

2. Die Tatproportionalitätstheorie

Es scheint mir deshalb unabweisbar zu sein, die Rolle der Schuld auch bei der Strafzumessung in dem Sinne neu zu definieren, daß lediglich die für den Täter erkennbaren und vermeidbaren Fakten die Grundlage der Strafzumessung bilden dürfen, was übrigens mit dem Wortlaut des § 46 StGB überraschend gut verträglich ist. Zugleich werden damit die sog. Strafzweckantinomien vermieden, weil die Verarbeitung des von der Schuld des Täters gedeckten Sachverhalts für die Zumessung der Strafe naturgemäß ausschließlich nach *präventiven* Kriterien erfolgt, was wegen der praktischen Sinnlosigkeit spezialpräventiv motivierter Strafschärfungen auf die Festsetzung des generalpräventiv notwendigen Minimums hinausläuft, das im einzelnen als Resultante aus der Berücksichtigung des objektiven Ausmaßes der Rechtsgutsverletzung und der subjektiven Schadensempfindlichkeit des Opfers, der objektiven und subjektiven Intensität des Rechtsgutsangriffs ("kriminelle Energie"), der Strafempfindlichkeit des Täters und seinem rechtsgutsbezogenen Vortat- und Nachtatverhalten zu bestimmen ist[45].

---

[43] Vgl. *Achenbach*, Historische und dogmatische Grundlagen der strafrechtssystematischen Schuldlehre, 1974, S. 2ff., 5: „Freilich soll ... nicht gesagt werden, daß diese drei Begriffe jeder Gemeinsamkeit ermangeln."

[44] Vgl. bereits *Schünemann* (Anm. 14), S. 187ff.; *ders.*, in: *Eser/Cornils* (Anm. 40), S. 209ff.; von einem völlig anderen Ausgangspunkt aus auch etwa *Köhler*, Über den Zusammenhang von Strafrechtsbegründung und Strafzumessung, 1983, S. 26ff. und passim.

[45] Im einzelnen ist auf meine Überlegungen in: *Eser/Cornils* (Anm. 40), S. 224ff. zu verweisen. Auf eine Nachzeichnung der inhaltlichen Verbindungslinien, aber auch der Unterschiede der im Text skizzierten Konzeption zu der sog. Position des Neoklassizismus in den USA und Skandinavien muß hier aus Raumgründen leider verzichtet werden; vgl. zu letzterer vor allem *von Hirsch*, Past or Future Crimes, Manchester 1986; *Jareborg/von Hirsch*, in: *Eser/Cornils* (Anm. 40), S. 35ff. Angemerkt sei noch, daß in der tatrichterli-

V. Die Bedeutung der Schuldidee für ein zweispuriges Strafrechtssystem

Als letzte Grundsatzfrage möchte ich kurz auf die Bedeutung der Schuldidee für die Strafrechtspflege insgesamt eingehen, die ja seit der Einführung der Zweispurigkeit den Rechtsgüterschutz nicht nur mit Hilfe von Strafen, sondern auch mit Hilfe von Maßregeln zu gewährleisten sucht. Mit der Legitimations- und Limitationsfunktion des Schuldprinzips wäre es schlecht bestellt, wenn der Staat im Falle von schuldlosen Rechtsgüterverletzungen ohne Schwierigkeiten auf die Maßregel ausweichen könnte. Entgegen einer verbreiteten Auffassung kann die vom Schuldprinzip bei der Strafe wahrgenommene Legitimationsfunktion bei den Maßregeln auch nicht durch den in § 62 StGB ausdrücklich zitierten Verhältnismäßigkeitsgrundsatz übernommen werden[46], weil dieser ja schon, wie die utilitaristische Ethik lehrt, selbstverständlicher Bestandteil der zweckrationalen Abwägung der nützlichen und schädlichen Folgen einer Maßnahme ist. Die Verhältnismäßigkeit ist also von vornherein kein ausreichender Ersatz für das Schuldprinzip, wodurch sich zugleich die früher von *Hassemer* und *Ellscheid* geäußerte[47] und unlängst wieder von *Baurmann* erneuerte Auffassung[48] erledigt, daß ein das Schuldstrafrecht ablösendes, auf die Verhältnismäßigkeit gestütztes Maßnahmenrecht die humanere Konzeption sei. Vielmehr trifft offensichtlich das Gegenteil zu, so daß man die Generalattacke auf das Schuldstrafrecht aus normativen Gründen selbst dann zurückweisen müßte,

---

chen Strafzumessungspraxis ohne Rücksicht auf die molluskenhafte Spielraumtheorie und wohlweislich im Schatten nichtssagender Formeln zu allen Zeiten lediglich drei Aspekte dominiert haben dürften: die Schwere der Tat (einschließlich der darin zum Ausdruck kommenden kriminellen Energie), etwaige Vorstrafen des Täters und sein Prozeßverhalten (d.h. die enorme Privilegierung eines Geständnisses, was eine rigide Strafzumessung gegenüber dem leugnenden Angeklagten zur Kehrseite hat). Während die beiden ersten Parameter in der Tatproportionalitätstheorie direkt aufgegriffen werden, hat der dritte Parameter in diesem letztlich auf dem Gedanken der Integrations-Generalprävention fußenden Konzept nur insoweit einen legitimen Platz, wie es um die (z. B. auch auf ideellem Wege mögliche) Kompensation der durch das Verbrechen hervorgerufenen „sozialen Destabilisierung" geht, nicht aber bei bloßer Prämiierung der Arbeitserleichterung für den Richter durch ein womöglich im Verfahren ausgehandeltes Geständnis.

[46] So *Zipf*, JuS 1974, 274, 278; *ders.*, Kriminalpolitik, 2. Aufl. 1980, S. 66; *Preisendanz*, Strafgesetzbuch, 28. Aufl. 1974, § 62 Anm. 1. Erst recht kann das bloße Sicherungsbedürfnis nicht als Legitimation dienen (so aber *Stree*, in: *Schönke / Schröder*, vor § 61 Rdn. 2), weil die darin lediglich zum Ausdruck kommende zweckrationale Nützlichkeit die wertrationale Frage der Legitimation noch nicht mitbeantwortet.

[47] *Hassemer / Ellscheid*, Civitas 9 (Anm. 25), 27 ff. = *dies.*, in: *Lüderssen / Sack* (Hrsg.), Seminar Abweichendes Verhalten II 1, 1975, S. 266 ff., 281 ff.; weitaus vorsichtiger, aber immer noch unter Ablehnung des Schuldvorwurfs als Teil des Schuldprinzips und Basis der Zweispurigkeit *Hassemer*, in: *Baumgartner / Eser* (Anm. 25), S. 89 ff., 104 f.; *Ellscheid*, in: *Wadle* (Hrsg.), Recht und Gesetz im Dialog, Bd. I, 1982, S. 77 ff. Zur Kritik vgl. bereits Arthur *Kaufmann*, Festschrift für Lange, 1976, S. 27 ff.

[48] *Baurmann* (Anm. 6), S. 223 ff. und passim; ähnlich bereits früher *ders.*, in: *Lüderssen / Sack*, Seminar Abweichendes Verhalten IV, 1980, S. 211 f., 242 f. und passim.

wenn sie unter epistemischen (erkenntnispraktischen) Aspekten über die stärkeren Bataillone verfügen sollte. Selbst das ist aber mitnichten der Fall, denn den zentralen Platz der empirischen Freiheitsfrage im Schuldstrafrecht nimmt im Maßregelrecht die Prognose ein, die heute noch in jedem Einzelfall unzuverlässig ist[49], während die Abgrenzung von Schuldfähigkeit und Schuldunfähigkeit nur in einem vergleichsweise schmalen Grenzbereich ähnliche Probleme bereitet.

Die Entscheidung für ein Schuldstrafrecht ist deshalb nicht nur weiterhin richtig, sondern impliziert auch für den davon nicht abgedeckten Maßregelbereich in einem zweispurigen Strafrecht die Forderung nach einer strengen Limitation, für die ich schon früher die Formel vom „Rechtsgüternotstand" vorgeschlagen habe[50]. So limitiert die Entscheidung für das Schuldprinzip indirekt auch noch dort, wo es nicht mehr zum Zuge kommt, und stempelt damit die heute so modische Kritik an seinen Leistungen zu einem Mißverständnis.

VI. Zur Stellung der Entschuldigungsgründe im Strafrechtssystem

1. Die Stellung der Entschuldigungsgründe im Strafrechtssystem warf eigentlich nur so lange keine besonderen Probleme auf, wie der psychologische Schuldbegriff herrschte und dementsprechend alle objektiven Momente im Tatbestand, alle subjektiven in der Schuld eingeordnet wurden. Seit der Entwicklung des normativen Schuldbegriffs ist die Systembildung aber kontinuierlich, fast könnte man sagen: von Jahr zu Jahr, komplizierter geworden, was durch die Entdeckung der subjektiven Unrechtselemente und der objektiv gefaßten Schuldmerkmale, die Transponierung des Vorsatzes in den subjektiven Tatbestand und aus der letzten Zeit vor allem durch die Anreicherung der Vorwerfbarkeit um präventive Komponenten sowie durch die Ausarbeitung des Sozialschädlichkeitskriteriums auf der Unrechtsebene ad oculos demonstriert wird. Wenn man beispielsweise die von *Günther* propagierte Verselbständigung der Sozialschädlichkeitskategorie auch auf der Rechtswidrigkeitsebene in Gestalt von sogenannten Strafunrechtsausschließungsgründen[51] und die von *Roxin* entwickelte Unterteilung der Verantwortlichkeit in Schuld im engeren

---

[49] Vgl. oben die Nachweise in Anm. 26.

[50] *Schünemann* (Anm. 14), S. 174ff. Fn. 39 m.w.N.

[51] *Günther*, Strafrechtswidrigkeit und Strafunrechtsausschluß, 1983, S. 253ff. Die eingehende Kritik, die hieran *Roxin*, Festschrift für Oehler, 1985, S. 181ff., sowie *ders.*, in: *Eser/Fletcher* (Hrsg.), Rechtfertigung und Entschuldigung, 1987, S. 229, 251ff., geübt hat, weist zwar die meisten von *Günther* aus seiner Unterscheidung gezogenen Folgerungen m.E. zutreffend zurück, entwertet damit aber noch nicht die Ausgangsdiagnose, daß das strafrechtliche Unrecht ein durch die besondere Sozialschädlichkeit qualifizierter Ausschnitt aus dem Gesamtbereich der rechtswidrigen Handlungen ist.

Sinne und Präventionsnotwendigkeit[52] übernimmt, scheinen plötzlich die herkömmlichen Systemstufen nicht mehr deutlich gegeneinander abgrenzbar zu sein, weil präventive Gesichtspunkte ja nicht nur bei der Systemstufe der Verantwortlichkeit im Sinne *Roxins*, sondern auch bei der qualifizierten Sozialschädlichkeit oder zu guter Letzt auch bei den traditionellen schuldirrelevanten Strafausschließungsgründen eingeordnet werden könnten.

2. Ein Ausweg aus diesem Dilemma scheint mir nur in der Weise möglich zu sein, daß man die materiellrechtlich relevanten Kategorien des Strafrechtssystems nicht durch formale Unterscheidungen (wie diejenige zwischen Tatbestand und Rechtfertigung), sondern durch unterschiedliche Wertungskategorien ausfüllt, nämlich durch die (qualifizierte) Sozialschädlichkeit beim strafrechtlichen Unrecht und durch die (qualifizierte) Vorwerfbarkeit, nämlich durch die Möglichkeit und die darüber hinausgehende Zumutbarkeit der Normbefolgung (in einem durch die einzelnen Schuldausschließungsgründe abschließend präzisierten Sinn) bei der Schuld im weiteren Sinne. Weil die Vorwerfbarkeit eines bestimmten Tuns dessen Sozialschädlichkeit zur zwar nicht hinreichenden, aber notwendigen Bedingung hat, gilt ferner der Grundsatz, daß die Relevanz eines Gesichtspunktes für das Ausmaß der Sozialschädlichkeit dessen Einordnung auf der Ebene des strafrechtlichen Unrechts gebietet, so daß für die präventive Komponente der Schuld im weiteren Sinne nur diejenigen Gesichtspunkte übrig bleiben, die sich nicht schon im Rahmen der Sozialschädlichkeit verarbeiten lassen. Versagt in diesem Fall auch eine Interpretation im Kontext des Zumutbarkeitsgedankens, so bleibt allein die schuldirrelevante Kategorie der objektiven Strafbarkeitsvoraussetzungen oder Strafausschließungsgründe übrig, die also abermals subsidiär ist.

3. Eine auch nur skizzenhafte Ausformung dieser Andeutungen und ihre Verfolgung und Überprüfung anhand der zahlreichen speziellen Systematisierungsprobleme würden einen eigenen Vortrag erfordern. Lassen Sie mich mein Konzept deshalb nur an zwei Beispielen exemplifizieren, nämlich an der Indemnität der Abgeordneten gemäß § 36 StGB und an der Straflosigkeit der Angehörigenbegünstigung gem. § 258 Abs. 6 StGB.

a) Während es sich bei der Indemnität nach der traditionellen und heute noch eindeutig herrschenden Auffassung um einen persönlichen Strafausschließungsgrund ohne Unrechts- und Schuldrelevanz handelt, der dem Teilnehmer nicht zugute kommen soll[53], sieht *Roxin* hierin eine objektive, d.h. für den Vorsatz

---

[52] So in ausgereifter Form *Roxin*, Festschrift für Bockelmann, 1979, S. 284f., 295; vgl. ferner seitdem *Roxin*, ZStW 96 (1984), S. 656; *ders.*, SchwZStr. 104 (1987), S. 374.

[53] BGHSt. 9, 74; 14, 172; *Lackner*, StGB, § 258 Anm. 8; *Stree*, in: *Schönke/Schröder*, § 258 Rdn. 39; *Dreher/Tröndle*, StGB, 44. Aufl. 1988, § 258 Rdn. 16; *Ruß*, in: LK, § 258 Rdn. 37; *Bloy*, Die dogmatische Bedeutung der Strafausschließungs- und Strafaufhebungsgründe, 1976, S. 125f.

irrelevante, aber auch den Teilnehmer erfassende Straflosigkeitsbedingung[54], wohingegen *Jakobs* — in der Konstruktion wieder anders — einen Ausschluß des Straftatbestandes annimmt, der allerdings nur zugunsten des Teilnehmers gelten, zur Auslösung eines Tatbestandsirrtums hingegen untauglich sein soll[55]. Wie man sieht, werden durch diese Konstellation hochkomplizierte Fragen der Reichweite der Strafrechtssystematik für die materiellrechtliche Regelung der Teilnehmerhaftung, der Irrtumsqualifikation usw. aufgeworfen, bei deren problemorientierter Beantwortung eine zusätzliche, gewissermaßen kreuzweise Auflösung der Strafrechtssystematik nach dem jeweiligen funktionalen Zusammenhang droht. Denn *Jakobs* will die Reichweite des Tatbestandsausschlusses auf die Akzessorietät der Teilnahme begrenzen und die Rechtsfolgen für die Irrtumsqualifikation davon ausschließen, während *Roxin* das gleiche Ergebnis durch die Annahme einer negativen objektiven Strafbarkeitsbedingung erzielen will, wonach also die systematische Einordnung die materiell-rechtliche Lösung von Folgeproblemen nicht mehr zu steuern, sondern hinter diese zurückzutreten und dadurch gewissermaßen beliebig zu werden scheint.

Ich möchte im Gegensatz hierzu, ohne daß ich das noch weiter ausführen kann, eine vielleicht nicht totale, aber doch weitgehende Vernetzung der materiellrechtlichen Fragestellungen behaupten, derzufolge die Abgrenzung der strafrechtlichen Systemstufe „Unrecht" etwa für die Irrtumsfragen und für die Teilnehmerhaftung gleichermaßen präjudiziell ist. Der Vorsatz muß also die qualifizierte Sozialschädlichkeit umfassen, und ohne diese kommt auch keine Teilnehmerhaftung in Betracht. So scheint mir vieles dafür zu sprechen, die Indemnität als einen Strafunrechtsausschließungsgrund im Sinne *Günthers* — oder, wie ich lieber formulieren würde, als einen die qualifizierte Sozialschädlichkeit ausschließenden Tolerierbarkeitsgrund — einzuordnen, der sowohl eine Haftung des Teilnehmers ausschließt als auch dem § 16 StGB untersteht, so daß in dem von *Roxin* gebildeten Fall des Abgeordneten, der sich irrtümlich in einem Parlamentsausschuß zu befinden glaubt und seinen Widersacher mit Beleidigungen traktiert[56], ein entsprechend § 16 StGB den Vorsatz ausschließender Irrtum über die Sozialschädlichkeit anzunehmen ist.

b) Bei der (in der systematischen Einordnung ebenso umstrittenen) Angehörigenbegünstigung gem. § 258 Abs. 6 StGB[57] handelt es sich dagegen nach den

---

[54] *Roxin*, in: *Eser/Fletcher* (Anm. 51), S. 259ff.

[55] *Jakobs*, Allg. Teil, S. 281 f.

[56] *Roxin*, in: *Eser/Fletcher* (Anm. 51), S. 261.

[57] Vgl. einerseits *Dreher/Tröndle* StGB, §258 Rdn. 16; *Lackner*, StGB, § 258 Anm. 8, die allein auf die objektive Sachlage abstellen; *Samson*, in: SK StGB, § 258 Rdn. 55; *Stree*, in: *Schönke/Schröder*, § 258 Rdn. 39, die ausschließlich die Vorstellung des Täters für maßgebend halten; schließlich *Maurach/Schroeder*, Bes. Teil, Teilbd. 2, 6. Aufl. 1981, S. 326; *Hirsch*, in: LK, vor § 32 Rdn. 198; *Preisendanz* (Anm. 46), § 258 Anm. VIII 3, die — entsprechend der im Text für richtig gehaltenen Lösung — analog § 35 Abs. 2 StGB nach der Vermeidbarkeit des Irrtums fragen.

oben skizzierten Kriterien um einen Fall der Unzumutbarkeit und damit um einen Schuldausschließungsgrund, so daß ein diesbezüglicher Irrtum analog § 35 Abs. 2 StGB zu behandeln ist[58].

4. Alles in allem scheint mir deshalb durch die in dem modernen zweckrationalen bzw. funktionalen Strafrechtssystem stattfindende kriminalpolitische Anreicherung der Systemstufen „Unrecht und Schuld"[59] letztlich doch keine Auflösung des Strafrechtssystems, sondern sogar eine Stärkung seiner präjudiziellen Wirkung für die materiell-rechtlichen Folgeprobleme beschert zu werden.

VII. Die Grenzlinie zwischen Schuldfähigkeit und Schuldunfähigkeit

1. Wissenschaftstheoretische Basis

Wie ich schon vorhin kurz bemerkt habe, muß sich der Gedanke, die Willensfreiheit in den Bereich der gesellschaftlichen Wirklichkeitsrekonstruktion zu verweisen, gerade auch bei der Explikation der Schuldunfähigkeit bewähren. Zwar kann damit nicht gemeint sein, daß die Strukturen der Umgangssprache und des gesellschaftlichen Realitätsverständnisses schon die Details der Exkulpationsvoraussetzungen enthalten; die Grundstrukturen müssen aber erkennbar sein. Sitz der Willensfreiheit ist nach dem Sprachspiel, in dem man über die eigene Willensfreiheit und diejenige anderer redet sowie andere auf kommunikativem Wege zu einem bestimmten Gebrauch ihrer Freiheit zu motivieren versucht, zunächst einmal der Verstand als der Ort, wo rationale Entscheidungen getroffen werden, wo die gefühlten Triebbedürfnisse kontrolliert und die für ein Handeln nach der besseren Einsicht notwendigen Urteile erzeugt werden[60]. Gravierende Defizite in den intellektuellen Fähigkeiten bilden

---

[58] Zur Bedeutung dieser Lösung für das Strafrechtssystem insgesamt vgl. bereits *Schünemann* (Anm. 14), S. 12ff.; *ders.*, GA 1986, 293, 303.

[59] Vgl. zur Einordnung dieser Epoche der Strafrechtsdogmatik, die sich seit dem Erscheinen von *Roxins* Studie „Kriminalpolitik und Strafrechtssystem" im Jahre 1970 immer deutlicher als Nachfolgerin des zuvor gedanklich dominierenden Finalismus etabliert hat, *Schünemann* (Anm. 14), S. 1, 45ff.

[60] Der naheliegende Einwand, daß es sich hierbei um ein auf phänomenologischem Wege gebildetes Konstrukt handeln würde, welches die wirklichen Strukturen der menschlichen Entscheidungsfindung nicht korrekt abbilden würde und deshalb schlechte Vulgärpsychologie sei (von den dabei unbeachtet gebliebenen hirnphysiologischen Gegebenheiten ganz zu schweigen), greift aus zwei Gründen nicht durch: zum ersten, weil dieses Konstrukt ja dadurch, daß es die gesamte gesellschaftliche und deshalb notwendig auch die strafrechtliche Kommunikation elementar und fundamental prägt, selbst Realität (geworden) ist, und zum zweiten, weil gerade die modernen Erkenntnisse der Hirnphysiologie eine Ahnung davon vermitteln, daß und wie gedankliche Operationen und damit der subjektive Nachvollzug von „objektivem Geist" ein „Handeln nach der besseren Einsicht" möglich machen. Denn die gesamten Botschaften des Rechts können nur über das an Sprache gebundene und zu sprachgedanklichen Operationen befähigte

deshalb die erste, fraglose Gruppe der Schuldunfähigkeit, die der Gesetzgeber in die Untertypen der Geisteskrankheit, des Schwachsinns und der jugendlichen Unreife ausdifferenziert hat (§ 20 StGB, §§ 1, 3 JGG) und deren Analyse und Beschreibung im einzelnen in für die rechtliche Abgrenzung durchaus brauchbarer Weise der Psychiatrie und Psychologie gelungen ist. Wo diese habituellen Defekte oder Reifungsdesiderate diagnostiziert werden können, bereitet auch die zweite Gruppe keine besonderen Schwierigkeiten, bei der die intellektuellen Leistungen zwar noch oder schon vorhanden sind, aber bei dem einzelnen Probanden keine Motivationswirkung zu entfalten vermögen, wo also die intellektuelle Einsicht prinzipiell keinen tatmächtigen Willen zu erzeugen vermag[61]. Auf einer vergleichbaren Ebene liegen auch die Bewußtseinsstörungen, bei denen die angesprochenen Defekte nur vorübergehend auftreten, etwa aufgrund einer Vergiftung. Daß in allen diesen Gruppen keine Zurechnung des Handelns zu einer verantwortlichen Person stattfindet, ist der Struktur nach in der Umgangssprache vorgegeben, so in dem schonungslosen Begriff des Verrückt-Seins oder in der Redewendung, daß jemand von Sinnen ist; und die Psychiatrie kann in diesem Bereich unbestreitbare Präzisierungsleistungen erbringen, denen wiederum die Neurologie ein „hartes" empirisches, d.h. von den Unsicherheiten der Hermeneutik freies naturwissenschaftliches Fundament liefert[62].

Bewußtsein aufgenommen werden, also mit der einen (regelmäßig linken) Gehirnhemisphäre, in der die Sprachfähigkeit repräsentiert ist (vgl. nur *Popper/Eccles* (Anm. 22), S. 359ff.; *Jaynes* (Anm. 18), S. 128ff.; *Boeckh*, in: *Henrich* (Anm. 22), S. 19ff.), so daß eine ungenügende Ausbildung oder (weitgehende) Zerstörung dieser Funktion von vornherein jede Möglichkeit ausschließt, einen bewußt normenkonformen Entschluß zu fassen.

[61] Diese zweite Stufe, auf der nach der auf der ersten Stufe gewonnenen bewußten Einsicht der einsichtsgemäße Wille gebildet wird, ist für eine phänomenologische Betrachtung ohne weiteres erlebbar und beschreibbar, in ihren psychologischen und hirnphysiologischen Grundlagen aber nach wie vor ungeklärt: Die Struktur der Motivation bzw. des Willens, der in der neuesten Psychologie wieder als Forschungsgegenstand akzeptiert wird, ist wegen der ungeheuren Komplexität der zusammenwirkenden Faktoren von einer abschließenden Klärung weit entfernt (vgl. zuletzt *Heckhausen/Gollwitzer/Weinert* (Hrsg.), Jenseits des Rubikon: Der Wille in den Humanwissenschaften, 1987), und die Hirnphysiologie vermag bis heute nicht anzugeben, wie und unter welchen Voraussetzungen es dazu kommt (oder auch nicht), daß eine im Bewußtsein gewonnene Einsicht in die normativ richtige Handlung über entgegengesetzte Antriebe etwa aus dem limbischen System die Oberhand gewinnt; vgl. dazu *Boeckh* (Anm. 22), S. 16ff.; *Kornhuber* und *Heiss*, in: *Heckhausen/Gollwitzer/Weinert*, a.a.O., S. 376ff., 402ff. Die Möglichkeit der Dominanz einer vom Bewußtsein organisierten Entscheidung wird sich hiernach aber nicht bestreiten lassen; sie setzt offenbar voraus, daß sich das Individuum diese Entscheidungsmacht seiner im Bewußtsein vorgenommenen Abwägungen auch zutraut, ist also das Ergebnis einer kulturellen Evolution, deren möglicher Ablauf in dem Konzept von *Jaynes* (Anm. 18) über die Ersetzung der bikameralen Psyche durch das Selbstbewußtsein veranschaulicht wird; und zur Fixierung des Begriffs der Schuldunfähigkeit wegen Unfähigkeit zu bewußtseinsdominanter Motivierung müssen infolgedessen jene habituellen Defekte ermittelt werden, bei denen man auch in beliebigen anderen Situationen und damit quasi im Experiment das Versagen einer bewußtseinsdominanten Steuerung beobachten kann.

2. Zur „schweren seelischen Abartigkeit“

Anders sieht es dagegen im Bereich der psychischen Störungen aus, gegenüber denen die gesellschaftliche Zuschreibung ebenso unsicher ist wie die Eingruppierung durch die Psychowissenschaften. Psychiatrie und Psychologie arbeiten hier bis heute mit hermeneutischen Methoden, wobei in der einzelnen Begutachtung die Intuition aufgrund individueller Berufserfahrung mit der charakteristischen Gefahr von Inversionsschlüssen dominiert[63] — so daß sie die Ratlosigkeit des gesunden Menschenverstandes gegenüber diesen Phänomenen nicht eigentlich zu beseitigen vermögen.

Die nicht zu leugnende Verlegenheit des Schuldstrafrechts gegenüber dieser Gruppe liefert allerdings auch seinen spezialpräventiv eingestellten Kritikern keine durchschlagende Munition, weil die im Behandlungskonzept zentrale Frage nach der Therapierbarkeit schwerer Neurosen keine geringeren Probleme als die Diagnose der „Psychose-Gleichheit“ aufwirft[64]. Dieses doppelte Dilemma von Schuldstrafrecht und Sozialtherapie muß einerseits nüchtern eingeräumt und kann andererseits natürlich nicht zum Anlaß genommen werden, die für alle anderen Bereiche sinnvollen Konzepte als insgesamt diskreditiert hinzustellen, so daß nichts anderes übrig bleibt, als die sperrige Gruppe der schweren seelischen Abartigkeit, wie sie in § 20 StGB bezeichnet wird, mit möglichst wenig Brüchen in dem Gesamtsystem unterzubringen.

Der Gesetzgeber hat dies dadurch unternommen, daß er die gerade für diese Gruppe häufig praktische Kategorie der verminderten Zurechnungsfähigkeit als Danaergeschenk ausgestaltet hat, indem die Bestrafbarkeit erhalten bleibt, zusätzlich aber auch die Maßregel der Unterbringung in einem psychiatrischen Krankenhaus möglich ist (“Bumerang-Effekt“) und beide Sanktionen gemäß

---

[62] Nämlich in Gestalt des klassischen medizinischen Krankheitsbegriffs (vgl. dazu *Witter*, in: *Göppinger/Witter* (Anm. 2), Bd. I, S. 477ff.), zu dem die Interpretation der „krankhaften seelischen Störung“ in § 20 StGB angesichts der Ausgliederung der „schweren anderen seelischen Abartigkeit“ zurückkehren kann; vgl. *Lenckner*, in: *Göppinger/Witter* (Anm. 2), Bd. I, S. 78, 115; *Schreiber*, in: *Venzlaff* (Hrsg.), Psychiatrische Begutachtung, 1986, S. 4, 17; *Lenckner*, in: *Schönke/Schröder*, § 20 Rdn. 9 m.w.N.; *Rasch*, Forensische Psychiatrie, 1986, S. 38ff.; *Baer*, Psychiatrie für Juristen, 1988, S. 7ff. Zur Subjekt-Objekt-Spaltung des bewußten Erlebens als hierfür gemeinsamer Struktur auf der phänomenologischen Ebene vgl. *Luthe*, SchwZStr. 103 (1986), S. 345, 356f. m.w.N.

[63] Denn eine berufliche Praxis, die — wie die psychiatrisch-psychologische Expertise (und übrigens auch das Urteil des Strafrichters) — keinem laufenden Falsifikationstest durch Rückmeldung der Entscheidungsfolgen ausgesetzt ist, degeneriert allzu leicht zu einer bloßen Selbstbestätigung der einmal vorausgesetzten Beurteilungsmaßstäbe.

[64] Vgl. *Meyer*, in: *Kisker/Meyer/Müller/Strömgren* (Hrsg.), Psychiatrie der Gegenwart, Bd. II, Teil 1, 2. Aufl. 1972, S. 345; *Tölle*, Psychiatrie, 8. Aufl. 1988, S. 56f.; *Venzlaff*, in: *Venzlaff* (Anm. 62), S. 334, 338; *Glatzel*, in: *Battegay/Glatzel/Pöldinger/Rauchfleisch* (Hrsg.), Handwörterbuch der Psychiatrie, 1984, S. 435ff.

§ 67 StGB miteinander verklammert werden. Die in den Beratungen der Großen Strafrechtskommission und des Sonderausschusses für die Strafrechtsreform immer wieder hervortretende sog. Dammbruch-Phobie[65] ist somit eigentlich unverständlich, denn eine extensive Auslegung der Schuldfähigkeit würde per saldo sogar auf eine restriktivere Sanktionierung hinauslaufen. Die Ansätze des empirisch-pragmatischen Schuldbegriffs, die Sisyphusarbeit bei der Konkretisierung des Begriffs der schweren seelischen Abartigkeit zunächst einmal durch eine intersubjektiv nachprüfbare Deskription der verschiedenen psychischen Defekte in Angriff zu nehmen[66], scheinen mir deshalb einen Schritt in die richtige Richtung darzustellen, dem als zweiter Schritt die von *Mende* und *Schöch* empfohlene Entwicklung *quantitativer* Diagnosekategorien zu folgen hat[67], die dann im dritten Schritt in einem analogistischen Verfahren anhand ihrer Vergleichbarkeit mit den Phänomenen von psychiatrisch und neurologisch gut aufgeklärten geistigen Erkrankungen als Exkulpationsgründe anzuerkennen sind. Präventive Überlegungen haben an dieser Stelle — entgegen der vor allem von *Jakobs* und im Ansatz auch von *Roxin* vertretenen Auffassung[68] — m.E. noch nichts zu suchen, weil sie auch in der oben unter III. 1. b) für richtig gehaltenen „dualistischen" Verantwortlichkeitskonzeption im Sinne *Roxins* erst *nach* der Feststellung des Andershandelnkönnens zum Zuge kommen, also eine strafbarkeits*einschränkende* Funktion entfalten, während eine von vornherein (auch) unter Präventionsbedürfnissen erfolgende Bestimmung der Schuldunfähigkeit bzw. verminderten Schuldfähigkeit wegen des Bumerangeffekts des § 63 StGB sanktions*ausdehnend* wirken würde. Das tertium comparationis bei dieser Analogiebildung wird vielmehr von der Fähigkeit zu vernunftgeleiteten Handlungen bzw. — als Gegenpol — von der „lückenlosen" Erklärbarkeit der Handlung durch den Defekt (d.h. als nicht nur notwendiger, sondern hinreichender Bedingung der Handlung!) gebildet, so daß es also um die Ermittlung derjenigen psychischen Störungen geht, die sich in ihren beobachtbaren Wirkungen mit psychotischen Phänomenen vergleichen lassen[69].

---

[65] Vgl. *Lenckner*, in: *Göppinger / Witter* (Anm. 2), Bd. I, S. 112f.; Hilde *Kaufmann*, JZ 1967, 143f.; *Stratenwerth* (Anm. 36), S. 14 m.w.N.; *Roxin*, Festschrift für Spann, 1986, S. 457, 459; die Berichte *Horstkottes* über die Beratungen zum Problem der „schweren anderen seelischen Abartigkeit" in: Beratungen des Sonderausschusses für die Strafrechtsreform (24.Sitzung), 5. Wahlperiode (1965-1967) vom 21.Juni 1966, S. 244ff., 449ff.

[66] *Schreiber*, Nervenarzt 1977, 245; *ders.*, NStZ 1981, 51; *ders.*, in: *Immenga* (Anm. 3), S. 289f.; *ders.*, in: *Jescheck* (Hrsg.), Strafrechtsreform in der Bundesrepublik Deutschland und in Italien, 1981, S. 71ff., 92; *ders.*, Festschrift für Wassermann, 1985, S. 1018; *ders.*, in: *Venzlaff* (Anm. 62), S. 22ff.; *P.A. Albrecht*, GA 1983, 202ff. Vgl. dazu ferner *Krümpelmann*, GA 1983, 349ff.; *Schünemann*, GA 1986, 296ff.

[67] *Mende*, MschrKrim. 1983, 328ff.; *Schöch*, MschrKrim. 1983, 333ff.

[68] Zu *Jakobs* vgl. außer den Nachweisen in Anm. 33 vor allem auch seine Ausführungen in: *Henrich* (Anm. 22), S. 69ff.; zur Konzeption von *Roxin*, der bei der Schuldfähigkeit die präventiven Überlegungen offenbar ausnahmsweise schon auf der ersten Stufe der „Verantwortlichkeit" durchgreifen lassen will, vgl. *ders.*, Festschrift für Bockelmann, 1979, S. 290-293.

Daß dieser Weg ebenso mühsam ist, wie die Frage der angemessenen Reaktion auf Rechtsgüterverletzungen durch psychisch schwer gestörte Menschen schwer zu beantworten ist, liegt auf der Hand. Damit wird aber, um es nochmals zu wiederholen, nicht die Konzeption des Schuldstrafrechts insgesamt widerlegt, sondern nur auf einen problematischen Grenzbereich hingewiesen, der in keinem denkbaren Konzept zum Modellfall der Gesamtregelung genommen werden könnte.

VIII. Die actio libera in causa

1. Zum Stand der dogmatischen Auseinandersetzung

Die Rechtsfigur der actio libera in causa ist sowohl von ihren konstruktiven Grundlagen wie von den praktischen Ergebnissen her in den letzten Jahren in Deutschland zum meistdiskutierten speziellen Schuldproblem avanciert. Die klassische Konstruktion, die die mit Wissen und Wollen der künftigen Tatbestandsverwirklichung erfolgende Aufhebung der eigenen Schuldfähigkeit genauso wie die mittelbare Täterschaft durch Benutzung eines schuldlosen Werkzeugs behandelt[70] und neuerdings im Anschluß an *Neumann*[71] „Tatbestandsmodell“ genannt wird, ist zuletzt gegenüber dem sog. „Ausnahmemodell“ in die Defensive geraten, welches auf die Gleichzeitigkeit von Tatbestandserfüllung und Schuld verzichtet und nach seiner Begründung durch *Hruschka*[72] und seiner vertieften Ausarbeitung durch *Neumann*[73] in einer hochinteressanten, prinzipielle Fragen der Schuldlehre zur Sprache bringenden Fassung vor uns steht. *Neumann* postuliert nämlich unter Präzisierung der zuvor ziemlich vage formulierten Idee eines *Schulddialogs*[74] die Existenz zweier Zurechnungsebenen,

---

[69] Wobei die Gemeinsamkeit in der oben in Anm. 62 angesprochenen Subjekt-Objekt-Spaltung des bewußten Erlebens bestehen könnte. Zur Lösung der dabei auftretenden in-dubio-Problematik vgl. *Schünemann*, GA 1986, 298.

[70] *Roxin*, Festschrift für Lackner, 1987, S. 307ff.; *Dreher/Tröndle*, StGB, § 20 Rdn. 19 a; *Baumann/Weber*, Strafrecht, Allg. Teil, 9. Aufl. 1985, S. 362; *Lange*, in: LK, § 21 Rdn. 71f.; *Rudolphi*, in: SK StGB, § 20 Rdn. 28; *Schmidhäuser*, Strafrecht, Allg. Teil, 2. Aufl. 1984, S. 102; *Puppe*, JuS 1980, 346, 347ff.; *Jakobs*, Allg. Teil, S. 415ff.; *Wolter*, Festschrift für Leferenz, 1983, S. 545, 555f.

[71] *Neumann* (Anm. 31), S. 15; übernommen etwa von *Roxin*, Festschrift für Lackner, 1987, S. 307; *Landgraf* (Anm. 36), S. 30ff.

[72] *Hruschka*, JuS 1968, 554; *ders.*, Festschrift für Bockelmann, 1979, S. 421; *ders.*, Strafrecht nach logisch-analytischer Methode, 2. Aufl. 1988, S. 343ff.; zuletzt *ders.*, JZ 1989, 310. Zur Kritik vgl. etwa *Neumann*, ZStW 99 (1987), S. 567, 582ff.; *Roxin*, Festschrift für Lackner, 1987, S. 309ff.

[73] *Neumann* (Anm. 31), S. 269ff.; *ders.*, ZStW 99 (1987), S. 567ff. In der Konstruktion anders, im Ergebnis aber ähnlich *Burkhardt*, in: *Eser/Kaiser/E. Weigend* (Hrsg.), Drittes deutsch-polnisches Kolloquium über Strafrecht und Kriminologie, 1988, S. 147ff. (in selbst eingeräumter Parallele mit der nicht haltbaren, weil letztlich zirkulären und mit der Exkulpationswirkung der schweren seelischen Abartigkeit in § 20 StGB nicht zu vereinbarenden Charakterschuld-Doktrin).

nämlich der Vorwurfsstation und der Verteidigungsstation, wobei die Entschuldigungsgründe erst in der Verteidigungsstation thematisiert würden, und zwar in Form eines Verantwortungsdialogs, in den auch eine Regel des Inhalts einführbar sei, daß man sich auf gewisse Sachverhalte nicht berufen könne, in concreto auf die Schuldunfähigkeit zum Tatzeitpunkt, wenn dieser Zustand selbst schuldhaft herbeigeführt worden sei. Die Basis für dieses Konzept erblickt *Neumann* wiederum in den gesellschaftlichen Regeln des Verantwortungsdialogs, von denen sich die Strafrechtsdogmatik nicht prinzipiell emanzipieren könne, wenn der notwendige Konnex des Strafrechts mit der gesellschaftlichen Wirklichkeit nicht verlorengehen solle.

2. Kritik am Ausnahmemodell

Bei aller Faszination, die das Ausnahmemodell in der subtilen Ausarbeitung durch *Neumann* ausstrahlt, lassen sich seine entscheidenden Schwächen dennoch nicht übersehen: Seine intrasystematische Kritik am Tatbestandsmodell greift nicht durch, auch von den praktischen Ergebnissen her ist es unterlegen, und gerade seine theoretische Zuspitzung im Modell des an gesellschaftliche Zuschreibungsformen anknüpfenden Verantwortungsdialogs läßt die Richtigkeit und Notwendigkeit der traditionellen „monologischen" Schuldfeststellung um so plastischer hervortreten. Immerhin macht aber die vom Ausnahmemodell praktizierte Unterminierung des Dogmas der Simultaneität von Tathandlung und Schuld deutlich, daß die Handhabung dieses Prinzips durch die traditionelle Dogmatik keinesfalls konsequent ist.

a) Was die Zurückweisung der von den Anhängern des Ausnahmemodells am Tatbestandsmodell geübten intrasystematischen Kritik anbetrifft, so kann ich mich im wesentlichen darauf beschränken, auf die m.E. durchschlagende Antikritik von *Roxin* zu verweisen[75], die ich lediglich in zwei Punkten ergänzen möchte.

(1) Meine erste Ergänzung gilt dem Argument von *Neumann*, daß die Herbeiführung des Defektzustandes für die Tat in der Regel nicht kausal sei, weil sich selten feststellen lasse, daß der Täter die Tat ohne Eintritt der Schuldunfähigkeit nicht begangen hätte[76]. Denn bei diesem Einwand geht es in Wahrheit nicht um eine Frage der Kausalität, die nach der Theorie der gesetzmäßigen

---

[74] Vgl. die Nachweise oben in Anm. 31.

[75] *Roxin*, Festschrift für Lackner, 1987, S. 387ff.

[76] *Neumann* (Anm. 31), S. 26f., 75ff. Die Antikritik von *Roxin*, Festschrift für Lackner, 1987, S. 312f., nimmt diesen Einwand auf der Basis der condicio-sine-qua-non-Formel ernst und sucht deshalb ihr Heil in der Annahme, daß der Verlust der Schuldfähigkeit etwa infolge von Trunkenheit eine „ablaufsverändernde Wirkung" haben werde — was zwar regelmäßig, aber nicht notwendig der Fall sein wird und deshalb zur dogmatischen Widerlegung nicht ausreichen dürfte.

Bedingung[77] unzweifelhaft zu bejahen ist, sondern um eine Frage des rechtmäßigen Alternativverhaltens und damit letztlich um eine Frage des Rechtswidrigkeitszusammenhanges[78]. Denn das zunächst rechtmäßige, nämlich noch nicht als Versuch zu qualifizierende Alternativverhalten etwa des Sich-nicht-Betrinkens hätte möglicherweise aufgrund der gleichbleibenden Handlungsdisposition des Täters ebenfalls zur Rechtsgutsverletzung geführt, allerdings — und das ist für die Frage des Rechtswidrigkeitszusammenhangs entscheidend — ebenfalls in einer einem Straftatbestand zu subsumierenden Art und Weise. Zum Vergleich möchte ich den Fall anführen, daß jemand eine fremde Höllenmaschine im Flugzeug eines Politikers ausschaltet und durch seine eigene, zum gleichen Zeitpunkt explodierende Sprengladung ersetzt: Hier kommt unter Schutzzweckaspekten keine Berufung auf die hypothetische Kausalität in Betracht, weil die Ablösung einer vom Strafrecht verbotenen Rechtsgüterverletzung durch einen anderen Verletzungsweg selbst bestraft werden muß, wenn nicht die Norm geradezu dysfunktional interpretiert werden soll.

(2) Ebenso zum Scheitern verurteilt sind die Versuche, der vorsätzlichen actio libera in causa ihr normatives Rückgrat zu brechen, nämlich ihre Vergleichbarkeit mit der mittelbaren Täterschaft durch Benutzung eines schuldunfähigen Werkzeugs[79]. *Neumanns* Argument, daß der Täter bei der actio libera in causa den Geschehensablauf anders als bei der mittelbaren Täterschaft nicht aus der Hand gebe, weil ja der unmittelbar den Erfolg herbeiführende Akt seine Handlung bleibe und auch keineswegs ein Produkt blinder Kausalität sei, da sich ja auch der Betrunkene noch gegen die Durchführung des nüchtern gefaßten Plans entscheiden könne, geht nicht nur an dem speziellen „Verantwortungsprinzip" vorbei, das hinter der mittelbaren Täterschaft steht und eine Zurechnung des schuldlosen Handelns nach normativen Maßstäben begrün-

---

[77] Vgl. dazu grundlegend *Engisch*, Die Kausalität als Merkmal der strafrechtlichen Tatbestände, 1931, S. 21; *Lenckner*, in: *Schönke/Schröder*, vor §§ 13ff. Rdn. 75; *Jakobs*, Allg. Teil, S. 157; *Jescheck*, Allg. Teil, S. 254; *ders*., in: LK, vor § 13 Rdn. 51; *Rudolphi*, in: SK StGB, vor § 1 Rdn. 41; *Puppe*, ZStW 92 (1980), S. 863, 874; Arthur *Kaufmann*, Festschrift für Eb. Schmidt, 1961, S. 200, 207ff.; *Schultz*, Festschrift für Lackner, 1987, S. 39f.

[78] Das räumt letztlich auch *Neumann* (Anm. 31), S. 77, ein.

[79] So *Neumann* (Anm. 31), S. 34ff. Über diesen Rahmen geht auch die Kritik von *Hettinger*, Die „actio libera in causa", 1988, S. 462 et passim, nicht hinaus, dessen Berufung auf die lex lata, die nun einmal keine Identität von Täter und Werkzeug kenne und die Defektbegründungshandlung nur als straflose Vorbereitungshandlung qualifiziere, nicht zu überzeugen vermag. Denn gerade die Gleichheit der actio libera in causa mit den wertungsrelevanten Strukturen der mittelbaren Täterschaft macht auch die Gleichbehandlung unter Versuchsaspekten notwendig, wobei der Wortlaut des § 22 StGB überhaupt nicht entgegensteht, wenn man nur — entsprechend der anschließend im Text verteidigten herrschenden Auffassung — Vorsatz bezüglich der Herbeiführung des Defektzustandes verlangt, weil der Täter dann ja auch „nach seiner Vorstellung" unmittelbar zu der tatbestandsmäßigen Handlung ansetzt!

det[80], sondern läßt sich — in für unser Thema besonders instruktiver Weise — auf dem Boden des Schuldstrafrechts von vornherein nicht verankern: Weil das Verhalten eines Schuldunfähigen nicht von dem sprach- und normverstehenden Bewußtsein, sondern von „rechtsblinden" Antrieben beherrscht wird, kann es für das strafrechtliche Zur-Verantwortung-Ziehen immer nur auf den der freien Person zurechenbaren Akt der Geschehenssteuerung ankommen, was dann aber in positiver wie in negativer Hinsicht in gleicher Weise gelten muß, weshalb die Rechtsfigur der vorsätzlichen actio libera in causa jedenfalls bei den Erfolgsdelikten geradezu als eine zwingende Konsequenz des Schuldprinzips erscheint.

b) (1) So wenig, wie also die „Haupttrümpfe" der an der Tatbestandslösung geübten Kritik stichhaltig sind, so wenig überzeugend ist andererseits die vom Ausnahmemodell propagierte Ausweitung der Strafbarkeit wegen vorsätzlicher Tat auch auf die Fälle der bloß *fahrlässigen* Herbeiführung des Defektzustandes[81]. Denn wie ein Vergleich mit dem Fall zeigt, daß jemand fahrlässig einen schuldunfähigen Dritten zu einer Straftat stimuliert, würde man sonst den einzelnen für seine eigenen schuldlosen Handlungen strenger haften lassen als für die von ihm beherrschten Handlungen eines schuldunfähigen Dritten, was gerade nach dem allein tragfähigen Konstruktionsprinzip der actio libera in causa, der Anknüpfung an die Vorhandlung, keinen Sinn macht. Immerhin läßt dieser Vorstoß aus dem Lager des Ausnahmemodells aber erkennen, daß die Konstruktion eines fahrlässigen Vorverschuldens beim Vorsatzdelikt, wie sie etwa für die Kategorie des Verbotsirrtums von der h.L. ohne weiteres anerkannt wird[82], in einem vom Schuldprinzip beherrschten Strafrecht nach einer einheitlichen Lösung verlangt. Wenn das Vorverschulden bei der alkoholbedingten Schuldunfähigkeit zur Konstruktion der actio libera in causa und damit zur Haftung nach dem Grade des Vorverschuldens führt, weil der Haftungsrahmen nach den Grundsätzen der mittelbaren Täterschaft bestimmt wird, so kann für den heftig umstrittenen Fall des verschuldeten Affekts[83] schon deshalb nichts

---

[80] Darauf hebt zutreffend *Roxin*, Festschrift für Lackner, 1987, S. 314ff. ab.

[81] So vor allem *Hruschka*, JuS 1968, 554, 558; *Maurach*, JuS 1961, 373, 376; *Cramer*, JZ 1968, 273, 274; *Welzel* (Anm. 23), S. 156; *Maurach/Zipf*, Allg. Teil, Teilbd. 1, 7. Aufl. 1987, S. 486. *Neumann* selbst (Anm. 31) läßt auf S. 28ff. eine fahrlässige Defektherbeiführung ausreichen, artikuliert auf S. 288 aber immerhin „rechtsstaatliche Vorbehalte". Für die Gegenmeinung, die zumindest bedingten Vorsatz auch für die Herbeiführung des Defektzustandes fordert: *Lenckner*, in: *Schönke/Schröder*, § 20 Rdn. 36; *Jakobs*, Allg. Teil, S. 416; *Jescheck*, Allg. Teil, S. 403; *Puppe*, JuS 1980, 346, 348; *Rudolphi*, in: SK StGB, § 20 Rdn. 30; BGHSt. 17, 333, 334f.; 23, 133, 135, 356, 358; BGH NJW 1977, 590.

[82] Denn es ist allgemein anerkannt, daß die Vermeidbarkeit des Verbotsirrtums auch aus der Nichtwahrnehmung von zeitlich vor der Tat liegenden Erkundigungsmöglichkeiten resultieren kann; vgl. *Cramer*, in: *Schönke/Schröder*, § 17 Rdn. 18; *Dreher/Tröndle*, StGB, § 17 Rdn. 9; *Rudolphi*, in: SK StGB, § 17 Rdn. 32; *Maurach/Zipf*, Allg. Teil 1, S. 533; *Jescheck*, Allg. Teil, S. 413; *Baumann/Weber*, Allg. Teil, S. 423; *Kunz*, GA 1983, 457, 458; BGHSt. 4, 1, 5; 21, 18, 21; BGH NJW 1988, 272, 273.

anderes gelten, weil beide Konstellationen der Norm des § 20 StGB unterstehen, die auf die Einsichts- und Hemmungsfähigkeit „bei Begehung der Tat“ abstellt. Wenn das aber richtig ist, so drängt sich für das fehlende Unrechtsbewußtsein die gleiche Konsequenz auf, auch wenn § 17 StGB seinem Wortlaut nach offenläßt, ob es bei der Vermeidbarkeit des Verbotsirrtums allein auf den Tatzeitpunkt oder auch auf einen beliebigen früheren Zeitpunkt ankommt. Denn weil es bei § 20 StGB wie bei § 17 StGB gleichermaßen um die Einsichts- und die daraus folgende Hemmungsfähigkeit geht, müssen die Zurechnungsstrukturen für beide Konstellationen identisch sein, und das bedeutet: Wenn die Erkennbarkeit und Vermeidbarkeit der Normverletzung nicht für den Zeitpunkt der faktischen Verletzungshandlung dargetan werden können, kann eine zeitlich vorausliegende Vermeidbarkeit nur nach den Regeln der actio libera in causa strafrechtsrelevant sein. Und weil das dahinterstehende Konzept der mittelbaren Täterschaft die Unvermeidbarkeit, d.h. den Schuldausschluß bei der späteren Verletzungshandlung, zur tatbestandlichen Zurechnungsvoraussetzung stempelt, führt die erst über das Vorverschulden herstellbare Vemeidbarkeit des Verbotsirrtums in diesem Konzept notwendig zur Herabstufung vom Vorsatzdelikt zum Fahrlässigkeitsdelikt.

(2) Ich bin mir bewußt, daß ich mich hiermit frontal gegen die heute herrschende Verbotsirrtumsdogmatik stelle, ohne das in der Kürze der Zeit mit der gebotenen Ausführlichkeit begründen zu können, fühle mich hierzu aber durch vier Umstände ermutigt:

Zum *ersten* liegt die Domäne der Vermeidbarkeit des Verbotsirrtums wegen Nichtvornahme früherer Erkundigungen auf dem Gebiet des Nebenstrafrechts, wo weiterhin von beachtlichen und wohlfundierten Stimmen in der Literatur die sachlogische Richtigkeit der Vorsatztheorie geltend gemacht wird[84], deren Ergebnisse sich mit der Konstruktion über eine actio libera in causa decken.

Zum *zweiten* hat gerade *Neumanns* eindringlicher Versuch, das Vorverschulden allgemein als ausreichend nachzuweisen, die Notwendigkeit einer systematisch einheitlichen Lösung unterstrichen.

---

[83] Vgl. dazu eingehend und m.w.N. *Neumann* (Anm. 31), S. 240ff.; *Krümpelmann*, ZStW 99 (1987), S. 191, 201ff.; *ders.*, in: *Eser / Kaiser / E. Weigend* (Anm. 73), S. 207ff. Zum Sonderproblem der vom Täter selbst zurechenbar herbeigeführten verminderten Zurechnungsfähigkeit vgl. *Landgraf* (Anm. 36), S. 132ff. et passim.

[84] *Tiedemann*, ZStW 81 (1969), S. 869ff., 876ff.; *Backes*, Zur Problematik der Abgrenzung von Tatbestands- und Verbotsirrtum im Steuerstrafrecht, 1981, S. 44 m.w.N.; *U. Weber*, ZStW 96 (1984), S. 392f. Der im Text unterbreitete Vorschlag ist übrigens im Ergebnis weitaus näher bei der h. M. als bei der Vorsatztheorie angesiedelt, weil danach die Vorwerfbarkeit zum Tatzeitpunkt und damit eine Bestrafung wegen des Vorsatzdelikts bereits dann zu bejahen ist, wenn dem Täter erkennbar war, daß seine bisherigen Erkundigungen zur Rechtslage unzulänglich waren und er die Tathandlung noch bis zu deren Vervollkommnung aufschieben konnte.

Zum *dritten* zeichnet sich, worauf ich noch zurückkommen werde, in der neuesten Irrtumslehre eine Vergrößerung des auf den Tatbestandsirrtum entfallenden Territoriums ab, was ebenfalls zu einer Ausdehnung der bloßen Fahrlässigkeitshaftung führt und damit eine in die gleiche Richtung weisende Entwicklung erkennen läßt.

Und *viertens* hat unlängst auch *Roxin* von einem anderen Ausgangspunkt aus, nämlich der Anreicherung der Systemstufe Schuld um die präventive Komponente, für den die sozialethische Integrität des Handelnden nicht antastenden intellektuellen Irrtum über rechtsethisch neutrale Verbote eine Entschuldigung postuliert[85], die, wenn ich ihn hier recht verstehe, freilich noch eine Strafbarkeit wegen fahrlässiger Begehung übrig lassen soll. Damit treffen sich aber zahlreiche, ursprünglich aus verschiedenen Richtungen stammende moderne Entwicklungen der Strafrechtsdogmatik in der Ablehnung einer durch ein (bloß fahrlässiges) Vorverschulden gerechtfertigten Vorsatzstrafbarkeit, wodurch letztlich auch die kriminalpolitische Weisheit einer das Simultaneitätsprinzip einschließenden rechtstechnischen Realisierung des Schuldprinzips bestätigt wird.

c) Zwar würde *Neumann* dafürhalten, daß eine derartige Haftungsreduktion sich allzusehr von den gesellschaftlichen Verantwortungszuschreibungen entferne, die die Strafrechtsdogmatik wenn nicht im Detail, so doch im Grundsatz zu respektieren habe[86]. Aber das sehe ich trotz Übereinstimmung in der Prämisse, daß die gesellschaftlichen Verantwortlichkeitsstrukturen das Rohmaterial für die strafrechtliche Zurechnung darstellen, im Ergebnis deshalb anders, weil die soziale Zuschreibung zwischen Vorsatz- und Fahrlässigkeitshaftung nicht präzise unterscheidet und ohnehin die heute herrschenden Feinheiten der eingeschränkten Schuldtheorie nicht versteht, sondern wohl eher in der Nähe der Vorsatztheorie einzuordnen sein würde.

Neumanns dialogisches Zweistufenmodell der strafrechtlichen Zurechnung[87] könnte deshalb nicht aus gesellschaftlichen Konventionen, sondern allenfalls aus den Festsetzungen der Strafrechtsdogmatik selbst abgeleitet werden, wenn der Nachweis gelänge, daß es für deren widerspruchsfreie Rekonstruktion unverzichtbar, also darin implizit enthalten wäre. Aber das möchte ich mit aller Entschiedenheit bestreiten, auch wenn es mir die beschränkte Zeit verbietet, mich mit der mit großem Einfallsreichtum entworfenen und scharfsinnig durchgeführten Konzeption *Neumanns* im einzelnen auseinanderzusetzen. Die darin postulierte Notwendigkeit von Metaregeln, die die Berechtigung betreffen, sich in einem Verantwortungsdialog auf bestimmte Umstände zu berufen, während sie die dogmatischen Regeln der ersten Stufe

---

[85] *Roxin*, ZStW 96 (1984), S. 641, 658f.

[86] *Neumann* (Anm. 31), S. 63, 182ff., 274ff.

[87] Entwickelt bei *Neumann* (Anm. 31), S. 178ff., 274ff., 294 und passim.

unberührt lassen[88], wird von einem nach dem Grundsatz der Widerspruchsfreiheit aufgebauten Strafrechtssystem weder gefordert noch ertragen. Nach der hier vorgenommenen Rekonstruktion des klassischen Schuldbegriffs (mit Ausnahme des Vergeltungsprinzips) trifft es auch mitnichten zu, daß Schuld überhaupt nur in einem dialogischen Prozeß zugeschrieben werden könne, da die Ermittlung des Andershandelnkönnens in den meisten Fällen nicht anders als die Ermittlung sonstiger Deliktsvoraussetzungen vor sich geht und lediglich im Grenzbereich der schweren psychischen Störungen besondere Probleme aufwirft, die aber auch durch einen Dialog nicht aus der Welt geschafft werden können. Der sog. Schulddialog ist deshalb eine ausschließlich heuristische Figur, die nicht den Schlußstein, sondern nur eine Vorform der Strafrechtssystematik bildet und aus diesem Grunde auch bei der actio libera in causa zwar die Diskussionstopoi bereichert, in der endgültigen Lösung aber nicht mehr vorkommt.

IX. Neue Strömungen in der Irrtumslehre

Wie bereits bemerkt, betreffen die neuen Strömungen in der Irrtumslehre vor allem die Abgrenzung des Tatbestandsirrtums und sind deshalb für die Schuldlehre nur insoweit von Bedeutung, als eine Vergrößerung des dem § 16 StGB zuzuweisenden Territoriums eine entsprechende Schmälerung des Anwendungsbereiches des § 17 StGB zur Kehrseite hat. Ich kann und muß mich deshalb auf den Hinweis beschränken, daß die schon im Jahre 1984 von *Tischler* konstatierte Tendenz einer Rückkehr zur reichsgerichtlichen Unterscheidung zwischen Tatsachenirrtum und Rechtsirrtum[89] durch die 1987 veröffentlichte Arbeit von *Kuhlen*[90] nachdrücklich unterstrichen, in anspruchsvoller Weise theoretisch gerechtfertigt und durch eine subtile Explikation der weiteren Unterscheidung zwischen strafrechtlichem und außerstrafrechtlichem Irrtum ergänzt worden ist, wobei eine Pointe von *Kuhlens* Untersuchung in der freilich nicht unproblematischen Behauptung besteht, daß sich die offiziell propagierte Abkehr von der Rechtsprechung des Reichsgerichts in den Entscheidungsergebnissen in der Regel gar nicht niedergeschlagen habe[91]. Auch hier ist also die Ausdehnung des Fahrlässigkeitsdelikts auf Kosten des Vorsatzdelikts unverkennbar, was wiederum damit zusammenhängt, daß das Strafrecht in den letzten Jahrzehnten immer stärker in hochgradig rechtstechnisch geregelte Bereiche des Zusammenlebens vorgedrungen ist, in denen die Norminternalisierung durch Primärsozialisation versagt und wo infolgedessen die Erkennbarkeit

---

[88] Vgl. *Neumann* (Anm. 31), S. 178ff., 274ff.

[89] *Tischler*, Verbotsirrtum und Irrtum über normative Tatbestandsmerkmale, 1984, S. 321ff.

[90] *Kuhlen*, Die Unterscheidung von vorsatzausschließendem und nichtvorsatzausschließendem Irrtum, 1987, passim.

[91] *Kuhlen* (Anm. 90), S. 180ff.

und Vermeidbarkeit der Normverletzung und die darauf aufbauende Vorwerfbarkeit nicht schon durch die Verwurzelung in den kulturellen Wertüberzeugungen, sondern erst durch die spezielle Kenntnis der positiven Normen vermittelt werden.

X. Ergebnis der Betrachtung der Einzelprobleme

Nach meiner Überzeugung hat damit die Erörterung verschiedener besonders aktueller Einzelfragen der strafrechtlichen Schuldlehre einmal mehr bestätigt, welche weiterhin zentrale Bedeutung dem Schuldgedanken im Strafrecht für die Einzelfragen der Zurechnung zukommt und wie wichtig heute wie früher dessen Funktion als Bollwerk gegen eine präventive Übersteigerung des Strafrechts ist. Das Postulat der Vorhersehbarkeit und Vermeidbarkeit der Normverletzung erweist sich auch bis in die Einzelprobleme hinein nach wie vor als so fruchtbar, daß der von *Baurmann*[92] erhobene Vorwurf der semantischen Unbestimmtheit als irrig, die von ihm geforderte und etwa auch von *Neumann*[93] vorgenommene Auflösung des Schuldgedankens in dem regulativen Prinzip der gerechten Zurechnung als ein Rückschritt und jeglicher Versuch, die dogmatische Funktion der Schuld durch ein reines Präventionskonzept zu ersetzen, als inakzeptabel bezeichnet werden muß.

Das klingt als Resultat eines Vortrages über die Entwicklung der Schuldlehre wenig aufregend, ist aber angesichts der ebenso modischen wie haltlosen Versuche, das Schuldprinzip nicht nur vom Ballast der Vergeltungsidee zu befreien, sondern vollständig abzutakeln, wichtig genug und gerade auch an die Adresse der h.M. gerichtet, die sich von der hier zurückgewiesenen Kritik allzu leicht ins Bockshorn jagen ließ und ihr Heil in einer scheinbaren Frontbegradigung namens „sozialer Schuldbegriff" gesucht hat, die das dogmatische Gebäude aber in Wahrheit nicht ins Lot, sondern in Schieflage bringt und keine ernsthaft diskutable Legitimation der Strafe gegenüber dem sie Erleidenden mehr übrig läßt.

---

92 *Baurmann* (Anm. 6), S. 259ff.

93 Siehe *Baurmann* (Anm. 6), S. 223ff., 254ff.; *Neumann* (Anm. 31), S. 23, 272, 284, 294, wonach ein zunächst „stärker" gedachtes Schuldprinzip auf der zweiten Ebene des „Schulddialogs" entsprechend relativiert wird.

Gesetzlichkeitsprinzip

Die Grenzen des Gesetzlichkeitsprinzips im japanischen Strafrecht

Fumio Kanazawa

I. Die Entwicklungsgeschichte des Gesetzlichkeitsprinzips in Japan

1. Der Grundsatz „nullum crimen, nulla poena sine lege" (Gesetzlichkeitsprinzip) fand in Japan erstmals in § 2 des StGB von 1880 (in Kraft getreten 1882) Anerkennung: „Eine Handlung ist nicht strafbar, wenn die Strafbarkeit nicht gesetzlich bestimmt ist." Den Entwurf zu diesem Strafgesetzbuch hatte der Pariser Professor Gustave *Boissonade* nach dem Vorbild des französischen Code Pénal ausgearbeitet. Auch in § 23 der japanischen Reichsverfassung von 1889 wurde das Gesetzlichkeitsprinzip ausdrücklich anerkannt: „Kein japanischer Untertan ist ... zu bestrafen, wenn dies nicht gesetzlich begründet ist." Vorbild dieser Norm war § 8 der preußischen Verfassung von 1850.

Das geltende Strafgesetzbuch von 1907 enthält demgegenüber das Gesetzlichkeitsprinzip nicht. In der Begründung des Entwurfs heißt es dazu, dieses Prinzip sei bei der Auslegung so selbstverständlich, daß es seiner ausdrücklichen Erwähnung im Gesetz nicht mehr bedürfe. Die nach dem Zweiten Weltkrieg 1947 in Kraft getretene neue japanische Verfassung enthält den Grundsatz des „due process of law" entsprechend der amerikanischen Bundesverfassung: „§ 31. Niemand darf anders als durch ein gesetzlich bestimmtes Verfahren seines Lebens oder seiner Freiheit beraubt oder einer sonstigen Bestrafung unterworfen werden." § 39 der Verfassung enthält ein Rückwirkungsverbot und § 73 Nr. 6 der Verfassung die Möglichkeit, daß ein Gesetz Bestrafung aufgrund von Kabinettsverordnungen vorsieht. Zu erwähnen ist noch, daß in § 1 des Entwurfs eines Strafgesetzbuchs von 1974 das Gesetzlichkeitsprinzip ausdrücklich normiert ist.

2. Die dargestellte Entwicklungsgeschichte des Gesetzlichkeitsprinzips in Japan wird unterschiedlich beurteilt. *Ono* führt dazu aus: „Das Gesetzlichkeitsprinzip ist während seiner ganzen Geschichte weder vor noch nach dem Kriege von irgend jemandem bestritten worden. Es wurde sogar während der Kriegszeit in Lehre und Praxis respektiert."[1] Dagegen wendet *Kikkawa* ein: „Das Gesetzlichkeitsprinzip als ein Prinzip im Sinne der Menschenrechtsgarantien hat

[1] Vorbereitungsausschuß für die Strafrechtsreform, Vorentwurf eines japanischen Strafgesetzbuchs 1961 mit Begründung, 1961, S. 88.

sich noch nicht festgesetzt."[2] Zur Begründung führt er aus: Das Strafgesetzbuch von 1880 sei kein parlamentarisches Gesetz (damals gab es kein parlamentarisches System), sondern nur eine Verwaltungsverordnung (dajokan-fukoku) gewesen; die Verfassung von 1889 habe der Verwaltung umfassende Strafbefugnisse erteilt; unter der heute geltenden Verfassung gebe es unbestimmte Strafnormen, und die Rechtsprechung erweitere den Bereich des Strafbaren.

3. Das Gesetzlichkeitsprinzip ist ein komplexes Prinzip mit verschiedenen Begründungen, Inhalten und Funktionen. Sein wichtigster Sinn ist zweifellos die Garantie der Freiheit der Bürger. Wollte man das Gesetzlichkeitsprinzip auf den Grundsatz reduzieren, daß Strafrecht geschriebenes Recht sein muß, so könnte man sagen, daß dieses Prinzip schon in den über 1000 Jahre alten japanischen Strafgesetzbüchern gegolten habe. Das Taiho-ritsuryo von 701 und das Yororitsuryo von 718, die dem Vorbild des chinesischen Tang-Strafrechts folgten, enthielten bereits den Grundsatz „nulla poena sine lege"[3]. Der Sinn dieses Grundsatzes war damals jedoch ein anderer als im modernen Strafrecht. Er diente nur der wirkungsvolleren bürokratischen Beherrschung des Volkes, nicht aber als Freiheitsgarantie für die Bürger[4].

Wie soll man nun aber die Entwicklungsgeschichte seit 1880 bewerten? Man kann sagen, daß sich das Gesetzlichkeitsprinzip in Japan im ganzen gut entwickelt hat. Zunächst hat es innerhalb der Rechtsordnung immer höhere Stufen erreicht: von der Stufe der Verwaltungsverordnung über die Verfassung bis zum Menschenrechtsgrundsatz. Außerdem hat sich das Prinzip auch inhaltlich immer reicher entfaltet: nulla poena sine lege scripta, praevia, stricta, (und nach dem Krieg) certa et iusta (substantive due process doctrine). Man diskutiert sogar über ein Rückwirkungsverbot bei Änderungen der Rechtsprechung. Die Wissenschaft faßt das Gesetzlichkeitsprinzip in Japan mithin sehr ähnlich auf wie in Deutschland. In der Praxis wird es allerdings anders gehandhabt und auch nicht konsequent durchgehalten. Dies hängt mit der kulturellen Tradition und insbesondere mit dem Rechtsbewußtsein des japanischen Volkes zusammen.

---

[2] *Kikkawa*, Entwicklungsgeschichte des Gesetzlichkeitsprinzips in Japan, Kihontekijinken 4 (1968), S. 5.

[3] Der Text des Taiho-ritsuryo ist verloren gegangen. Das Yoro-ritsuryo enthielt folgende Bestimmung: „Jeder Beamte muß alle Verbrechen nach dem Text des Gesetzes bestrafen." Das Gesetz gestattete jedoch die Analogie (hifuronkei) und ordnete die Bestrafung aller antisozialen Handlungen (fuoi) mit 40 Peitschen- oder 80 Stockschlägen an. Vgl. zum Tang-Strafrecht *Miyazawa*, ZStW 77 (1965), S. 359; *Tjong*, Festschrift für Welzel, 1974, S. 277.

[4] Die herrschende Lehre in Japan führt das Gesetzlichkeitsprinzip auf Art. 39 der Magna Charta zurück; vgl. *Ohno*, Das Gesetzlichkeitsprinzip, 1980; a.A. *Sawanobori* und *Yokoyama*, Festschrift für Saeki, 1968, S. 46, 81.

II. Das Rechtsbewußtsein in Japan und das Gesetzlichkeitsprinzip

1. In Japan wird viel die Denkweise der Japaner (nihonjin-ron) diskutiert. Zu diesem Thema sind einige hundert Bücher erschienen[5]. Charakteristisch für das japanische Rechtsbewußtsein sind zwei Arten von Unbestimmtheit, auf die *Kawashima* und *Noda* aufmerksam gemacht haben: die Unbestimmtheit des Wortsinns und die Unbestimmtheit der Normativität des Gesetzes.

Hinsichtlich der Unbestimmtheit des Wortsinns hat *Lévi-Strauss* vor kurzem auf zwei Verneinungen im östlichen Denken hingewiesen: Verneinung des Subjekts (ich) und Verneinung des Wortes[6]. Unter Bezugnahme auf *Maruyama*[7] führt *Lévi-Strauss* aus, daß man in Japan zwar im Bereich der Wissenschaft Wort, Vernunft und Logos nicht verneine, daß man aber im Bereich der traditionellen Kultur immer noch annehme, daß das Wort die Wahrheit nicht erfassen könne. Der japanische Sprachwissenschaftler *Kindaichi* meint hierzu, in Japan scheine man zu denken, überhaupt nicht zu sprechen sei das Beste[8]. In diesem Zusammenhang möchte ich an *Goethes* „Faust" erinnern: „Doch ein Begriff muß bei dem Worte sein." Die japanische Sprache ist zwar, wie *Maruyama* dartut[9], reich an Wörtern, die emotionale und sinnliche Nuancen ausdrücken, aber arm an Wörtern für theoretische und allgemeine Begriffe. Nach *Noda* paßt sich die japanische Sprache nicht dem Gesetz an, und ein bewußt logisch konstruierter Rechtssatz hinterlasse ein Gefühl des Befremdens[10]. Nach *Kawashima* hält die japanische Gesellschaft den Wortsinn des Gesetzes für unbestimmt und instabil[11]. Diese Vorliebe für unbestimmte Wörter zieht dem Gesetzlichkeitsprinzip Grenzen[12].

2. Eine zweite Unbestimmtheit betrifft die Normativität (Geltung) des Gesetzes. Gesetze sind selbstverständlich nicht immer vollkommen zu befolgen.

---

[5] Vgl. nur *Kawashima*, Das Rechtsbewußtsein der Japaner, 1967; *Noda*, Uchimura Kanzo und Radbruch, 1986; *Ohki*, Die Rechtsauffassung der Japaner, 1983; *Shibata*, Das formelle Prinzip (tatemae) und die wahre Absicht (hon-ne) im Recht, 2.Aufl. 1988. *Llompart*, Menschenstudium, Japaner, 1982 (japanisch), ist aufschlußreich auch für das Problem des japanischen Rechtsbewußtseins.

[6] *Lévi-Strauss*, Eine Kultur von Mischung und Originalität, Chuokoron, 1988, S. 66 (japanisch).

[7] *Maruyama*, Denken in Japan, 1988 (*Schamoni/Seifert*, Übers.; Original jap. 1961).

[8] *Kindaichi*, Japanische Sprache, Bd. 2, Neuaufl. 1988, S. 267.

[9] *Maruyama* (Anm. 7), S. 66.

[10] *Noda* (Anm. 5), S. 68.

[11] *Kawashima* (Anm. 5), S. 39.

[12] So unterscheidet man beispielsweise im Deutschen zwischen Verantwortung, Schuld und Haftung; im Japanischen gibt es dagegen nur das Wort „sekinin", das diese drei Bedeutungen unterschiedslos enthält. Daraus kann man schließen, daß der Gedanke des Schuldprinzips im eigentlichen Sinne in Japan nicht gilt.

Während aber in europäischen Ländern, vereinfacht gesagt, der Gedanke vorzuherrschen scheint, daß ein Gesetz (und auch ein Vertrag) grundsätzlich entsprechend seinem Wortlaut gelten soll, denkt man hierüber in Japan etwas anders. *Noda* sagt, den Japanern fehle seit jeher das Bewußtsein für Normativität, und man denke nicht daran, ein Gesetz treu zu befolgen[13]. *Maruyama* weist in diesem Zusammenhang darauf hin, daß Gesetze und moderne Institutionen von außen her (aus Europa) nach Japan gekommen seien, daß sie daher nur formale Prinzipien geblieben und der Wirklichkeit der Gesellschaft oft nicht anzupassen seien[14].

Es gibt sogar Gesetze, deren Befolgung nicht einmal der Gesetzgeber selbst erwartet. So hat etwa das Lebensmittelkontrollgesetz von 1942 den Schwarzhandel unter Strafe gestellt. Als jedoch die Verwaltung nach dem Kriege sehr oft die Zuteilung von Lebensmittelrationen unterließ, konnte kein Stadtbewohner jenes Gesetz befolgen. Nur der Richter *Yoshitada Yamaguchi* — übrigens ein Christ — hat dieses Gesetz treu befolgt und ist 1947 im Alter von 35 Jahren verhungert. Das Gesetz besteht übrigens noch heute in unveränderter Form fort, hat aber eine entgegengesetzte Funktion angenommen.

Auch sonst gibt es eine Reihe von Strafgesetzen, die in der Praxis kaum angewandt werden, wie z. B. die Vorschriften des Strafgesetzbuchs über die Abtreibung, das Monopolverbotsgesetz von 1947 und das Prostitutionsverbotsgesetz von 1957. Die Verfolgung von Verstößen gegen das Straßenverkehrsgesetz erscheint als recht willkürlich. *Aida* bemerkt, alle japanischen Gesetze bestünden aus Kautschukparagraphen, da sie zwischen Recht und Unrecht nicht durch eine Linie, sondern durch eine Zone trennten; die Polizei neige dazu, leichte Übertretungen mit Nachsicht zu übersehen und nur bei schweren Übertretungen einzugreifen[15]. Andererseits ist die in Deutschland anerkannte Funktion der „desuetudo“ in Japan nicht bekannt. So wurde etwa in einer Entscheidung des Obersten Gerichtshofs vom 1.7.1961 zur allgemeinen Überraschung festgestellt, daß ein lange Zeit vergessenes, sogar von der Verwaltung nicht mehr beachtetes Gesetz von 1873 (dajokan-fukoku 65) über die Vollstreckung der Todesstrafe noch heute Gültigkeit habe.

3. In Japan besteht außerdem eine erhebliche Diskrepanz zwischen Gesetz und Praxis. *Ben Dasan* meint, in Japan gelte kein Gesetz, sondern „das Recht neben dem Gesetz“. Das Recht sei zwar nicht vollständig vom Gesetz getrennt, aber der Wirklichkeit besser angepaßt[16]. Dieses Phänomen läßt sich nicht mit

---

[13] *Noda* (Anm. 5), S. 29 ff.

[14] *Maruyama* (Anm. 7), S. 62.

[15] *Aida*, in: *Iijima* u. a. (Hrsg.), Was ist der Japaner, 1973, S. 78.

[16] *Ben Dasan*, Japaner und Juden, 1970, S. 82 ff. Die Art des japanischen Rechtsbewußtseins zeigt sich auch in der Beziehung zwischen § 9 der Verfassung (Kriegsverzicht, Abschaffung der Kriegsrüstung und Verneinung des Kriegsführungsrechts) und der Wirklichkeit (Existenz einer recht großen Armee).

einem Mangel an rechtstreuer Gesinnung des japanischen Volkes, sondern mit dessen Denkart zu Fragen von Recht und Gerechtigkeit erklären.

Recht als allgemeine Regel kann sich nicht allen Fällen der sich verändernden Wirklichkeit anpassen. Daher kann die strikte Anwendung eines Gesetzes in concreto manchmal zu ungerechten Resultaten führen. Man unterscheidet deshalb seit *Aristoteles* (Nikomachische Ethik, V) zwischen Recht und Billigkeit (equitas) und verwendet letztere zur Korrektur des Rechts. Im Konfuzianismus findet man ähnliche Gedanken. Dort haben moralische Normen und Riten (rei) Vorrang vor Gesetz und Strafe; das Ausnahmeprinzip „ken" (das Gewicht der Waage) steht wiederum Normen und Riten gegenüber[17]. Viele Philosophen und Ethiker vertreten den Standpunkt, daß Gesetz und Norm nur formelle Regeln aufstellen und daß die wahre Gerechtigkeit in der Billigkeit (ken) liege.

In der Justiz bedingt das Billigkeitsprinzip allerdings notwendig arbiträre Entscheidungen und schadet der Rechtssicherheit. Deshalb hat sich z. B. *Radbruch* im Konfliktsfall für die Rechtssicherheit entschieden[18]. In Japan ist man sich jedoch der Gegensätzlichkeit zwischen Recht und Billigkeit nicht bewußt und hat eine starke Vorliebe für den Billigkeitsgedanken. Man strebt immer nach der Einzelfallgerechtigkeit, die die wahre Verwirklichung des Rechts zu sein scheint. Man bevorzugt eine mitfühlende, elastische Auslegung gegenüber der buchstabengetreuen Anwendung der Gesetze. Diese Vorliebe für Einzelfallgerechtigkeit wirkt manchmal strafbeschränkend, z. B. bei der japanischen Lehre von der sog. strafbaren Rechtswidrigkeit[19]; sie führt jedoch auch oft zu einer Ausdehnung der Strafbarkeit, da man dem Strafrecht keinen fragmentarischen Charakter zuschreibt.

Ich gebe einige Beispiele für die Entfremdung zwischen Gesetzestext und Praxis. Während das Strafgesetzbuch klar zwischen Täterschaft, Mittäterschaft, Anstiftung und Beihilfe unterscheidet, erkennt die Rechtsprechung schon seit langem eine sog. „Mittäterschaft durch Komplott"[20] an und übernimmt damit für die Praxis den Einheitstäterbegriff, ohne daß das Strafgesetzbuch geändert worden wäre. Auffällig ist auch die Weite der Strafrahmen: Wer eine vorsätzliche Tötung begeht, kann mit dem Tode, mit lebenslangem Zuchthaus oder mit Zuchthaus nicht unter drei Jahren bestraft werden, wobei diese Strafe auch zur

---

[17] Vgl. *Toju*, Gesamtwerk, Bd. 3, 1940, S. 238 ff.

[18] *Radbruch*, Rechtsphilosophie, 8. Aufl. 1973, S. 165.

[19] Nach dieser Lehre ist eine Handlung, die die im Strafgesetz vorgesehene Schwere des Unrechts nicht erreicht, nicht als Straftat anzusehen. Eine solche Handlung erscheint zwar als tatbestandsmäßig und rechtswidrig, sie begründet aber keine „strafbare Rechtswidrigkeit". Die Strafbarkeit einer Handlung ist hier also von der Strafwürdigkeit abhängig. Auch hierin läßt sich die anschauliche japanische Denkweise erkennen.

[20] § 27 Abs. 2 des Entwurfs 1974 (Übersetzung *Nishihara*) lautet: „Wenn zwei oder mehrere Personen die Ausführung einer Straftat verabreden und eine von ihnen sie dem gemeinsamen Willen entsprechend ausführt, so wird auch der andere als Täter bestraft."

Bewährung ausgesetzt werden kann. Symptomatisch ist auch die Tatsache, daß § 200 jap. StGB (Aszendentenmord) bis heute im Strafgesetzbuch verblieben ist, obwohl diese Vorschrift durch eine Entscheidung des Obersten Gerichtshofs vom 4.April 1973 für verfassungswidrig erklärt worden ist. Ein Vorschlag der Regierung zur Streichung dieser Bestimmung war innerhalb der Regierungspartei auf Widerstand gestoßen. Auch dieser Rechtszustand verstößt m.E., in einem umgekehrten Sinne, gegen das Gesetzlichkeitsprinzip[21].

III. Das Gesetzlichkeitsprinzip im Spiegel der Rechtsprechung

1. Analogieverbot und ausdehnende Auslegung

Die herrschende Rechtslehre erkennt heute das Analogieverbot an. Nach Auffassung der Mehrheit bildet der mögliche Wortsinn die Grenze der Auslegung einer Strafrechtsnorm. Der mögliche Wortsinn erfaßt m.E. das, was ein Durchschnittsmensch als Normadressat an Sinn aus dem Gesetzeswortlaut herauslesen kann.

Mit der Entwicklung der modernen Technik sind nun allerdings ganz ungeahnte neue Arten von Straftaten aufgetreten. Die japanische Rechtsprechung neigt dazu, solche neuartigen Taten, wenn sie Rechtsgüter verletzen und strafwürdig sind, durch teleologisch ausdehnende Auslegung eines bestehenden Tatbestandes zu bestrafen. Verschiedene japanische Strafrechtler, wie z.B. *Hirano*, stehen dieser Rechtsprechung oft kritisch gegenüber. Die Rechtsprechung entspricht aber dem japanischen Rechtsbewußtsein und ist zugleich durch die Unfähigkeit des Gesetzgebers zu rechtzeitiger Reaktion bedingt.

Die Unterschiede zwischen Japan und Deutschland in diesem Bereich werden an folgenden Beispielen deutlich:

a) Im Gegensatz zur Entscheidung des Reichsgerichts in RGSt. 32, 165 erklärte das japanische Reichsgericht in seiner Entscheidung vom 21.5.1903, die heimliche Entziehung von Elektrizität sei Diebstahl „fremden Eigentums".

---

[21] *Allen*, Arizona Law Review 29 (1987), Nr. 3, S. 386ff., weist darauf hin, daß der Rehabilitationsgedanke im amerikanischen Strafrecht das Bestimmtheitsgebot sowie den Grundsatz der „strict interpretation" ausgehöhlt habe. Schon Franz *von Liszt* hat jedoch betont, daß am Gesetzlichkeitsprinzip auch dann festzuhalten sei, wenn das Strafrecht die Resozialisierung des Täters zum Ziele hat. In Japan herrscht hinsichtlich der Strafzweckfrage die sog. Vereinigungstheorie. Nach meiner Auffassung herrschen zu verschiedenen Zeitpunkten jeweils unterschiedliche Strafzwecke vor: Auf der Stufe der Gesetzgebung stehen Generalprävention, Vergeltung und Spezialprävention gleichberechtigt nebeneinander; mit dem Inkrafttreten des Gesetzes ist der Zweck der „positiven" Generalprävention verwirklicht. Auf der Stufe der Strafzumessung sind die Zwecke der Vergeltung (Schuldausgleich im Sinne der Rahmentheorie) und der Spezialprävention anzustreben; das Urteil verwirklicht den Zweck der Vergeltung, der damit erledigt ist. Auf der Ebene des Strafvollzugs verbleibt dann nur die Spezialprävention (Resozialisierung) als einziger Strafzweck; vgl. *Kanazawa*, Hiroshima-hogaku 11 (1988), Nr. 2, S. 1.

b) Während der deutsche Bundesgerichtshof in BGHSt. 24, 140 Urkundeneigenschaft einer Kopie verneint hat, bestraft der Oberste Gerichtshof Japans seit einer Entscheidung vom 30.4.1976 das Herstellen inhaltlich falscher Fotokopien als Fälschung amtlicher Urkunden mit Siegel[22].

c) In einer Entscheidung vom 29.2.1988 hat der Oberste Gerichtshof in einem Fall der „Minamata-Krankheit" den damaligen Präsidenten einer Aktiengesellschaft sowie einen Fabrikdirektor wegen der pränatalen Verletzung einer Leibesfrucht wegen fahrlässiger Tötung verurteilt. Das verletzte Kind war im achten Monat der Schwangerschaft mit Quecksilber aus dem Abwasser einer Nitrogenfabrik vergiftet worden und im zwölften Lebensjahr gestorben. Im Gegensatz zur Mehrheit der japanischen Strafrechtler halte ich diese Entscheidung für richtig[23]. Der deutsche Bundesgerichtshof hat in BGHSt. 31, 348 fahrlässige Tötung durch pränatale Verletzungen bekanntlich verneint.

d) Das letzte Beispiel betrifft den Mißbrauch von Kreditkarten. Dieser Sachverhalt wird u.a. in einer Entscheidung des Obergerichts Fukuoka vom 21.9.1981 als Betrug gegenüber dem Verkäufer bestraft. Der Bundesgerichtshof hat demgegenüber die Erregung eines Irrtums beim Verkäufer verneint und auch eine Strafbarkeit wegen Untreue abgelehnt (BGHSt. 33, 244).

2. Bestimmtheitsgebot

Das Bestimmtheitsgebot entspricht der amerikanischen „void-for-vagueness"-Doktrin. Dieser Grundsatz wird in den USA durch die „void-for-overbreadth"-Doktrin ergänzt, die sich jedoch meist auf das Prinzip der Meinungsäußerungsfreiheit bezieht.

Das Bestimmtheitsgebot dient der Gewährleistung gleichmäßiger Rechtsanwendung, der Voraussehbarkeit des Strafrechts und auch dem Schutz des Bürgers gegen ungerechte polizeiliche Eingriffe. Andererseits ist jedoch nicht zu leugnen, daß Tatbestände und Strafrahmen umfassend und elastisch gestaltet werden müssen, um der Wirklichkeit gerecht werden zu können.

Entscheidend ist die Frage, welcher Maßstab für die Bestimmtheit und damit für die Verfassungsgemäßheit von Gesetzen anzuwenden ist. In Japan wurde noch kein Gesetz wegen Unbestimmtheit für verfassungswidrig erklärt; in einer Entscheidung wurde jedoch versucht, den Maßstab zu bezeichnen:

a) In der Entscheidung vom 6.12.1961 hat sich der Oberste Gerichtshof mit dem Begriff der „öffentlichen unmoralischen Beschäftigungen" im Beschäftigungsstabilisierungsgesetz zu befassen gehabt. Er erklärte, daß dieser Begriff nur im Hinblick auf die Prostitution das Bestimmtheitsgebot erfülle; obwohl der

---

[22] Im Jahre 1987 wurden neue Strafbestimmungen über elektromagnetische Aufzeichnungen erlassen.

[23] *Kanazawa*, Hiroshima-hogaku 10 (1987), Nr. 4, S. 27.

Wortlaut unbestimmt sei, sei die Anwendbarkeit des Gesetzes in concreto nicht ausgeschlossen, wenn der betreffende Fall im Kernbereich des Wortsinnes liege. Diese Auslegung genügt der in dem Bestimmtheitsgrundsatz liegenden Freiheitsgarantie jedoch nicht.

b) In einer weiteren Entscheidung des Obersten Gerichtshofs vom 10.9.1975 ging es um die Strafbarkeit des Anführers eines „Zickzack"-Demonstrationsmarsches. Dem Täter wurde ein Verstoß gegen das in einer Stadtverordnung enthaltene Gebot vorgeworfen, die Verkehrsordnung einzuhalten. Als Maßstab für das Bestimmtheitsgebot gab der Oberste Gerichtshof in dieser Entscheidung an: „Ein Durchschnittsmensch mit normaler Urteilskraft kann aus der Bestimmung Maßstäbe herauslesen, anhand derer beurteilt werden kann, ob die Bestimmung in concreto auf die betreffende Handlung angewandt wird." Der Grundsatz erscheint mir richtig, seine Anwendung auf den konkreten Fall jedoch zweifelhaft. Die Rechtsprechung bleibt auch hier der Kernbereichslehre verhaftet.

c) In der Entscheidung des Obersten Gerichtshofs vom 23.10.1985 ging es um den Begriff der „Unzucht (inko)" mit Minderjährigen in einer Jugendschutzverordnung der Präfektur Fukuoka. Das Gericht gab diesem Begriff im Wege der verfassungskonformen einschränkenden Auslegung folgenden Inhalt: Unzucht sei nicht jede sexuelle Handlung, sondern der Begriff sei nur dann erfüllt, wenn der Täter sein Ziel mit unlauteren Mitteln, z. B. durch Verführung, Drohung, Täuschung oder Verwirrung erreiche und wenn er außerdem den Minderjährigen zum bloßen Objekt seiner eigenen sexuellen Befriedigung mache. Drei Richter des Obersten Gerichtshofs haben dieser Auslegung mit Recht entgegengehalten, daß kein Durchschnittsbürger das Wort „Unzucht" in diesem Sinne verstehe. Auch mir scheint diese Auslegung nur in einer Rechtsordnung mit „judge-made law", nicht in einem Gesetzesstaat zulässig zu sein.

IV. Resümee

Das Gesetzlichkeitsprinzip wurde vor 106 Jahren in Japan eingeführt; seine Entwicklungsgeschichte wird unterschiedlich beurteilt.

Japan hat die vormoderne Epoche durch einen Prozeß rascher Modernisierung hinter sich gelassen. *Maruyama* spricht von einem „historischen Charakter der ‚Moderne' in Japan, die Supermodernes und Vormodernes in eigentümlicher Weise verbindet". *Kawashima* gründet das japanische Rechtsbewußtsein auf die vormoderne Epoche und sieht es als geistige Hinterlassenschaft der Feudalzeit an, während *Noda* den homogenen Nationalcharakter einer Ackerbauerngesellschaft in Japan feststellt. Die Charakteristika des japanischen Rechtsbewußtseins kann man in der Unbestimmtheit von Wortsinn und Normativität (Geltung) des Gesetzes, in der Vorliebe für Einzelfallgerechtigkeit und im Fehlen eines Schuldprinzips sehen. Diesem Rechtsbewußtsein entspricht es, das

Gesetzlichkeitsprinzip (Analogieverbot, Bestimmtheitsgebot) weniger streng als in Deutschland zu verstehen.

Dies führt auf der einen Seite zu einer geringeren Entwicklung der Rechtskultur und zu einer ungenügenden Positivierung des Rechts, hat aber andererseits dazu beigetragen, eine Erstarrung des Strafrechts zu vermeiden, Einzelfallgerechtigkeit zu erreichen, General- und Spezialprävention besser durchzusetzen und auf diese Weise die Strafjustiz der Wirklichkeit der japanischen Gesellschaft anzupassen. Die Grenzen des Gesetzlichkeitsprinzips sind nichts anderes als die Grenzen, die das Rechtsbewußtsein des Volkes dem Recht zieht.

In Zukunft wird das Gesetzlichkeitsprinzip auch in Japan größeres Gewicht erhalten. Im Jahre 1979 hat Japan den Internationalen Pakt über bürgerliche und Menschenrechte ratifiziert; es ist also völkerrechtlich dazu verpflichtet, die Menschenrechte, und das heißt auch das Gesetzlichkeitsprinzip, besser zu verwirklichen. Die Richtung dieser Entwicklung zeigt sich bereits heute deutlich in der japanischen Strafrechtswissenschaft.

Festvortrag

Bewußtsein des Volkes und das System der Erledigung von Rechtsstreitigkeiten

Daseinsberechtigung des Schlichtungsverfahrens in Japan

Akira Ishikawa

I. Einführung

Das Schlichtungsverfahren besteht in Japan als Mittel der Konfliktlösung für Zivilsachen neben dem Zivilprozeß[1]. Das Schlichtungsverfahren wird unter Ausschluß der Öffentlichkeit vor einem Schlichtungskomitee durchgeführt[2], das aus einem Richter und zwei Schlichtern besteht[3]. Zweck des Verfahrens ist es, aufgrund beiderseitigen Nachgebens zu einer vernünftigen und dem Sachverhalt entsprechenden Vereinbarung der Parteien zu gelangen[4].

Im folgenden werde ich versuchen, die Existenz des Schlichtungsverfahrens, das in Japan eine große praktische Rolle neben dem Zivilprozeß spielt, aus den Besonderheiten des Rechtsbewußtseins des japanischen Volkes zu erklären. Das japanische Rechtsbewußtsein hat die Kluft zu überbrücken, die zwischen den großteils aus dem deutschen Recht übernommenen Rechtsnormen und den Handlungsnormen des Alltagslebens besteht[5]. Diese Kluft gibt dem Schlichtungsverfahren seine Daseinsberechtigung.

II. Die Europäisierung des japanischen Rechtssystems

Erst relativ spät, nach der Meiji-Restauration von 1868, begann man in Japan, europäische Rechtssysteme zu übernehmen. Vorher, d.h. während der Tokugawa-Zeit, galt in Japan das Ritsu-Ryo-Rechtssystem[6], das chinesischem

---

[1] Zum Schlichtungsverfahren vgl. *Prütting*, Schlichten statt Richten?, JZ 1985, 261; *ders.*, Streitschlichtung nach japanischem und deutschem Recht, in: Recht in Ost und West (Festschrift der Waseda-Universität), 1988, S. 719; *Blankenburg/Gottwald/Strempel*, Alternativen in der Ziviljustiz, 1987.

[2] § 5 Abs. 1 der Versöhnungsordnung in Zivilsachen (im folgenden: Versöhnungsordnung).

[3] §§ 6, 7 Abs. 1 Versöhnungsordnung.

[4] § 1 Versöhnungsordnung.

[5] *Noda*, Die Aufnahme der ausländischen Gesetze in Japan. Einleitung, Gendai ho (Das moderne Gesetz) 14 (1966), S. 179f.

[6] *Taniguchi*, in: *Taniguchi/Ishida* (Hrsg.), Kommentar zum japanischen BGB, Bd. 1, 1988, S. 9.

Vorbild entsprach. Warum bestand nach der Meiji-Restauration die Notwendigkeit, europäisches Recht zu übernehmen? Damals hatte Japan mit verschiedenen europäischen Ländern ungleiche völkerrechtliche Verträge über die Extraterritorialität von Ausländern, insbesondere über die ausschließliche Zuständigkeit der Konsulargerichtsbarkeit für ausländische Staatsbürger, abgeschlossen. Damit sich Japan als moderner Staat entwickeln konnte, war es vor allem notwendig, diese ungleichen Verträge zu beseitigen bzw. umzugestalten[7]. Hierzu wiederum war die Modernisierung des Rechtssystems erforderlich, da die ungleichen Verträge damit gerechtfertigt worden waren, daß Japan ein unvollkommenes, d.h. europäischen Standards nicht entsprechendes Rechtssystem besitze.

Zunächst übernahm Japan das französische Recht[8]. Dies lag daran, daß Frankreich ebenso wie Japan ein zentralistischer Staat war und außerdem über die fertige Kodifikation des Code Napoléon verfügte. Dessen Übernahme setzte lediglich eine Übersetzung voraus. So wurde im Jahre 1870 in Japan ein Kodifikationsamt geschaffen; dieses Amt ließ die Übersetzung des französischen Code Civil geringfügig verändern und alsbald als japanisches Bürgerliches Recht in Kraft treten[9]. Der Entwurf eines Bürgerlichen Gesetzbuchs von 1890 beruhte dann auf einem Entwurf, den der von der Universität Paris nach Japan eingeladene Professor Gustave *Boissonade* vorlegte[10]. Dieses Gesetzbuch sollte 1893 in Kraft treten. Bis im Jahre 1898 tatsächlich ein neues Bürgerliches Gesetzbuch in Kraft trat, wurde nach französischem Recht entschieden[11]. Das französische Recht war damals in Japan auch deswegen attraktiv, weil sein liberaler Geist den Japanern als Antithese gegen das überwundene feudale System als passend erschien[12]. Neben dem französischen Recht wurde auch das englische Recht erforscht und gelehrt; dessen Übernahme war allerdings schwierig, da es nicht kodifiziert war[13].

Als allerdings im Jahre 1890 eine der deutschen Reichsverfassung nachgebildete japanische Verfassung in Kraft trat, wandte sich das japanische Rechtssystem insgesamt vom französischen Vorbild ab und dem deutschen Recht zu[14]. Dies betraf das bürgerliche Recht, das Handelsrecht, das Zivilprozeßrecht und das Strafrecht ebenso wie das Strafverfahrensrecht[15]. Es galt damals das

---

[7] *Hasegawa/Toshiya*, Die Rechtsgeschichte der Neuzeit in Japan, Gendai ho 14 (1966), S. 35.

[8] *Noda* (Anm. 5), S. 168.

[9] *Taniguchi* (Anm. 6), S. 10.

[10] *Taniguchi* (Anm. 6), S. 10f.

[11] *Taniguchi* (Anm. 6), S. 14.

[12] *Taniguchi* (Anm. 6), S. 13.

[13] *Noda* (Anm. 5), S. 164ff.; *Ito*, Die Aufnahme der ausländischen Gesetze in Japan. Englische Gesetze, Gendai ho 14 (1966), S. 261.

[14] *Noda* (Anm. 5), S. 169.

Schlagwort: „Frankreich ist veraltet, jetzt ist Deutschland modern." Deshalb wurde das hauptsächlich von *Boissonade* entworfene Bürgerliche Gesetzbuch nicht in Kraft gesetzt[16]. Stattdessen entwarf das Kodifikationsamt ein Bürgerliches Gesetzbuch nach deutschem Vorbild, genauer: nach dem ersten Entwurf für das deutsche Bürgerliche Gesetzbuch[17]. Dabei wurden allerdings die Vorschriften des Familien- und Erbrechts entsprechend den japanischen Bedürfnissen und Rechtstraditionen gestaltet[18]. Das Bürgerliche Gesetzbuch trat, wie erwähnt, im Jahre 1898, also noch vor seinem deutschen Vorbild, in Kraft.

Die damals in Japan vorherrschende Meinung kann man bildlich mit dem Satz beschreiben: „Nur deutsches Recht kann man Recht nennen."[19] Diese Tendenz hielt bis zum Ende des Zweiten Weltkriegs an, als Japan unter die Besatzungsherrschaft der Alliierten gestellt wurde und unter den Einfluß des anglo-amerikanischen Rechts gelangte[20]. Bis dahin war Deutschland das Mutterland des modernen japanischen Rechts, und die meisten japanischen Rechtswissenschaftler studierten in Deutschland. Nach dem Zweiten Weltkrieg machte sich der anglo-amerikanische Einfluß vor allem im Verfassungs-, Verwaltungs-, Handels-, Strafprozeß- und Sozialrecht bemerkbar[21], die grundsätzliche Struktur und der Charakter des Rechts wurden jedoch nicht verändert. Es ist gerade typisch für das japanische Recht, daß es die unterschiedlichen Rechtssysteme und -ideen der heute rechtlich einflußreichsten Länder in sich aufgenommen, deren verschiedene Charaktere eingebürgert und fortentwickelt hat.

III. Das Rechtsbewußtsein in Japan

In den rund 100 Jahren seit der Rezeption des deutschen Rechts haben sich in Japan eine rasche Modernisierung und große Fortschritte auf dem Gebiet von Politik, Wirtschaft, Gesellschaft und Kultur vollzogen. Die hohe Geschwindigkeit dieser Entwicklung hat allerdings auch zu nachteiligen Nebenerscheinungen geführt. Eine dieser Nebenwirkungen ist die Beeinträchtigung des Rechtsbewußtseins der Japaner.

Mit der „Taika-Restauration" von 645 hatte Japan von China das „Ritsu-Ryo-Rechtssystem" übernommen. In diesem Ausdruck steht „Ritsu" für das

[15] *Okuda*, Die Aufnahme der ausländischen Gesetze in Japan. Deutsche Gesetze, Gendai ho 14 (1966), S. 219.

[16] *Taniguchi* (Anm. 6), S. 14ff., 17.

[17] *Taniguchi* (Anm. 6), S. 17; *Okuda* (Anm. 15), S. 220ff.

[18] *Taniguchi* (Anm. 6), S. 18.

[19] *Noda* (Anm. 5), S. 170, 172.

[20] *Noda* (Anm. 5), S. 176.

[21] *Mikazuki*, Die Eigentümlichkeit des Streiterledigungsverfahrens in Familiensachen, Keesu kenkyu (Fallforschung), Heft 214, S. 6.

Strafrecht (Recht der Kontrolle und der Drohung), „Ryo" für das Verwaltungsrecht. Für den Staat des Altertums waren beide Rechte unentbehrlich; es handelte sich um die Voraussetzungen für die Ausübung von Staatsgewalt. Das Recht betraf jedoch nicht die privaten Beziehungen der Bürger untereinander. Es gab also in Japan kein Privatrecht im europäischen Sinne, das die Rechte und Pflichten der Bürger untereinander geregelt und Anweisungen zur Lösung von Konflikten gegeben hätte[22]. Es bestand mithin in der japanischen Gesellschaft des 19. Jahrhunderts keinerlei Basis für die Übernahme des europäischen Privatrechts, das die privaten Beziehungen unter den Kategorien von Rechten und Pflichten betrachtete[23]. Die Transplantation des europäischen Rechts war also ein großes kulturgeschichtliches Experiment, das die Bevölkerung zur Wandlung ihres Rechtsbewußtseins zwang.

Aufgrund der nationalen Politik der Kapitalisierung wurde die Übernahme des fremden Rechts auf den Gebieten des Vermögens- und des Verkehrsrechts ohne Rücksicht auf Hindernisse stark forciert[24]. Im Bereich des Familienrechts wurde der Rezeption stärkerer Widerstand entgegengesetzt. Sie wäre hier in deutlichen Widerspruch zu den traditionellen „guten Sitten" Japans getreten, nach denen das Recht nicht in die Familie eindringt[25]. Zwar wurde auch für Familiensachen durch Gesetz ein Konfliktlösungsverfahren europäischen Typs eingerichtet, wo beispielsweise Unterhaltsstreitigkeiten im Sinne von Recht-Pflicht-Beziehungen geregelt werden können; hier sollen die Parteien vor dem öffentlichen Gericht um ihr Recht kämpfen. Derartige Prozesse haben sich in Japan jedoch nicht eingebürgert und sind nicht beliebt[26].

Dasselbe gilt zum Teil auch für vermögensrechtliche Beziehungen. So versteht etwa das Gesetz die Beziehung zwischen Vermieter und Mieter eines Hauses oder eines Zimmers als ein Rechtsverhältnis mit Rechten und Pflichten. Schon lange vor der Meiji-Restauration wurde jedoch die Beziehung zwischen Vermieter und Mieter in Japan mit der familiären Beziehung zwischen Eltern und Kindern verglichen[27]. Diese Einstellung bestand in der Bevölkerung auch nach dem Inkrafttreten des Bürgerlichen Gesetzbuchs fort. Es war verpönt, diese quasi-familiäre Beziehung in einem Prozeß als Recht-Pflicht-Beziehung zu definieren. Konflikte sollten vielmehr nach den gesellschaftlichen Normen von Moral, Gewohnheit und menschlichem Gefühl geregelt werden. Der Streitfreudige, der gerne Prozesse führte, wurde als Außenseiter angesehen und im Extremfall sogar aus der Gesellschaft ausgeschlossen[28].

---

[22] *Mikazuki* (Anm. 21), S. 11.

[23] *Mikazuki* (Anm. 21), S. 11.

[24] *Mikazuki* (Anm. 21), S. 13.

[25] *Mikazuki* (Anm. 21), S. 13.

[26] *Mikazuki* (Anm. 21), S. 14.

[27] *Mikazuki* (Anm. 21), S. 15.

[28] *Mikazuki* (Anm. 21), S. 16.

Dasselbe galt auch für das Arbeitsverhältnis. Der Arbeitgeber betrachtete den Betrieb als eine große Familie; er selbst repräsentierte die Eltern und die Arbeitnehmer die Kinder. Streitfälle sollten daher nicht durch einen Prozeß zwischen Arbeitgeber und Arbeitnehmer gelöst werden[29]. Auch die Arbeitnehmer hielten dies für selbstverständlich. Erst seit etwa 1920 wurden sie sich ihrer Rechte allmählich bewußt und kritisierten das Prinzip der Großfamilie. Es verging jedoch noch recht lange Zeit, bis es sich in Japan einbürgerte, arbeitsrechtliche Streitfälle in Zivilprozessen vor den öffentlichen Gerichten zu lösen.

Die Diskrepanz zwischen den Rechtsnormen und den im Volk lebendigen Handlungsnormen verschwand rasch, als unter der neuen Verfassung nach dem Zweiten Weltkrieg das Bewußtsein für Rechte, insbesondere für Menschenrechte, erwachte[30]. Damit verlor das Schlichtungsverfahren viel von seiner Bedeutung als Konfliktlösungsmechanismus in Zivilsachen. Die erwähnte Diskrepanz ist jedoch noch nicht ganz verschwunden; sie besteht vielmehr in bezug auf das Privatleben des Bürgers fort[31]. Es gibt also durchaus noch einen Raum, in dem die Schlichtung funktioniert, in dem also keine Entscheidung nach dem Gesetz, sondern eine vernünftige und dem wahren Sachverhalt entsprechende Konfliktlösung unter beiderseitigem Nachgeben (vgl. § 1 Versöhnungsordnung) angestrebt wird. Unter „vernünftig und dem wahren Sachverhalt entsprechend" versteht man hierbei eine Lösung, die den im Volk lebendigen Handlungsnormen, und dabei nicht notwendig den Normen der Rechtsordnung, entspricht.

Obwohl die Bedeutung des Schlichtungsverfahrens abnimmt, spielt es insofern noch eine wichtige Rolle, als es die Diskrepanz zwischen den Rechtsnormen und dem Rechtsbewußtsein überbrückt. Darüber hinaus wird das Schlichtungsverfahren heute noch aus einem anderen Gesichtspunkt geschätzt: als Mittel zur Verringerung der Belastung der Gerichte[32]. Die mit der Entwicklung des Rechtsbewußtseins wachsende Zahl von Zivilstreitigkeiten und der Mangel an Richtern und Rechtsanwälten führte dazu, daß die Zivilprozesse immer länger dauerten und daß die Kosten einschließlich der Rechtsanwaltsgebühren anstiegen; außerdem wuchs die Belastung der Gerichte. Allerdings erweckt die Rechtfertigung des Schlichtungsverfahrens unter dem

---

[29] *Miakzuki* (Anm. 21), S. 16.

[30] Vgl. *Kawashima*, Rechtsbewußtsein der Japaner, 1967; *Noda*, Kanzo Uchimura und Radbruch, 1986; *Ohki*, Rechtsauffassung der Japaner, 1983; *Shibata*, Das formelle Prinzip und die wahre Absicht im Recht, 2. Aufl. 1988.

[31] *Kaneko*, Materielles Recht und Prozeßrecht, in: Sammelband zur japanischen ZPO, Band 1, 1954, S. 1.

[32] *Hagiwara*, in: *Ishikawa/Kajimura* (Hrsg.), Kommentar zur Versöhnungsordnung in Zivilsachen, 1986, S. 49ff.; *Kojima*, in: *Ishikawa/Kajimura* (Hrsg.), Die Versöhnungsordnung in Zivilsachen, 1985, S. 19ff.; *Koyama*, Die Versöhnungsordnung in Zivilsachen, Neuauflage 1977, S. 79ff.

Gesichtspunkt der Entlastung der Gerichte den Verdacht, daß der Zugang des einzelnen zum Gericht beschnitten werden soll.

Die japanische Versöhnungsordnung in Zivilsachen besteht insgesamt nur aus 38 Paragraphen. Sie ist damit wesentlich kürzer als die Zivilprozeßordnung. Soweit die Versöhnungsordnung keine Regelung enthält, greift man nicht auf die ZPO, sondern auf das Gesetz über die freiwillige Gerichtsbarkeit zurück. Dies könnte die Befürchtung erwecken, daß Verfahrensgarantien verkürzt werden. So existiert z. B. keine Vorschrift, die dem Schlichtungskomitee aufgibt, beiden Parteien genügend Gelegenheit zur Äußerung zu geben und den Sachverhalt genau festzustellen; in der Praxis wird allerdings in der Regel so verfahren. Überhaupt sollte dieses Problem nicht überbewertet werden, denn es ist zu berücksichtigen, daß die Schlichtung auf einer Vereinbarung zwischen den Parteien beruht.

Im Urteilsverfahren kann das Gericht in jeder Lage des Verfahrens auf den Abschluß eines Prozeßvergleichs hinwirken. Wird ein Vergleich vor dem Eintritt in das Beweisverfahren geschlossen, so kommt es nicht zu einer Feststellung des Sachverhalts. Für diesen Fall werden die Verfahrensgarantien nicht besonders betont, da der Prozeßvergleich eine Vereinbarung darstellt. Dieselbe Überlegung muß auch für die Schlichtung gelten. Da der Prozeßvergleich als Methode der Konfliktlösung innerhalb des Zivilverfahrens anerkannt ist, können auch keine Bedenken gegen das Schlichtungsverfahren als Mittel zur Konfliktlösung außerhalb des Verfahrens bestehen.

IV. Die Daseinsberechtigung des Schlichtungsverfahrens

Die Daseinsberechtigung der Schlichtung beruht in erster Linie auf der Kluft zwischen Rechtsnormen und Handlungsnormen der Bevölkerung. In zweiter Linie ist die japanische Tendenz zur Vermeidung von Streit und zur Harmonie von Bedeutung, da sie uns eine Konfliktlösung durch Vergleich und gegenseitiges Nachgeben vorziehen läßt. Allerdings ist die Generalklausel für die Konfliktlösung im Schlichtungsverfahren (§ 1 Versöhnungsordnung) recht abstrakt gefaßt und läßt jene rechtlichen Konturen vermissen, die hier eigentlich erforderlich wären. Dieser Punkt macht einen Mangel des japanischen Schlichtungsverfahrens aus. Die Diskrepanz zwischen Rechtsnormen und Handlungsnormen des Alltags, die in bestimmten Bereichen immer noch besteht, hat in Japan einen spezifischen Grund, nämlich die Rezeption europäischen Rechts. Es ist jedoch kaum vorstellbar, daß in irgendeinem Land Rechtsnormen und Handlungsnormen des Alltags vollkommen übereinstimmen. Diese Diskrepanz kann das Dasein eines Schlichtungsverfahrens auch in anderen Rechtsordnungen rechtfertigen, insbesondere dann, wenn die Rechtsnormen der aktuellen Situation der Gesellschaft nicht entsprechen.

Zusammenfassung der Ergebnisse des Kolloquiums

Synthese aus japanischer Sicht

Koichi Miyazawa

Das erste deutsch-japanische Strafrechtskolloquium geht nun zu Ende, und ich möchte Ihnen als meine letzte Arbeit eine Synthese der Tagungsergebnisse präsentieren. Als mich Herr Kollege *Hirsch* mit dieser Aufgabe betraute, wies er darauf hin, daß es sich um einen ehrenvollen Auftrag handle. Ich merke zwar jetzt, daß dieses Geschäft eher eine Bürde als eine Ehre bedeutet, möchte es aber dennoch freudig zu Ende führen.

Aufgrund der knappen zur Verfügung stehenden Zeit muß ich mich auf die wichtigsten der Punkte beschränken, die die japanischen Teilnehmer vorgetragen haben.

Die Basis der Diskussion über die japanische Kriminalpolitik bildeten empirische Daten. Seit dem UN-Kongreß über Verbrechensprävention und Behandlung von Straffälligen in Genf (1975) ist die tatsächliche Situation der Kriminalitätsentwicklung in Japan weithin bekannt. Im Anschluß an verschiedene Aufsätze hierzu habe ich in meinem Referat die neuesten Daten vorgelegt und gleichzeitig Hintergrundinformationen zu geben versucht.

Im folgenden möchte ich auf drei Schwerpunkte der übrigen japanischen Referate eingehen: die historische Entwicklung des japanischen Strafrechts und der japanischen Strafrechtswissenschaft insbesondere unter dem Einfluß der deutschen Lehre; die objektivistischen Züge der japanischen Strafrechtsdogmatik; und die Bedeutung von Zweckrationalismus und Funktionalismus in Japan.

Zur *Geschichte*: Bei der Schaffung des geltenden japanischen Strafgesetzbuchs griff man zwar weitgehend auf das deutsche Strafgesetzbuch von 1871 zurück; aber auch der Einfluß der spezialpräventiven Strafrechtsschule in Europa ist nicht zu unterschätzen, wie die Professoren *Nishihara* und *Fukuda* zutreffend dargelegt haben. Ähnliches gilt, wie wir dem Vortrag von Professor *Ishikawa* entnehmen konnten, auch im Bereich des Zivilrechts.

Das japanische Strafgesetzbuch unterscheidet sich allerdings dadurch erheblich von europäischen Strafgesetzen, daß es umfassendere, kürzer gefaßte Vorschriften enthält. Zur Dogmatik finden sich im japanischen Strafgesetzbuch nur wenige und dürftige Bestimmungen. Auch dies hat dazu beigetragen, daß die in Deutschland entwickelten Lehren und Rechtsfiguren von der japanischen Strafrechtswissenschaft in besonderem Maße berücksichtigt und auch übernommen werden konnten. Die Kargheit der gesetzlichen Regelung hat der japanischen Strafrechtswissenschaft einen Freiraum geschaffen und es ihr ermöglicht, ihre eigene Dogmatik unter starker Berücksichtigung der deutschen zu entwickeln. Rechtsvergleichung ist so zu einem wesentlichen Teil der japanischen Strafrechtsdogmatik geworden.

In diesem Zusammenhang ist auch die große Zurückhaltung des Gesetzgebers hervorzuheben. Nach dem Zweiten Weltkrieg wurde das japanische Strafgesetzbuch nur neunmal geändert; Reformbedürfnisse wurden dadurch nicht befriedigt. Dies zwingt auch die japanischen Gerichte verschiedentlich dazu, rechtsschöpferisch tätig zu werden. Richter und Staatsanwälte müssen für die Anpassung des Rechts an die geänderten Verhältnisse sorgen. Die knappe Fassung der japanischen Strafvorschriften hat darüber hinaus auch Fragen in bezug auf das Gesetzlichkeitsprinzip aufgeworfen, wie Professor *Kanazawa* in seinem Referat an konkreten Beispielen erläutert hat.

Zum *Objektivismus*: Lehre und Rechtsprechung weisen in Japan objektivistische, genauer gesagt: erfolgsbezogene Tendenzen auf, und zwar in wesentlich stärkerem Maße als in Deutschland. Die subjektivistischen Lehren mit spezialpräventiver Ausrichtung, die bis zum Zweiten Weltkrieg auch in ihren übertriebenen Ausgestaltungen stark vertreten waren, sind seither völlig in den Hintergrund gedrängt worden. Die spezialpräventiven Lehren, die einseitig auf den Willen und die Gefährlichkeit des Täters abstellen und zu einer Ausdehnung der Strafbarkeit tendieren, verloren durch die Betonung der formalen Schranken der Strafgewalt nach dem Zweiten Weltkrieg an Bedeutung. Insbesondere in der Versuchslehre treten die objektivistischen Züge der japanischen Strafrechtsdogmatik deutlich hervor, wie sich in den Referaten der Professoren *Hirano*, *Naka* und *Yamanaka* gezeigt hat. Im übrigen kennt das japanische Strafgesetzbuch auch keine Vorschrift, die § 30 dt. StGB entspricht. Nur in einigen Sonderstrafgesetzen ist der erfolglose Anstiftungsversuch selbständig unter Strafe gestellt.

In der japanischen Rechtslehre wird zwar überwiegend die personale Unrechtslehre vertreten, nach der die strafrechtlichen Normen in erster Linie als Verhaltensanweisungen zu verstehen sind; diese Auffassung hat jedoch in den letzten Jahren eine Reihe von Kritikern gefunden und kann heute — anders als in der Bundesrepublik Deutschland — nicht mehr als herrschend bezeichnet werden, wenn auch die Einwendungen nicht in allen Fällen ausreichend begründet sind. Überwiegend wird der Schwerpunkt des Unrechts in Japan beim Erfolgsunwert gesehen und dem Handlungsunwert nur ergänzende Bedeutung beigemessen. Die in Deutschland von einigen Autoren vertretene Auffassung, daß der Eintritt des Erfolges keinen Einfluß auf das Deliktsunrecht, sondern nur auf die Strafbarkeit habe, ist in Japan ohne jede Resonanz geblieben.

Heute ist wieder heftig umstritten, ob Vorsatz und Fahrlässigkeit zu den subjektiven Unrechtselementen gezählt werden sollen. Einige japanische Autoren sind sogar zu der Auffassung zurückgekehrt, die die Existenz subjektiver Unrechtselemente verneint. Dabei ist es freilich nicht so, daß die japanischen

Wissenschaftler die Entwicklung der deutschen Strafrechtsdogmatik der letzten Jahre nicht zur Kenntnis genommen hätten. Nachdem die personale Unrechtslehre weitgehend akzeptiert worden ist, treten jedoch jetzt neo-objektivistische Tendenzen in Erscheinung, die auch durch das anglo-amerikanische Rechtsdenken beeinflußt sind. Dort werden die Rechtsnormen, wie *Hirano* in seinem Referat dargelegt hat, weniger als Verhaltensnormen mit Steuerungsfunktion denn als Normen für die Streitentscheidung aufgefaßt.

An dieser Stelle möchte ich mich auch kurz zu der Problematik der Todesstrafe äußern, nach der Professor *Roxin* gefragt hat. In Japan wird die Todesstrafe — leider — noch beibehalten. Ist dies mit dem toleranten Charakter der japanischen Strafjustiz, mit der „sanften Kontrolle" in Japan vereinbar? Vielleicht kann man sich die Todesstrafe als eine Art Sicherheitsventil vorstellen. Die Todesstrafe hat im wesentlichen eine symbolische Funktion, und die Zahl der Verurteilungen und Vollstreckungen ist, wie ich berichtet habe, sehr niedrig. Die Todesstrafe ist seltenen, besonders grausamen Fällen von Mord, insbesondere von Raubmord, vorbehalten. Hierbei scheint mir auch die allgemeine Überzeugung bestimmend zu sein, daß es einzelne Tötungsfälle gibt, die so schwerwiegend und grausam sind, daß die Todesstrafe die einzig denkbare Reaktion auf sie darstellt.

Zum *Zweckrationalismus*: Mit dieser Problematik haben wir uns im Bereich der Schuldlehre seit langem befaßt; darüber hat Professor *Ohno* berichtet. In der Unrechtslehre wurde diese Problematik noch nicht berücksichtigt.

Nach diesem Rückblick sollten wir für die Zukunft planen. Dabei beschäftigt mich zunächst das Sprachproblem, das bei internationalen Diskussionen immer wieder auftritt. Während der vergangenen Tage kam mir oft der Gedanke, daß wir die Diskussion noch hätten vertiefen können, wenn wir die japanische Sprache benutzt hätten. (Damit möchte ich keineswegs darüber klagen, daß bei dem Symposium keine Simultanübersetzung möglich war. Auch Simultanübersetzer geraten, wie ich bei anderen Kongressen feststellen konnte, oft in Verlegenheit, wenn der Vortragende schnell spricht.)

Wenn wir in der Zukunft ein ähnliches Kolloquium in Japan veranstalten wollen, müssen wir zuvor eine gute Lösung für das Sprachproblem finden. Dazu müssen wir unsere deutschen Kollegen um ihre Hilfe bitten. Dabei verlange ich selbstverständlich nicht, daß die deutschen Teilnehmer Japanisch lernen sollen. Vielmehr hoffe und wünsche ich, daß sie unseren jungen Wissenschaftlern auch weiterhin in persönlicher, sachlicher und sprachlicher Hinsicht behilflich sind und sie zum gegenseitigen Gedankenaustausch ermuntern. Wie Sie feststellen konnten, haben unsere beiden jüngeren Kollegen *Nishida* und *Yamanaka* ihre klaren und präzisen Referate fast akzentfrei vorgetragen; dasselbe gilt für Herrn *Ida*. Es wäre sehr empfehlenswert, daß unsere jungen Kollegen auch an der Strafrechtslehrertagung sowie an der Sitzung der strafrechtlichen Abteilung der Gesellschaft für Rechtsvergleichung teilnehmen und dort über Japan referieren könnten, wie ich dies auf Initiative von Frau Dr. *Huber* bei der Tagung der Gesellschaft für Rechtsvergleichung im Jahre 1975 tun durfte.

Mit Hilfe meiner japanischen Kollegen habe ich inzwischen auch die Struktur des deutsch-japanischen Gedankenaustauschs in unserem Lande geändert. Bisher sind fast in jedem Jahr deutsche Kollegen zu Informations- und Vortragsreisen nach Japan eingeladen worden. In Zukunft soll jedem Referat eines deutschen Besuchers ein japanisches Koreferat gegenübergestellt werden, damit aus der Einbahnstraße ein gegenseitiger Verkehr wird. Die Lösung des Sprachproblems ist auch notwendig, um tatsächlich Kolloquien im wörtlichen Sinne („miteinander sprechen") abhalten zu können. Nur aus der echten Kommunikation mit den Andersdenkenden entstehen neue Ideen, kann sich wissenschaftlich begründete Dialektik entwickeln. Eine derartige Dialektik kann wesentlich zur weiteren Entwicklung der Strafrechtswissenschaft in beiden Ländern beitragen.

Abschließend möchte ich noch vorschlagen, daß bei einem späteren Kolloquium über konkrete Problemkreise, z. B. Umweltstrafrecht, Wirtschaftskriminalität, Verkehrskriminalität oder Drogenprobleme und deren praktische Bekämpfung in beiden Ländern gesprochen wird.

Synthese aus deutscher Sicht

Claus Roxin

I.

Der Versuch, die Arbeitsergebnisse von vier Tagen eines ungewöhnlich konzentrierten und intensiven Meinungsaustausches in einer halben Stunde zusammenzufassen, gleicht dem Bemühen, ein Meer von Gedanken und Informationen in zwei hohlen Händen zu ballen. Der Versuch ist von vornherein absolut oder mindestens relativ untauglich, und ich bitte daher um Ihre Nachsicht, so, wie wir die entsprechenden strafrechtlichen Abgrenzungsversuche der Nachsicht der wissenschaftlichen Beurteiler empfohlen haben.

Die in der Programmfolge sehr sorgfältig komponierte Vortragsreihe begann mit dem Referat von Professor *Nishihara* über „Die Rezeption des deutschen Strafrechts durch Japan in historischer Sicht". *Nishihara* hat uns — ähnlich wie Professor *Ishikawa* in seinem Referat „Bewußtsein des Volkes und das System der Erledigung von Rechtsstreitigkeiten" — gezeigt, wie diese Rezeption durch die Ablösung, aber nicht gänzliche Verdrängung französischer Einflüsse zustande gekommen ist und wie die enge Verbindung zwischen unseren beiden Rechtsordnungen ursprünglich in einer Entscheidung des japanischen Gesetzgebers wurzelt. Daß aber diese nun schon achtzig Jahre alte Wurzel nicht abgestorben und verkümmert ist, sondern sich zu einem prächtig blühenden Baum interkultureller Verständigung entwickelt hat, das ist vor allem das Verdienst von drei Generationen japanischer Wissenschaftler, die unter Überwindung der Sprachbarrieren die Begegnung gesucht und eine Kooperation ermöglicht haben, die im Kolloquium dieser Tage einen historischen Höhepunkt erreicht hat.

II.

1. Die Arbeitssitzung des ersten Tages war der Kriminalpolitik in Japan und in der Bundesrepublik gewidmet. Professor *Miyazawa* hat anhand imponierend umfassenden und exakten Zahlenmaterials die Kriminalitätsentwicklung in unseren beiden Ländern verglichen, von einem Ansteigen der Vermögenskriminalität auch in Japan berichtet, insgesamt aber eine zahlenmäßig wesentlich geringere kriminelle Belastung der japanischen Bevölkerung festgestellt. Für den deutschen Beobachter besonders bemerkenswert ist dabei der Umstand, daß diese Erfolge mit einer „sanften", weitgehend mit Einstellungen und Geldstrafen auskommenden Verbrechenskontrolle erreicht worden sind. Professor *Kaiser*

hat demgegenüber auf die tendenziell ähnlichen kriminalpolitischen Leitvorstellungen in der Bundesrepublik hingewiesen. Auch bei uns wird ein begrenztes Schuldstrafrecht bzw. ein gemäßigtes Zweckstrafrecht praktiziert, auch bei uns stehen Einstellungen und Geldstrafen im Vordergrund. Die Ursache für die größere Kriminalität in der Bundesrepublik sei nicht in einer wesentlich verbesserungsfähigen kriminalpolitischen Grundkonzeption, sondern in soziokulturellen Unterschieden zu suchen.

2. Die Diskussion hat das von beiden Referenten entwickelte Gesamtbild in den Grundzügen bestätigt, aber auch konkretisiert. Es ergab sich, daß wegen der in Japan stärker ausgeprägten informellen Erledigungsstrategien der reale Kriminalitätsunterschied wohl weniger groß ist als der statistische, daß man aber gleichwohl von einer in Japan deutlich geringeren Kriminalität ausgehen muß. Die Ursache dafür wurde allgemein in der weit intensiveren und effektiveren informellen Sozialkontrolle in Japan gesehen.

Die Abwägung der Vorzüge und Nachteile einer so ausgeprägten informellen Sozialkontrolle führte zu einem ambivalenten Urteil. Professor *Schöch* hat darauf hingewiesen, daß ein strenges informelles Kontrollsystem um *eines* gefährdeten Menschen willen auch hundert völlig rechtstreue Leute in ihrer bürgerlichen Freiheit beschränkt; Professor *Hirano* hat Schattenseiten — wie die Gewalttätigkeit in familiären Beziehungen — ins Licht gerückt, und *Miyazawa* hat auf Befragen von Professor *Amelung* dargestellt, daß in Japan sogar ein halbkriminelles, mehr oder weniger toleriertes Bandenwesen an der Sozialkontrolle beteiligt ist.

Diese Kritik hat ihre Berechtigung. Aber es bleiben doch einige Punkte, in denen wir von Japan lernen können. Es gibt in Japan eine viel ausgeprägtere Familien- und Gruppensolidarität als in Deutschland, ein viel intensiveres Verantwortungsgefühl für nahestehende Personen. Hier könnte eine vorbeugende Kriminalitätsbekämpfung, wie sie Professor *Hirsch* gefordert hat, sozialpolitisch ansetzen. Und es existiert in Japan ein durch Sitte und Familie getragenes informelles System eines befriedenden Täter-Opfer-Ausgleichs, dem wir nichts Gleichwertiges entgegenzusetzen haben und das deswegen durch unseren Gesetzgeber in formalisierte Bahnen gelenkt werden muß. Hier liegt eine der großen Reformaufgaben des deutschen Strafrechts, und es ist kein Zufall, daß Staatssekretär *Jahn* (Bundesministerium der Justiz) in seinen Begrüßungsworten gerade diesen Gesichtspunkt hervorgehoben hat. Ebensowenig ist es ein Zufall, daß die westdeutschen Alternativ-Professoren bei der Ausarbeitung eines Gesetzentwurfs zum Täter-Opfer-Ausgleich *Miyazawa* als Experten beigezogen haben.

III.

1. Nach dieser kriminalpolitischen Grundlegung war der zweite Tag unseres Kolloquiums der Tag der strafrechtsdogmatischen Grundsatzdiskussion und

der Tag der polarisierenden Konfrontation. Er begann freilich mit einem ganz unpolemischen, hervorragend klaren und differenzierten Vortrag von Professor *Fukuda* über die Entwicklung der japanischen Strafrechtsdogmatik und ihre Beeinflussung durch die deutsche Wissenschaft. Das Referat hat gezeigt, daß dieses äußerst fruchtbare Thema längst in einer größeren Monographie hätte behandelt werden sollen; denn man kann viele Entwicklungen der japanischen Lehre ohne den dogmengeschichtlichen Hintergrund nicht richtig verstehen. *Fukuda* hat hier in knapper Zeit eine Aufklärungsarbeit geleistet, für die wir ihm sehr dankbar sein müssen. Leider ist in der Diskussion sein Hinweis auf die in Japan in den letzten Jahren besonders lebhaft diskutierte Lehre vom strafwürdigen Unrecht, die wesentlich von *Saeki* begründet worden ist, nicht aufgenommen worden. Diese Lehre berührt sich in wichtigen Punkten mit der in Deutschland von *Günther* entwickelten Konzeption der sog. Strafunrechtsausschließungsgründe, und eine vergleichende Würdigung beider Auffassungen würde interessante Ergebnisse versprechen.

2. Es folgte das Referat unseres verehrten Gastgebers *Hirsch*, das eine besonders intensive und kontroverse Diskussion hervorgerufen hat. Das ist kein Wunder, denn *Hirsch* hat den kühnen Versuch unternommen, die gesamte dogmatische Entwicklung der letzten zwanzig Jahre kritisch zu würdigen, und er hat dabei einen sehr dezidierten eigenen Standpunkt bezogen. Mit den Themen objektive Zurechnung, subjektivistische Unrechtslehre, Strafunrechtsausschließungsgründe, zweckrationales Systemdenken sowie Schuld und Prävention wurden die Schwerpunkte der neueren Entwicklung genau erfaßt. *Hirschs* Urteil war skeptisch bis ablehnend. Im Grunde seien seit der dogmatischen Revision durch die Lehre *Welzels* keine wirklich vorwärtsweisenden dogmatischen Neuerungen hinzugekommen. Es handle sich meist um Umformulierungen alter Probleme, die mit dem überlieferten dogmatischen Instrumentarium einfacher und besser gelöst werden könnten. Insbesondere laufe die Lehre von der objektiven Zurechnung — wie überhaupt das gesamte sog. zweckrationale oder funktionale Systemdenken — auf begriffliche Verunklarungen hinaus und sei dem auf festen ontologischen Strukturen ruhenden Systemdenken des Finalismus unterlegen.

3. Die nun folgende Diskussion war die erste prinzipielle Auseinandersetzung mit der Dogmatik der postfinalistischen Epoche, die ich bisher erlebt habe. Sie war für den dogmatisch Engagierten erregend wie selten ein Gespräch; sie verdient aufbewahrt zu werden und könnte den Anstoß für eine weit über unser Kolloquium hinausgreifende Grundsatzdebatte geben. Hier muß ich mich mit Andeutungen begnügen. *Hirsch* wurde entgegengehalten (vor allem von Professor *Schünemann* und Professor Arthur *Kaufmann*), daß sich die substanzontologischen Gegebenheiten, auf die sich die finale Handlungslehre stützt, im Lichte neuerer wissenschaftstheoretischer Erkenntnis in Nichts auflösten. So gebe es z. B. nicht ein Wesen der Handlung an sich, sondern der Begriff der Handlung werde aus verschiedenartigen Wirklichkeitspartikeln nach rein normativen

Gesichtspunkten zusammengefügt. Auch falle *Hirsch*, wie Professor *Jakobs* meinte, hinter *Welzel* zurück, wenn er dessen entwicklungsfähige normative Ansätze (in der Schuldlehre und bei der sozialen Adäquanz) ignoriere. Es wurde betont (von *Roxin*), daß die Lehre von der objektiven Zurechnung, weit entfernt von generalklauselartiger Vagheit, erstmals überhaupt eine präzise Strukturierung der Fahrlässigkeitshaftung ermöglicht habe. Der Vorwurf *Hirschs*, daß das zweckrationale Denken, weil an die Wertungen der eigenen Rechtsordnung gebunden, zu einer Re-Nationalisierung der Strafrechtswissenschaft führe, wurde mit dem Gegenargument beantwortet, daß an einer internationalen Einigung über wertfrei verstandene Begriffe von Handlung und Unterlassung wenig gelegen sei und daß es vielmehr darauf ankomme, über grundlegende kriminalpolitische Wertungen, wie die Ausgestaltung des Strafrechts unter dem Gesichtspunkt der Menschenrechte, internationale Einigkeit zu erzielen (Professor *Jescheck*).

Andererseits fand *Hirsch* auch Unterstützung, z. B. bei Dr. *Schöne*, in seinem Urteil über die Lehre von der objektiven Zurechnung und ganz allgemein in seiner Verwerfung der extrem subjektivistischen Variante des Finalismus. Vor allem erhielt er viel Beifall in seiner Ablehnung eines extremen Funktionalismus, den Staatssekretär Professor *Schreiber* von einem sachlich richtigen Normativismus unterscheiden wollte; das richtete sich gegen die Position von *Jakobs*, dem vorgehalten wurde, das Spannungsverhältnis zwischen generalpräventivem Bedürfnis und dem Schutz der individuellen Freiheit einseitig zugunsten der kollektiven Interessen aufzulösen.

Am ehesten konsensfähig — das scheint mir das Ergebnis der Diskussion — ist gegenwärtig wohl eine vermittelnde Lösung, die die unbestrittenen Errungenschaften des Finalismus (z. B. in der Lehre vom personalen Unrecht, in der Irrtums- und Teilnahmelehre) in ein an kriminalpolitischen Wertungen orientiertes teleologisches System integriert. Aber das ist schon eine persönliche Bemerkung, die, wenn sie jetzt zur Diskussion gestellt würde, sogleich wieder in das Kreuzfeuer kontroverser Ansichten geraten würde. Jedenfalls hat *Hirsch* mit seinen zugespitzten Thesen ein Gespräch in Gang gesetzt, das weiterwirken wird.

4. Der Vortrag von *Hirano* über „Deutsche Strafrechtsdogmatik aus japanischer Sicht“ war nicht weniger herausfordernd als derjenige von *Hirsch*. *Hirano* verwarf den Finalismus ganz und gar (nachdem er am Anfang seiner Laufbahn ein Anhänger dieser Lehre gewesen war), aber er warf darüber hinaus in programmatischen, die angelsächsische Rechtstheorie einbeziehenden Ausführungen von einem dezidiert rechtsstaatlich-liberalen Standpunkt aus der deutschen Dogmatik einen zu weitgehenden Subjektivismus vor, der zu viel auf Gesinnungen abhebe und auf die Einschränkung der Staatsgewalt zu wenig Gewicht lege. Insbesondere kritisierte er die Betonung des Handlungsunwertes und entwickelte eine dogmatische Konzeption, die sich vorwiegend am tatbestandlichen Erfolg orientiert.

5. Gegenüber einer solchen Fundamentalkritik schrumpfen die deutschen Meinungsgegensätze, die den Vormittag beherrscht hatten, zu weit geringerer Bedeutung zusammen. Sie hat denn auch den Teilnehmern unseres Kolloquiums ein wenig die Sprache verschlagen, so daß es nicht zu einer so heftigen Diskussion kam wie über die Thesen von *Hirsch.* Das zentrale Gegenargument wurde von Professor *Saito* und Professor *Rudolphi* formuliert und ging dahin, daß der Intentionsunwert sich immer auf einen Erfolgsunwert beziehen müsse und seine Betonung schon aus diesem Grunde keinerlei rechtsstaatliche Bedenken mit sich bringe.

Diesen Einwand halte ich für richtig, soweit tatsächlich die Kongruenz von Handlungs- und Erfolgsunwert gewahrt bleibt. Aber ebenso richtig und wichtig scheint mir auch, daß *Hirano* den Finger auf die Problemfälle gelegt hat, bei denen der Handlungsunwert allein und unter Lösung vom Erfolgsunwert die Strafbarkeit begründet: den untauglichen Versuch, die Bestimmung des § 226a StGB, die weitgehende Strafbarkeit der versuchten Teilnahme im deutschen Recht und die abstrakten Gefährdungsdelikte; die Diskussion hat noch weitere Beispiele hinzugebracht.

Tatsächlich hat die relative Selbstverständlichkeit, die wir in Deutschland der strafbegründenden Wirkung des Handlungsunwertes heute zuerkennen, dazu geführt, daß die Strafwürdigkeit aller genannten Fälle viel zu wenig problematisiert wird. Beispielsweise haben wir große Defizite in der Dogmatik der abstrakten Gefährdungsdelikte, die zu schlimmen gesetzgeberischen Mißbräuchen geführt haben; die sehr weitgehende Strafbarkeit der versuchten Teilnahme und anderer verselbständigter Vorbereitungshandlungen wird kaum einer rechtsstaatlichen Kritik unterzogen; und auch die grundsätzliche Strafbarkeit aller untauglichen Versuche ist keineswegs selbstverständlich und bedürfte erneuter rechtsstaatlicher Reflexion. Insoweit könnte das Referat von *Hirano* der deutschen Dogmatik wesentliche Anstöße geben.

IV.

1. Die Weiterwirkung der von *Hirano* befürworteten objektivierenden Richtung zeigte sich schon in der folgenden Sitzung. Die Professoren *Naka*, *Yamanaka* und *Weigend* traten mit unterschiedlichen Akzenten, tendenziell aber auf gleicher Linie, für eine eher objektive Begründung der Versuchsstrafbarkeit ein. *Naka* befürwortete eine der Eindruckstheorie ähnliche neuere objektive Lehre, die für die Tauglichkeit des Versuchs auf die allgemein erkennbaren sowie die zusätzlich vom Täter erkannten Umstände abstellt und die in der Diskussion von *Roxin* zur Ausfüllung der Eindruckstheorie empfohlen wurde. *Yamanaka* befürwortete in höchst originellen Darlegungen eine Gefahrzustandsbeurteilung. *Weigend* trat in sehr grundsätzlichen Ausführungen für einen Rückgriff auf den objektivistischen Ansatz ein und versuchte die Prinzipien der Gefahr und des Risikos für den Versuchsbegriff fruchtbar zu machen.

2. In der Diskussion wurde bemerkenswerterweise keine Kritik an einer stärkeren Objektivierung der Versuchsstrafbarkeit geübt; besonders auch *Hirsch* sprach sich für sie aus. Welche Kriterien dafür im einzelnen herangezogen werden sollten (Eindruck, Eignung, Gefahr, Risiko oder der von *Jakobs* in die Debatte geworfene Begriff der externalisierten sozialen Störung), blieb im einzelnen umstritten und konnte auch aus zeitlichen Gründen nicht weiter geklärt werden. Aber über die Richtung des einzuschlagenden dogmatischen Weges bestand zwischen den Gesprächsteilnehmern eine bemerkenswerte Einigkeit.

3. Zu einer Verständigung in wesentlichen Punkten führte auch die der Schuldlehre gewidmete Sitzung. Professor *Ohno* lieferte ein überaus informationsreiches und präzises Referat über die Entwicklung der Schuldlehre in Japan. Dabei ergab sich erstaunlicherweise, daß die Probleme der Einseitigkeit und der Zweiseitigkeit, der strafbegrenzenden und strafbegründenden Funktion des Schuldprinzips, die in der deutschen Diskussion so bedeutsam gewesen sind, auch in Japan, vor allem von *Hirano*, seit langem zum Gegenstand grundsätzlicher Erörterung gemacht worden sind, wenn auch unter etwas abweichender Terminologie. Und der Begriff der „strafwürdigen Schuld", der vor allem mit den Namen *Miyamoto* und *Saeki* verknüpft ist, entspricht weitgehend dem Gedanken der wechselseitigen Beschränkung von Schuld und Prävention, für den ich seit langem eintrete. So hat der Vortrag von *Ohno* den Weg zu einer Zusammenarbeit auf dem Gebiet der Schuldlehre geöffnet, von der wir uns noch viel versprechen dürfen.

4. Ein besonderes Erlebnis bot auch der anschließende Vortrag von Professor *Nishida* über die Irrtumslehre in Japan. *Nishida* hat in geradezu leuchtender Klarheit und in bewundernswert geschliffener deutscher Diktion uns Deutsche erstmals die Feinheiten der japanischen Irrtumslehre verstehen gelehrt. Ich kann — schon aus Zeitgründen — die Einzelheiten hier nicht reproduzieren, möchte aber die Aufmerksamkeit auf den von *Nishida* hervorgehobenen grundsätzlichen Aspekt lenken, wonach in Japan die Irrtumslehre nicht nur die Umkehrung der Vorsatzlehre ist, sondern auch eine theoretische Technik, um das kriminalpolitische Verlangen nach Bestrafung zu befriedigen. Darüber müßte unter methodologischem Aspekt und unter dem Gesichtspunkt des Schuldprinzips weiter diskutiert werden. Das Referat von *Nishida* gibt uns hierzu Anstöße, über die weiter nachgedacht werden sollte.

5. Schließlich hielt *Schünemann* ein großangelegtes Referat über „Die Entwicklung der Schuldlehre in der Bundesrepublik Deutschland". Er hat ein wahres Feuerwerk streitbarer Gedanken entzündet und ist insbesondere — gegen eine verbreitete Zeitströmung, aber mit dem Rüstzeug der modernen Rechtstheorie und Sprachphilosophie — für die Existenz und Bedeutung der Schuld und der Willensfreiheit im Strafrecht eingetreten. Er hat dem sozialen Schuldbegriff und allen Agnostikern in der Frage der Willensfreiheit eine Absage erteilt, ist entschieden gegen den funktionalen Schuldbegriff *Jakobs*' und

gegen die Spielraumtheorie zu Felde gezogen, hat sich (in kritischer Auseinandersetzung mit *Neumann*) für das sog. Koinzidenzprinzip von Tat und Schuld (also gegen die Berücksichtigung des Vorverschuldens auch beim Verbotsirrtum) ausgesprochen, hat zur Legitimation der Maßregeln eine Lehre vom Rechtsgüternotstand und viele andere originelle Gedanken entwickelt.

6. In der Diskussion wurde vor allem seine uneingeschränkt affirmative Einstellung zur Willensfreiheit kritisiert. *Jakobs* hat *Schünemanns* Versuch, die Willensfreiheit als eine anthropologische Konstante des abendländischen Menschen zu etablieren (womit übrigens gerade unseren japanischen Kollegen nicht geholfen wäre), als demokratische Legitimierung der Volksgeistlehre beurteilt, während Professor *Schüler-Springorum* den Zuschreibungs-Charakter des Schuldurteils bekräftigte und *Roxin* seine These verteidigte, daß die Willensfreiheit auf der Basis einer empirisch festzustellenden normativen Ansprechbarkeit eine rechtspolitische Setzung, eine soziale Spielregel sei, deren Realitätsgehalt im übrigen dahingestellt bleiben könne. Die heftigen Auseinandersetzungen über diese Fragen können aber nicht den bemerkenswerten Umstand verdecken, daß sich die Mehrheit der Diskussionsteilnehmer in zentralen Fragen einig war:

a) Es ist von der Annahme menschlicher Freiheit auszugehen, wie immer man dieses Postulat begründen mag.

b) Es ist an einem der staatlichen Strafgewalt Grenzen setzenden Schuldprinzip festzuhalten, das auch nicht in reine Generalprävention aufgelöst werden darf (insofern wandte sich die Mehrheit gegen *Jakobs*).

c) Eine zweckgelöste Vergeltung ist dagegen strikt abzulehnen.

d) Die Schuld ist bei der subjektiven Zurechnung durch präventive Strafzweckerwägungen in der Weise zu ergänzen, daß auch bei noch bestehender Schuld auf eine Strafbarkeit verzichtet werden kann, wenn eine Bestrafung präventiv nicht unerläßlich ist. Mit anderen Worten: Die Schuld ist notwendige, aber nicht hinreichende Bedingung der Strafbarkeit.

In diesen vier Thesen, die alle auch *Schünemann* vertritt, liegt ein Fundus an Gemeinsamkeit, der einen weiteren und gemeinsamen Ausbau der Schuldlehre in Deutschland und gerade auch in Japan ermöglichen sollte, wo die Wissenschaft auf selbständigen Wegen zu ähnlichen Lösungen gekommen ist, wie uns *Ohno* gezeigt hat.

V.

In seinem abschließenden Vortrag über „Die Grenzen des Gesetzlichkeitsprinzips im japanischen Strafrecht" hat uns Professor *Kanazawa* eingehend über die Entwicklung dieses Prinzips und seine Verflechtung in den Gesamtzusammenhang der japanischen Kultur informiert. So führen etwa die dort vorherrschende „Unbestimmtheit des Wortsinnes" und ein dominierendes Billigkeitsdenken zu Modifikationen des Gesetzlichkeitsprinzips, die in Deutschland keine Parallele haben.

Kanazawa hat damit in unser Kolloquium eine kulturanthropologische Dimension hineingebracht, die nicht nur dem Gesetzlichkeitsprinzip in Japan, sondern auch allen Bemühungen um eine internationale Vereinheitlichung des Rechts eine Grenze zieht. Das ist nicht zu beklagen. Denn die über die einzelnen Rechtsordnungen hinausgreifende Gemeinsamkeit, um die wir uns wissenschaftlich bemühen, bedeutet kein universales Einerlei, sondern Einheit in der Vielheit, geistige Brüderschaft bei Wahrung der kulturellen Eigenständigkeit. Der Vortrag von *Kanazawa* war, indem er uns dies gezeigt hat, ein krönender Abschluß der ganzen Tagung.

VI.

Damit ist ein Kolloquium zu Ende gegangen, das zu den fruchtbarsten internationalen Veranstaltungen gehört, an denen ich teilgenommen habe. Ich danke allen, die dies ermöglicht haben, unter den deutschen Teilnehmern besonders den Herren *Hirsch* und *Weigend*, die die Kraft gehabt haben, die Idee eines solchen interkontinentalen Meinungsaustausches zu verwirklichen. Ebenso herzlich danke ich unseren japanischen Gästen, die die Mühe einer weiten Reise und großer wissenschaftlicher Anstrengungen auf sich genommen haben, um uns durch bedeutende wissenschaftliche Beiträge zu bereichern. Die Vorträge unserer japanischen Kollegen haben nicht nur unsere Kenntnis des japanischen Rechts erweitert; sie werden uns auch bei der Weiterentwicklung des deutschen Strafrechts eine wichtige Hilfe sein.

Teilnehmer des Deutsch-Japanischen Strafrechtskolloquiums 1988

Professor Dr. *Knut Amelung,* Universität Trier

Professor Dr. *Albin Eser,* M. C. J., Max-Planck-Institut für ausländisches und internationales Strafrecht, Freiburg i. Br.

Professor Dr. Dr. h. c. *Taira Fukuda,* Hitotsubashi Universität, Tokio

Professor Dr. *Karl Heinz Gössel,* Universität Erlangen-Nürnberg

Rechtsanwalt *Bernd Götze,* Max-Planck-Institut für ausländisches und internationales Strafrecht, Freiburg i. Br.

Professor Dr. *Ryuichi Hirano,* Universität Tokio

Professor Dr. Dr. h. c. *Hans Joachim Hirsch,* Universität zu Köln

Dr. *Barbara Huber,* Max-Planck-Institut für ausländisches und internationales Strafrecht, Freiburg i. Br.

Professor Dr. Dr. h. c. mult. *Akira Ishikawa,* Keio Universität, Tokio

Professor Dr. *Günther Jakobs,* Universität Bonn

Professor Dr. Dr. h. c. mult. *Hans-Heinrich Jescheck,* Max-Planck-Institut für ausländisches und internationales Strafrecht, Freiburg i. Br.

Professor Dr. *Günther Kaiser,* Max-Planck-Institut für ausländisches und internationales Strafrecht, Freiburg i. Br.

Professor Dr. *Fumio Kanazawa,* Universität Hiroshima

Professor Dr. *Hisao Kato,* Keio Universität, Tokio

Professor Dr. Dr. h. c. mult. *Arthur Kaufmann,* Universität München

Professor Dr. *Hans-Heiner Kühne,* Universität Trier

Professor Dr. Dr. h. c. mult. *Koichi Miyazawa,* Keio Universität, Tokio

Professor Dr. *Yoshikatsu Naka,* Kansai Universität, Osaka

Professor *Noriyuki Nishida,* Universität Tokio

Professor Dr. Dr. h. c. *Haruo Nishihara,* Waseda Universität, Tokio

Professor Dr. *Heikichi Ohno,* Senshu Universität, Tokio

Ministerialdirigent a. D. *Paul-Günter Pötz,* Bonn

Professor Dr. *Klaus Rogall,* Universität zu Köln

Professor Dr. Dr. h. c. *Claus Roxin,* Universität München

Professor Dr. *Hans-Joachim Rudolphi,* Universität Bonn

Professor Dr. *Seiji Saito,* Universität Tsukuba, Ibaraki

Professor Dr. *Heinz Schöch,* Universität Göttingen

Dr. *Wolfgang Schöne,* Universität Göttingen

Professor Dr. *Hans-Ludwig Schreiber,* Staatssekretär, Universität Göttingen

Professor Dr. *Horst Schüler-Springorum,* Universität München

Professor Dr. *Bernd Schünemann,* Universität Freiburg i. Br.

Professor Dr. *Thomas Weigend,* Universität zu Köln

Professor *Keiichi Yamanaka,* Kansai Universität, Osaka